APLICANDO A QUARTA REVOLUÇÃO INDUSTRIAL

O livro é a porta que se abre para a realização do homem.

Jair Lot Vieira

APLICANDO A QUARTA REVOLUÇÃO INDUSTRIAL

Klaus Schwab
Formado em Engenharia e Economia.
Doutor em Economia pela Universidade de Friburgo
e em Engenharia pelo Instituto Federal
de Tecnologia de Zurique (ETH Zurich).
Mestre em Administração Pública pela Kennedy
School of Government da Universidade de Harvard.
Fundador e Presidente Executivo do Fórum Econômico Mundial.

e Nicholas Davis
Líder de Sociedade e Inovação do Fórum Econômico Mundial.

Prefácios de **SATYA NADELLA** (CEO da Microsoft)
e **JOÃO DORIA** (Empresário e governador do estado de São Paulo)

Tradução
DANIEL MOREIRA MIRANDA
Formado em Letras pela USP
e em Direito pela Universidade Mackenzie.

Revisão técnica
CELSO DOS SANTOS MALACHIAS
Formado em Engenharia.
Mestre e Doutor em Administração pela FGV,
com intercâmbio na Universidade de Oxford, Inglaterra.
Realiza palestras sobre inovação, tecnologia e emprego.

© 2018 World Economic Forum® – Todos os direitos reservados.
"Shaping The Fourth Industrial Revolution", publicado em 2018. Esta tradução é publicada em acordo com o Fórum Econômico Mundial, Cologny, Suíça
© 2018 da edição em língua portuguesa, Edipro (Brasil)
Nenhuma parte desta publicação pode ser reproduzida, armazenada em um sistema de recuperação ou transmitida, de qualquer forma ou por qualquer meio, incluindo eletrônico, fotocópia e/ou gravação, sem a prévia autorização por escrito do Fórum Econômico Mundial, Cologny, Suíça.

Copyright desta edição © 2018 by Edipro Edições Profissionais Ltda.

Todos os direitos reservados. Nenhuma parte deste livro poderá ser reproduzida ou transmitida de qualquer forma ou por quaisquer meios, eletrônicos ou mecânicos, incluindo fotocópia, gravação ou qualquer sistema de armazenamento e recuperação de informações, sem permissão por escrito do editor.

Grafia conforme o novo Acordo Ortográfico da Língua Portuguesa.

1ª edição, 1ª reimpressão 2019.

Editores: Jair Lot Vieira e Maíra Lot Vieira Micales
Coordenação editorial: Fernanda Godoy Tarcinalli
Tradução: Daniel Moreira Miranda
Revisão: Júlia Nejelschi e Lygia Roncel
Revisão técnica: Celso dos Santos Malachias
Diagramação e Arte: Ana Laura Padovan e Karine Moreto de Almeida
Imagem da capa: Mutlu Kurtbas

Dados Internacionais de Catalogação na Publicação (CIP)
(Câmara Brasileira do Livro, SP, Brasil)

Schwab, Klaus
    Aplicando a quarta revolução industrial / Klaus Schwab, Nicholas Davis ; prefácios de Satya Nadella, João Doria ; tradução Daniel Moreira Miranda. – São Paulo : Edipro, 2018.

    Título original: Shaping the fourth industrial revolution
    ISBN 978-85-521-0024-9

    1. Comunicação digital 2. Economia mundial 3. Inovações tecnológicas – Aspectos econômicos 4. Inovações tecnológicas – Aspectos sociais 5. Revolução industrial 6. Tecnologia da informação I. Davis, Nicholas. II. Nadella, Satya. III. Doria, João. V. Título.

18-13405   CDD-330.9034

Índice para catálogo sistemático:
1. Revolução industrial : História econômica : 330.9034

São Paulo: (11) 3107-4788 • Bauru: (14) 3234-4121
www.edipro.com.br • edipro@edipro.com.br
 @editoraedipro   @editoraedipro

Agradecimentos

Este livro é produto da colaboração e do engajamento multilateral das partes interessadas. Baseia-se em dezoito meses de pesquisa, entrevistas, *workshops*, reuniões e encontros envolvendo milhares de especialistas, executivos e autoridades políticas, bem como entrevistas em profundidade e correspondência com mais de 240 líderes acadêmicos.

Os Conselhos do Futuro Global e a Rede de Especialistas do Fórum Econômico Mundial contribuíram extensivamente para os capítulos apresentados na Seção II, enviando vários rascunhos e uma miríade de comentários úteis e detalhados sobre tecnologias altamente complicadas e que estão em constante mudança.

Dessa forma, é impossível nomear individualmente todas as pessoas que tiveram uma influência significativa no conteúdo deste livro. No entanto, agradecemos profundamente a todos os membros dos Conselhos do Futuro Global (GFCs, na sigla em inglês) do Fórum, particularmente os conselhos focados em tecnologias da Quarta Revolução Industrial. Grande parte dos peritos reconhecidos diretamente no texto e nas notas são membros dos GFCs. Os contribuintes de todos os capítulos estão listados a seguir, e as listas completas dos conselhos e seus membros podem ser encontradas em: <https://www.weforum.org/communities/global-future-councils>.

Em especial, gostaríamos de agradecer a todos os peritos que, generosamente, doaram seu tempo, participando de entrevistas, debates informais ou trocas via e-mail, telefone e pessoalmente durante a preparação deste livro. Entre eles, citamos:

Asmaa Abu Mezied, Centro para Pequenas Empresas; Asheesh Advani, JA Worldwide; Dapo Akande, Universidade de Oxford; Anne-Marie Allgrove, parceira, Baker & McKenzie; Dmitri Alperovitch, Crowdstrike; Michael Altendorf, Adtelligence; Kees Arts, Protix; Alán Aspuru-Guzik, Universidade de Harvard; Navdeep Singh Bains, ministro da Inovação, Ciência e Desenvolvimento Econômico do Canadá; Banny Banerjee, Universidade de Stanford; Brian Behlendorf, Hyperledger; Emily Bell, Universidade de Columbia; Marc R. Benioff, Salesforce.com; Yobie Benjamin, Avegant; Niklas Bergman, Intergalactic Sangeeta Bhatia, MIT; Burkhard Blechschmidt, Cognizant Adam de Bly, Spotify; Iris Bohnet, Universidade de Harvard; Danah Boyd, Microsoft Research; Edward Boyden, MIT; Kirk Bresniker, Hewlett Packard Enterprise; Winnie Byanyima, Oxfam John Carrington, Stem; Cong Cao, Universidade de Nottingham; Alvin Carpio, The Fourth Group; Justine Cassell, Universidade Carnegie Mellon; Cantou Kyun Cha, Universidade Nacional de Seul; Derrick Cham, Grupo de Estratégias, governo de Singapura; Joshua Chan, Escritório da Nação Inteligente e Governo Digital, governo de Singapura; Andrew Charlton, AlphaBeta; Fadi Chehadé, Chehadé Inc.; Jose Veiga Conceição, Confederação das Indústrias da Índia (CII); Hannah Chia, Grupo de Estratégias, governo de Singapura; Carol Chong, Conselho para o Desenvolvimento Econômico, Singapura; Yong-Jae Choung, Instituto Avançado de Ciências e Tecnologias da Coreia; Ernesto Ciorra, Enel; Alan Cohn, Universidade de Georgetown; Stephen Cotton, Federação Internacional dos Trabalhadores em Transportes; Aron Cramer, Business for Social Responsibility (BSR); James Crawford, Orbital Insight; Molly Crockett, Universidade de Oxford; Pang Kin Tee Damien, Autoridade Monetária de Singapura; Paul Daugherty, Accenture; Eric David, Organovo; Charlie Day, Escritório para a Inovação e Ciência, Austrália; Angus Deaton, Universidade de Princeton; Phill Dickens, Universidade de Nottingham; Zhang Dongxiao, Universidade de Pequim; P. Murali Doraiswamy, Universidade de Duke; David Eaves, Harvard Kennedy School; Imad Elhajj, Universidade Americana de Beirute; Xarife Eloy-Ali, Anistia Internacional; Helmy Eltoukhy, Guardant Health; Ezekiel Emanuel, Universidade da Pensilvânia; Victoria A. Espinel, BSA – The Software Alliance; Aldo Faisal, Imperial College de Londres; Al Falcione, Salesforce.com; Nita Farahany, Universidade de Duke; Dan Farber, Salesforce.com; Christopher Field, Universidade de Stanford; Brian Forde, MIT; Primavera De Filippi, Berkman Center for Internet & Society, Universidade de Harvard; Luciano Floridi, Universidade de Oxford; Tracy Fullerton, Universidade do Sul da Califórnia; Pascale Fung, Universidade de Ciência e Tecnologia de Hong Kong; Andrew Fursman, 1QBit; Mary Galeti, Shiplake Partners; Brian Gallagher, United Way; Dileep George, Vicarious; Kunal Ghosh, Inscopix; Bob Goodson, Quid; Christoph Graber, Universidade de Zurich; Henry T. Greely, Universidade de Stanford; Wang Guoyu, Universidade de Fudan; Sanjay Gupta, LinkedCap; Seth Gurgel, PILnet; Gillian Hadfield, Universidade do Sul da Califórnia; Wang Haoyi, CAS Institute of Zoology; Demis Hassabis, Google DeepMind; Ricardo Hausmann, Universidade de Harvard; John Havens, Institute of Electrical and Electronics Engineers (IEEE); Yan He, Universidade de Zhejiang; Imogen Heap, empresária e musicista; John Hagel, Deloitte; Cameron Hepburn, Universidade de Oxford; Angie Hobbs, Universidade de Sheffield; Timothy Hwang, FiscalNote; Jane Hynes, Salesforce.com; Nancy Ip, Universidade de Ciência e Tecnologia de Hong Kong; David Ireland, ThinkPlace; Paul Jacobs, Qualcomm; Amy Myers Jaffe, Universidade da Califórnia; Davis Ratika Jain, Confederation of Indian Industry (CII); Sheila Jasanoff, Harvard Kennedy School; Ajay Jasra, Indigo; Chi Hyung Jeon, Instituto Avançado de Ciência e Tecnologia da Coreia; Feng Jianfeng, Universidade de Fudan; Yan Jianhua, Universidade de Zhejiang; Sunjoy Joshi, Observer Research Foundation (ORF); Calestous Juma, Harvard Kennedy School; Anja Kaspersen, International Committee of the Red Cross (ICRC); Stephane Kasriel, Upwork; Neal Kassell, Focused Ultrasound Foundation; Drue Kataoka, Drue Kataoka Studios; Leanne Kemp, Everledger; So-Young Kim, Instituto Avançado de Ciência e Tecnologia da Coreia; Erica Kochi, Unicef; David Krakauer, Instituto Santa Fe; Ramayya Krishnan, Carnegie Mellon; Jennifer Kuzma, Universidade do Estado da Carolina do Norte; Jeanette Kwek, Grupo de Estratégias, governo de Singapura; Dong-Soo Kwon, Instituto Avançado de Ciência e Tecnologia da Coreia; Peter Lacy, Accenture; Corinna E. Lathan, AnthroTronix; Jim Leape, Universidade de Stanford; Jong-Kwan Lee, Universidade Sung Kyun de Kwan; Jae Kyu Lee, Instituto Avançado de Ciência e Tecnologia da Coreia; Sang Yup Lee, Instituto Avançado de Ciência e Tecnologia da Coreia; Steve Leonard, SG Innovate; Geoffrey Ling, Uniformed Services University of the Health Sciences; Xu LiPing, Universidade de Zhejiang; Simon Longstaff, The Ethics Centre; Stuart

McClure, Cylance; William McDonough, McDonough Innovation; Cheri McGuire, Standard Chartered Bank; Chris McKenna, Universidade de Oxford; Katherine Mach, Universidade de Stanford; Raffi Mardirosan, Ouster; Hugh Martin, Verizon; Bernard Meyersen, IBM Corporation; Cristian Mendoza, Pontifícia Universidade da Santa Cruz, Florença; Mok, Autoridade Monetária de Singapura; Ben Moore, Universidade de Zurique; Simon Mulcahey, Salesforce.com; Geoff Mulgan, NESTA; Sam Muller, HiiL; Venkatesh Narayanamurti, Harvard Kennedy School; Patrick Nee, Universal Bio Mining; Timothy J. Noonan, International Trade Union Confederation (ITUC); Beth Simone Noveck, Universidade de New York; Jeremy O'Brien, Universidade de Bristol; Tim O'Reilly, O'Reilly Media; Ruth Okediji, Universidade de Harvard, Faculdade de Direito; Ian Oppermann, governo de New South Wales, Austrália; Michael Osborne, Universidade de Oxford; Olivier Oullier, Emotiv Tony Pan, Modern Electron; Janos Pasztor, Carnegie Climate Geoengineering Governance Initiative (C2G2); Safak Pavey, Turkish Grand National Assembly; Lee Chor Pharn, Grupo de Estratégias, governo de Singapura; Christopher Pissarides, London School of Economics; Michael Platt, Universidade de Yale; Jared Poon, Grupo de Estratégias, governo de Singapura; Michael Posner, Universidade de New York; Jia Qing, SG Innovate; Limin Qiu, Universidade de Zhejiang; Huang Qunxing, Universidade de Zhejiang; Iayd Rahwan, MIT Media Lab; Mandeep Rai, Creative Visions Global; Rafael Ramirez, Universidade de Oxford; Andreas Raptopoulos, Matternet; Matthieu Ricard, Karuna-Shechen; Dani Rodrik, Harvard Kennedy School; Jennifer Rupp, Swiss Federal Institute of Technology (ETH); Wong Ruqin, Smart Nation and Digital Government Office, governo de Singapura; Stuart Russell, Universidade da Califórnia; Berkeley Heerad Sabeti, Fourth Sector Networks; Daniel Sachs, Proventus; Eric Salobir, Vatican Media Committee; Samir Saran, Observer Research Foundation (ORF); Marc Saxer, Friedrich-Ebert-Stiftung; Chay Pui San, Smart Nation and Digital Government Office, governo de Singapura; Satyen Sangani, Alation; Owen Schaeffer, Universidade Nacional de Singapura; Nico Sell, Wikr; Anand Shah, Accenture; Lam Wee Shann, ministro dos Transportes Terrestres, Singapura; Huang Shaofei, ministro dos Transportes Terrestres, Singapura; Pranjal Sharma, analista econômico e escritor; David Shim, Instituto Avançado de Ciência e

Tecnologia da Coreia; Wang Shouyan, Universidade de Fudan; Karanvir Singh, Visionum; Peter Smith, Blockchain; David Sng, SG Innovate; Dennis J. Snower, The Kiel Institute for the World Economy; Richard Soley, Object Management Group; Mildred Z. Solomon, The Hastings Center; Jack Stilgoe, University College de Londres; Natalie Stingelin, Imperial College de Londres; Carsten Stöcker, RWE; Ellen Stofan, University College de Londres; Mustafa Suleyman, Google DeepMind; Arun Sundararajan, Universidade de Nova York; Hilary Sutcliffe, SocietyInside; Mariarosaria Taddeo, Universidade de Oxford; Nina Tandon, Epibone; Don Tapscott, The Tapscott Group; Omar Tayeb, Blippr; Nitish Thakor, Universidade Nacional de Singapura; Andrew Thompson, Proteus Digital Health; Charis Thompson, Universidade da Califórnia, Berkeley; Peter Tufano, Universidade de Oxford; Onur Türk, Turkish Airlines; Richard Tyson, frog design inc.; Christian Umbach, XapiX.io; Effy Vayena, Universidade de Zurique; Rama Vedashree, Data Security Council of India (DSCI); Marc Ventresca, Universidade de Oxford; Kirill Veselkov, Imperial College de Londres; David Victor, Universidade da Califórnia, San Diego; Farida Vis, Universidade de Sheffield; Melanie Walker, World Bank Wendell Wallach, Universidade de Yale; Stewart Wallis, pensador independente, orador e defensor de um novo sistema econômico; Poon King Wang, Lee Kuan Yew Centre for Innovative Cities; Ankur Warikoo, nearbuy.com; Brian Weeden, Secure World Foundation; Li Wei, CAS Institute of Zoology; Li Weidong, Universidade Jiao Tong de Xangai; Andrew White, Universidade de Oxford; Topher White, Rainforest Connection; Will.i.am, empreendedor e músico; Jeffrey Wong, EY; Lauren Woodman, Nethope; Ngaire Woods, Universidade de Oxford; Junli Wu, Singapore Economic Development Board; Alex Wyatt, August Robotics; Lin Xu, Universidade Jiao Tong de Xangai; Xue Lan, Universidade de Tsinghua; Brian Yeoh, Autoridade Monetária de Singapura; Jane Zavalishina, Yandex Money; Chenghang Zheng, Universidade de Zhejiang; e Giuseppe Zocco, Index Ventures.

Quase cem colegas de todos os escritórios do Fórum Econômico Mundial, em Genebra, Nova York, São Francisco, Pequim e Tóquio, também contribuíram para este livro com uma quantidade significativa de seu tempo, expertise e experiência.

Os agradecimentos especiais são dedicados àqueles que participaram generosamente com conselhos estratégicos e assistência técnica ou que doaram tempo para rever os esboços do livro, desenvolver o material e oferecer seus *networks* para reforçar o livro. Thomas Philbeck ajudou a estruturar o livro, trabalhou em estreita parceria com os colaboradores e ofereceu perspectivas sutis sobre como as tecnologias impactam a sociedade e influenciam a mudança sistêmica. Anne Marie Engtoft Larsen dedicou inúmeras horas para pesquisar ideias, trabalhar com colaboradores e oferecer os próprios conhecimentos sobre o tema da inovação e do desenvolvimento econômico; são todos eles partes integrantes e inestimáveis do trabalho final. Mel Rogers ofereceu ideias profundas, conselhos estruturais e aconselhamento espiritual, sem o qual este livro não teria sido possível. Katrin Eggenberger atuou como "editora interna" do livro e o defendeu de forma notável, firme e incansável durante todo o seu desenvolvimento.

Outros colaboradores e apoiadores essenciais que merecem agradecimento especial incluem Kimberley Botwright, Aengus Collins, Scott David, David Gleicher, Berit Gleixner, Rigas Hadzilacos, Audrey Helstroffer, Jeremy Jurgens, Cheryl Martin, Stephan Mergenthaler, Fulvia Montresor, Derek O'Halloran, Richard Samans, Sha Song, Murat Sönmez, Jahda Swanborough e Mandy Ying.

Também gostaríamos de agradecer os gestores dos Conselhos do Futuro Global da Quarta Revolução Industrial por terem levado discussões relevantes para dentro de suas comunidades e redes: Nanayaa Appenteng, Vanessa Candeias, Daniel Dobrygowski, Daniel Gomez Gaviria, Manju George, Fernando Gomez, Amira Gouaibi, Rigas Hadzilacos, Nikolai Khlystov, Marina Krommenacker, Jiaojiao Li, Jesse McWaters, Lisa Ventura e Karen Wong.

Outras pessoas do Fórum que contribuíram de forma significativa para as discussões *on-line*, o compartilhamento de conhecimentos e suporte incluem David Aikman, Wadia Ait Hamza, Chidiogo Akunyili, Silja Baller, Paul Beecher, Andrey Berdichevskiy, Arnaud Bernaert, Stefano Bertolo, Katherine Brown, Sebastian Buckup, Oliver Cann, Gemma Corrigan, Sandrine Raher, Shimer Dao, Lisa Dreier, Margareta Drzeniek, John Dutton, Jaci Eisenberg, Nima Elmi, Emily Farnworth, Susanne Grassmeier, Mehran Gul, Michael Hanley, William Hoffman,

Marie Sophie Müller, Jenny Soffel, Kiriko Honda, Ravi Kaneriya, Mihoko Kashiwakura, Danil Kerimi, Akanksha Khatri, Andrej Kirn, Zvika Krieger, Wolfgang Lehmacher, Till Leopold, Helena Leurent, Mariah Levin, Elyse Lipman, Peter Lyons, Silvia Magnoni, Katherine Milligan, John Moavenzadeh, Adrian Monck, Valerie Peyre, Goy Phumtim, Katherine Randel, Vesselina Stefanova Ratcheva, Philip Shetler-Jones, Mark Spelman, Tanah Sullivan, Kai Keller, Christoph von Toggenburg, Terri Toyota, Peter Vanham, Jean-Luc Vez, Silvia Von Gunten, Dominic Waughray, Bruce Weinelt, Barbara Wetsig-Lynam, Alex Wong, Andrea Wong, Kira Youdina e Saadia Zahidi.

Sumário

Prólogo	17
Prefácio	21
Prefácio à edição brasileira	25
Introdução	29

SEÇÃO I
A QUARTA REVOLUÇÃO INDUSTRIAL 33

Capítulo 1 – Moldando a Quarta Revolução Industrial 35
    1.1. Um modelo mental para moldar o futuro 35
    1.2. As revoluções industriais, crescimento e oportunidade 37
    1.3. Desafios e benefícios futuros 40
    1.4. Uma nova mentalidade de liderança 44
    1.5. Seu papel na modelagem da Quarta Revolução Industrial ... 46
    Resumo do capítulo 48

Capítulo 2 – Ligando os pontos 51
    Resumo do capítulo 64

Capítulo 3 – A incorporação de valores em tecnologias 65
    3.1. A política das tecnologias 67
    3.2. Transformando os valores sociais em uma prioridade 71
    3.3. Codificação dos valores nas tecnologias 75
    3.4. Programas acadêmicos 78
    3.5. Captação de recursos e investimentos 79
    3.6. Cultura organizacional 79
    3.7. Tomada de decisões e definição de prioridades 80
    3.8. Metodologias operacionais 80
    3.9. Estruturas de incentivos econômicos 81
    3.10. Design de produto 81

3.11. Arquitetura técnica 82
3.12. Resistência da sociedade 82
3.13. Seguir em frente com valores 84
Resumo do capítulo 85
Suplemento Especial – Uma estrutura baseada
em direitos humanos 87

Capítulo 4 – Empoderamento de todas as partes interessadas
(*stakeholders*) 89
4.1. As economias em desenvolvimento 93
4.2. O meio ambiente 99
4.3. A sociedade e os cidadãos 103
4.4. Liderança ágil e responsável para incluir
todas as partes interessadas 107
Resumo do capítulo 108

SEÇÃO II
TECNOLOGIAS, OPORTUNIDADES E DISRUPÇÃO 109

VISÃO GERAL 111
1. Tecnologias digitais extensíveis 113
2. Reconstituição do mundo físico 113
3. Modificação do ser humano 114
4. Integração do ambiente 115

TECNOLOGIAS DIGITAIS EXTENSÍVEIS 117

Capítulo 5 – Novas tecnologias da computação 119
5.1. Aumento do impacto democratizante da Lei de Moore 120
5.2. Computação quântica – disruptiva na teoria, um desafio
na realidade 124
5.3. Os impactos mais amplos dos computadores cada vez
menores e mais rápidos 126
Cinco ideias-chave 130

Capítulo 6 – *Blockchain* e tecnologias de registros distribuídos 133
6.1. Uma arquitetura de confiança 134
6.2. Navegando pelo oeste selvagem do *blockchain* 136
6.3. Uma tecnologia construída para mais do que apenas negócios 142
Cinco ideias-chave 145

Capítulo 7 – A internet das coisas 147
   7.1. Envolvendo o mundo 148
   7.2. Desafios, riscos e perigos 156
   Cinco ideias-chave 161
   Suplemento Especial – Ênfase na ética digital 163
   Suplemento Especial – Riscos cibernéticos 167

REFORMA DO MUNDO FÍSICO 175

Capítulo 8 – Inteligência artificial e robótica 177
   8.1. Integração da IA em um mundo humano 178
   8.2. Em breve, a IA estará aprendendo enquanto trabalha 184
   Cinco ideias-chave 192

Capítulo 9 – Materiais modernos 195
   9.1. Convergência, custos e prazos reduzidos 196
   9.2. Inspiração, colaboração e investimento de capital 201
   Cinco ideias-chave 204

Capítulo 10 – Fabricação de aditivos e impressão multidimensional 207
   10.1. Descentralização e disrupção da manufatura 208
   10.2. Customização em massa – dos artigos de moda
       aos órgãos impressos 210
   10.3. Industrialização no século XXI 212
   Cinco ideias-chave 215
   Suplemento Especial – As vantagens e desvantagens dos *drones* 217

MODIFICAÇÃO DO SER HUMANO 223

Capítulo 11 – Biotecnologias 225
   11.1. O poder prometeico da biotecnologia 225
   11.2. Aplicações de biotecnologia para a saúde humana
       e para a natureza 227
   11.3. Regulamentação da biotecnologia 230
   Cinco ideias-chave 235

Capítulo 12 – Neurotecnologias 237
   12.1. O que são as neurotecnologias e qual a importância delas? 238
   12.2. Como funcionam as neurotecnologias? 240
   12.3. Qual poderá ser o impacto das neurotecnologias? 242
   12.4. A governança e a ética das neurotecnologias 244
   Cinco ideias-chave 248

Capítulo 13 – Realidades virtual e aumentada 249
    13.1. Alterando o mundo real 250
    13.2. Linhas borradas 260
    Cinco ideias-chave 261
    Suplemento Especial – Uma perspectiva sobre as artes,
    a cultura e a Quarta Revolução Industrial 263

INTEGRAÇÃO DO AMBIENTE 267

Capítulo 14 – Captura, armazenamento e transmissão de energia   269
    14.1. Energia limpa, distribuição eficiente e armazenamento
         em escala 269
    14.2. A colaboração é essencial para realizar esse potencial 273
    Cinco ideias-chave 279

Capítulo 15 – Geoengenharia 281
    15.1. A intervenção tecnológica direta pode compensar
         o aquecimento global? 282
    15.2. Uma estrutura de governança global 283
    Cinco ideias-chave 289

Capítulo 16 – Tecnologias espaciais 291
    16.1. A Quarta Revolução Industrial e a fronteira final 291
    16.2. Reduzindo barreiras à entrada e elevando o nível de sucesso ... 296
    Cinco ideias-chave 301

Conclusão 303
    1. O que você pode fazer para moldar a Quarta Revolução Industrial 303
    2. Liderança em tecnologia 305
    3. Liderança em governança 307
    4. Liderança em valores 313
    5. Estratégias para as partes interessadas:
       o que os governos devem fazer? 314
    6. Estratégias para as partes interessadas:
       o que as empresas devem fazer? 319
    7. Estratégias para as partes interessadas:
       o que os indivíduos devem fazer? 322
    8. Conclusão 324

Referências 329

Prólogo

Satya Nadella*
CEO da Microsoft

Com reuniões e publicação inteligentes, o Fórum Econômico Mundial e seu fundador, Klaus Schwab, continuam lançando uma forte luz sobre as oportunidades e os desafios da Quarta Revolução Industrial. Eles têm razão em lutar contra o pensamento de soma zero no que diz respeito à próxima onda de novas tecnologias, ao afirmar que a evolução delas está totalmente em nossas mãos.

Os dados, o enorme armazenamento computacional e o poder cognitivo transformarão a indústria e a sociedade em todos os níveis, criando oportunidades antes inimagináveis, desde a saúde e a educação até a agricultura, a indústria e os serviços. Apostamos – minha empresa e outras – na convergência entre as várias e importantes mudanças tecnológicas: a realidade mista (RM), a inteligência artificial (IA) e a computação quântica (CQ). Com a realidade mista, construiremos a experiência computacional máxima, na qual seu campo de visão se tornará uma superfície computacional; seu mundo digital e o mundo físico serão um só. O acesso a dados, aplicações e até mesmo aos colegas e amigos que constam na lista de seu telefone ou *tablet* será possível em qualquer lugar – enquanto você estiver trabalhando em seu escritório, visitando um cliente ou colaborando com colegas em uma sala de conferências. A IA estará presente em todas as experiências, aumentando a capacidade humana e nos oferecendo *insights* e previsões que seriam impossíveis de obtermos sozinhos. Finalmente, a computação quântica nos permitirá ultrapassar os limites da lei de Moore (a qual

---

*. Satya Nadella é CEO da Microsoft e autor do livro *Hit refresh: the quest to rediscover Microsoft's soul and imagine a better future for everyone.*

afirma que o número de transistores em um *chip* de computador dobra aproximadamente a cada dois anos), alterando a própria física da computação como hoje a conhecemos e oferecendo maior capacidade de computação para resolvermos os maiores e mais complexos problemas do mundo. RM, IA e CQ podem se apresentar atualmente como segmentos independentes, mas eles se unirão.

Da mesma forma, indústria e sociedade devem se unir e empoderar as pessoas e as organizações por meio da democratização do acesso à informação para que possamos resolver nossos desafios mais urgentes. Por exemplo, se a IA é uma das principais prioridades da tecnologia, então os serviços de saúde são certamente uma das aplicações mais urgentes da IA. Juntamente com a realidade mista, as ferramentas de otimização dos negócios e da nuvem, a IA será fundamental para a transformação dos serviços de saúde em curso na bancada dos cientistas, nas clínicas e em todas as operações dos centros médicos. A modernização dos serviços globais de saúde por meio da medicina de precisão – o entendimento da variabilidade individual dos genes, dos sistemas imunológicos, do ambiente e do estilo de vida de cada pessoa – só pode ser realizada por meio da aprendizagem automática, de serviços cognitivos e redes neurais profundas *on-line*. O design dessas tecnologias segue imperativos éticos de inclusividade e transparência que também são necessários em sua engenharia: como resultado, os produtos e serviços serão simplesmente melhores. Para esse fim, em 2016, Microsoft, Amazon, Google, Facebook e IBM anunciaram uma parceria em IA para beneficiar as pessoas e a sociedade. O objetivo é possibilitar a compreensão pública da IA e formular um conjunto de melhores práticas sobre os desafios e oportunidades nesse campo. A parceria promoverá pesquisas sobre o desenvolvimento e testes de sistemas seguros de IA para setores como o automotivo e o de serviços de saúde, sobre a colaboração entre humanos e IA, sobre o deslocamento econômico e sobre como a IA poderá ser usada para o bem social.

Restaurar o crescimento econômico e a produtividade para todos é um dos objetivos partilhados; nesse sentido, a tecnologia desempenhará um papel de liderança. Uma fórmula a ser considerada é a ênfase na educação e nas novas habilidades em combinação com a aplicação intensificada dessas inovações tecnológicas em todos os setores das economias locais (especialmente naqueles em que o país ou a região possui uma vantagem comparativa). Na era digital, o *software* atua como um material universal de entrada (*input*) que pode ser produzido em abundância e aplicado tanto no setor público quanto no privado e em todas as indústrias. Independentemente do lugar – seja Detroit, Egito ou Indonésia –, esse *input* universal precisa se transformar em excedente econômico local. As tecnologias revolucionárias, somadas a uma força de trabalho treinada para usá-las de forma produtiva e multiplicadas pela intensidade de seu uso, propagam crescimento econômico e oportunidades para todos.

Por fim, no atual mundo digital, confiança é tudo. Em cada canto deste mundo, precisamos de um ambiente regulatório revitalizado que promova o uso confiável e inovador da tecnologia. O maior problema reside na legislação antiquada, a qual se mostra inadequada para lidar com os problemas contemporâneos.

Os tópicos prescientes explorados neste livro e o diálogo que ele provoca nas reuniões do Fórum Econômico Mundial são contribuições vitais para o entendimento e para a busca de soluções. Os benefícios possíveis são inéditos e, de acordo com a conclusão deste livro, a parceria entre os empreendimentos públicos e privados é essencial.

Prefácio

Klaus Schwab
Fundador e presidente do Fórum Econômico Mundial

O mundo está em uma encruzilhada. Os sistemas sociais e políticos que tiraram milhões de pessoas da pobreza e que, por meio século, deram forma às nossas políticas nacionais e globais estão nos decepcionando. Os benefícios econômicos da genialidade e do esforço humanos estão cada vez mais concentrados, a desigualdade está aumentando e as externalidades negativas da nossa economia global integrada estão prejudicando o meio ambiente e as populações vulneráveis: as partes interessadas (*stakeholders*), menos capazes de absorver o custo do progresso.

A confiança das pessoas nas empresas, nos governos, nas mídias e até mesmo na sociedade civil caiu a ponto de mais da metade do mundo sentir-se decepcionada com o sistema atual. A crescente desconfiança entre as pessoas que estão no quartil de renda superior de seu país e o resto da população mostra que a coesão social está, na melhor das hipóteses, frágil e, na pior delas, muito próxima do desmoronamento.

É neste contexto político e social precário que enfrentamos as oportunidades e os desafios de um grande número de poderosas tecnologias emergentes – da inteligência artificial às biotecnologias, dos materiais modernos à computação quântica – que causarão mudanças radicais na forma como vivemos, e que eu chamei de Quarta Revolução Industrial.

Essas tecnologias emergentes não são meros avanços incrementais das tecnologias digitais de hoje. As tecnologias da Quarta Revolução Industrial são verdadeiramente disruptivas – elas subvertem as formas existentes de sentir, calcular, organizar, agir e cumprir acordos. Elas representam maneiras inteiramente novas de criação de valor para as organizações e para os cidadãos. Elas transformarão, ao longo do tempo, todos os sistemas que hoje aceitamos como certos – desde o modo como produzimos e transportamos bens e serviços até a forma como nos comunicamos, colaboramos e desfrutamos do mundo que nos rodeia. No presente, os avanços em neurotecnologia e biotecnologia já estão nos obrigando a questionar o que significa ser humano.

A boa notícia é que, além de a evolução da Quarta Revolução Industrial estar totalmente em nossas mãos, ainda estamos em seus primeiros estágios. As normas sociais e os regulamentos que regem as tecnologias emergentes estão sendo desenvolvidos e escritos hoje. Todas as pessoas podem e devem opinar sobre como as novas tecnologias as afetam.

No entanto, por estarmos nesta encruzilhada, nossa responsabilidade é gigantesca. Se perdemos esta janela de oportunidade para criarmos as novas tecnologias de forma a promover o bem comum, aumentar a dignidade humana e proteger o meio ambiente, é grande a probabilidade de que os desafios que vivenciamos hoje se agravem, uma vez que os interesses mesquinhos e os sistemas tendenciosos reforçam ainda mais as desigualdades e comprometem os direitos das pessoas em todos os países.

Valorizar a importância da Quarta Revolução Industrial e moldá-la em benefício de todos – e não de apenas alguns poucos privilegiados por serem ricos ou qualificados – requer uma nova maneira de pensar e uma ampla compreensão das diferentes tecnologias que causarão impactos aos indivíduos, às comunidades, às organizações e aos governos.

O livro *Aplicando a Quarta Revolução Industrial* foi projetado para empoderar o leitor a fim de que possa participar de diálogos estratégicos relativos às tecnologias emergentes dentro das – e entre as – comunidades, organizações e instituições das quais faz parte, ajudando a modelar ativamente o mundo em consonância com os valores humanos comuns.

Este livro é fruto da colaboração de muitos especialistas mundiais da diversa comunidade do Fórum Econômico Mundial. A Seção II, em particular, sintetiza as perspectivas dos principais pensadores dos Conselhos do Futuro Global e da Rede de Especialistas do Fórum. Não fosse pelas generosas contribuições de tempo e conhecimento dessas pessoas, teria sido impossível cobrir a vasta gama de assuntos com a devida profundidade para compreendermos os domínios tecnológicos de maior impacto. Eu também estou muito grato às reflexões ponderadas e extremamente relevantes oferecidas por Satya Nadella em seu prólogo.

Meus agradecimentos dirigem-se especialmente ao meu coautor, Nicholas Davis, líder de Sociedade e Inovação do Fórum, bem como a Thomas Philbeck, chefe de Estudos de Ciência e Tecnologia, cujas contribuições intelectuais, esforços e dedicação foram absolutamente essenciais. Agradeço, também, a Anne Marie Engtoft Larsen – Liderança do Conhecimento, Quarta Revolução Industrial –, que contribuiu com nuances importantes para as questões de tecnologia e desenvolvimento global.

Eu também gostaria de agradecer profundamente a Katrin Eggenberger, que mais uma vez prestou seu inestimável apoio à publicação interna e externa do livro; Kamal Kimaoui, que projetou o *layout* do livro de forma notável; Fabienne Stassen, cuja capacidade editorial tornou o texto muito melhor; e Mel Rogers, cujas mentalidade estratégica e liderança orientada por valores ressoam ao longo dos capítulos.

Minha experiência como fundador e presidente executivo do Fórum Econômico Mundial, a organização internacional para a cooperação público-privada, mostrou que, para um progresso contínuo e inclusivo, é preciso trabalhar de forma multidisciplinar e com as partes interessadas para promover ideias comuns e confrontar o pensamento de soma zero. Se formos bem-sucedidos, poderemos escolher um caminho que nos ofereça a oportunidade de abordar os fracassos das revoluções industriais anteriores e criar um mundo muito mais inclusivo, sustentável, próspero e pacífico. Espero que este livro e o meu livro de 2016, *A Quarta Revolução Industrial**, ajudem a guiar o mundo a um rumo correto.

---

*.   SCHWAB, Klaus. *A Quarta Revolução Industrial*. Edipro: São Paulo, 2016. (N.E.)

Prefácio à edição brasileira

João Doria
Empresário e governador do estado de São Paulo

O princípio de tomada de decisão conjunta tem sido o cerne das atividades e do êxito do Fórum Econômico Mundial desde sua fundação, em 1971. Há quase cinco décadas, o Professor Klaus Schwab chegou à conclusão de que os desafios mundiais mais importantes não podem ser resolvidos sozinhos por apenas uma organização, indústria ou setor: progressos tangíveis em relação a problemas comuns demandam ação coletiva de líderes de empresas, governos, organizações da sociedade civil, mídia e academia.

Desde então, o mundo mudou drasticamente. A população mundial duplicou; o número de pessoas em situação de pobreza diminuiu pela metade; em média, as pessoas estão vivendo dez anos mais. Enquanto isso, a tecnologia progrediu a taxas exponenciais com a Terceira Revolução Industrial (o mundo digital), mudando a forma como nos comunicamos e trabalhamos.

No entanto, apesar dos grandes progressos, essas alterações não foram uniformemente positivas. Hoje, bilhões de pessoas ainda carecem da dignidade oferecida pelas tecnologias da primeira, segunda e terceira revoluções industriais, como eletricidade, saneamento básico, água potável e acesso, a preços econômicos, à internet de alta velocidade.

O mundo está entrando agora em uma nova era de mudança disruptiva que traz novas esperanças e novas preocupações. As doze poderosas tecnologias emergentes discutidas neste livro estão se mesclando para alimentar o que Klaus Schwab chamou de "Quarta Revolução Industrial". O resultado é que, de forma ainda mais profunda e extremamente incerta, o mundo está mudando rapidamente. Assim, a necessidade de tomada de decisão conjunta tem apenas crescido à medida que enfrentamos os desafios econômicos e sociais existentes, bem como novos riscos.

Talvez a questão mais importante trazida pela Quarta Revolução Industrial, assim como pelas revoluções industriais anteriores, seja o fato de que muitas pessoas podem perder os benefícios da nova era tecnológica. À medida que as empresas e as economias, por meio das cadeias globais de valor, adotam a robótica avançada, a análise preditiva, a computação distribuída e a inteligência artificial, há o risco de que as comunidades ou indústrias em economias emergentes e em desenvolvimento sejam deixadas para trás por lhes faltarem os investimentos em infraestrutura, a tecnologia e o capital humano necessários para que também possam participar e elevar seus padrões de vida.

Entender – e não perder – as possibilidades resultantes das novas tecnologias é, portanto, fundamental para as economias emergentes, incluindo o Brasil.

Quase sempre associamos as tecnologias de ponta às organizações e cidades da Europa e dos Estados Unidos. Em vez disso, deveríamos tentar descobrir e reconhecer a incrível capacidade inovadora de empreendedores, empresas e indivíduos – especialmente jovens – de cidades vibrantes como a minha própria cidade, São Paulo. Precisamos, além disso, investir em relacionamentos, programas de desenvolvimento e formas de governança necessários para garantir que a Quarta Revolução Industrial reduza as desigualdades não só dentro dos países, mas também entre os próprios países.

Este livro é importante precisamente por abordar essas questões. Ele se baseia na Quarta Revolução Industrial, que, na concepção de Klaus Schwab, é uma revolução centrada na humanidade, e destaca a urgente tarefa de garantir que as tecnologias promovam o desenvolvimento humano em todas as suas formas. O livro nos oferece uma visão geral dos conceitos mais importantes de que os líderes precisam para navegar pelo mundo da tecnologia emergente, com foco particular na garantia de que a forma como desenvolvemos e implementamos a tecnologia seja inclusiva e sustentável, assim como orientada para a geração de empregos e o crescimento econômico. Ao tratar de doze tecnologias emergentes, o livro torna-se um guia completo para que possamos compreender e implementar novos recursos.

No entanto, conforme nos diz o livro, assegurar que a Quarta Revolução Industrial tornará todos nós melhores é impossível, a não ser que recorramos ao princípio da tomada de decisão conjunta e trabalhemos estreitamente, ultrapassando fronteiras tradicionais, sejam elas entre disciplinas, indústrias ou países.

Este livro é um valioso recurso para todos os cidadãos que estejam dispostos a aceitar este desafio em nome de sua comunidade, de sua organização e de seu país.

Introdução

Em janeiro de 2016, a publicação do livro *A Quarta Revolução Industrial* afirmou que todos nós deveríamos assumir uma responsabilidade coletiva "por um futuro em que a inovação e a tecnologia estão focadas na humanidade e na necessidade de servir ao interesse público":

> A nova era tecnológica, caso seja moldada de forma ágil e responsável, poderá dar início a um novo renascimento cultural que permitirá que nos sintamos parte de algo muito maior do que nós mesmos – uma verdadeira civilização global. A Quarta Revolução Industrial poderá robotizar a humanidade e, portanto, comprometer as nossas fontes tradicionais de significado – trabalho, comunidade, família e identidade. Ou, então, podemos usar a Quarta Revolução Industrial para elevar a humanidade a uma nova consciência coletiva e moral baseada em um senso de destino comum. Cabe a todos nós garantir a ocorrência desse segundo cenário.

A relevância desse apelo só aumentou nos últimos 24 meses, à medida que os departamentos de pesquisa e desenvolvimento (P&D) tiveram maiores avanços nas tecnologias mais dinâmicas, as empresas adotaram novas abordagens e surgiram novas evidências empíricas sobre os impactos disruptivos causados pelas tecnologias emergentes, bem como novos modelos de negócios ao mercado de trabalho, às relações sociais e aos sistemas políticos.

Este livro complementa *A Quarta Revolução Industrial* de duas maneiras. Primeiro, destina-se a ajudar o leitor – desde líderes globais até cidadãos engajados – a "ligar os pontos", abordando as questões por uma perspectiva sistemática, destacando as conexões entre as tecnologias emergentes, os desafios globais e as ações tomadas hoje. Segundo, permite que o leitor mergulhe mais profundamente no cerne de tecnologias específicas e nos tópicos de governança, ilustrados por exemplos recentes e sustentados pelas perspectivas dos principais especialistas do mundo.

Este livro enfatiza que:
- A Quarta Revolução Industrial representa uma importante fonte de esperança para darmos continuidade a essa escalada do desenvolvimento humano que tem gerado uma significativa melhoria na qualidade de vida de bilhões de pessoas desde 1800.
- A concretização desses benefícios requer a colaboração entre as diversas partes interessadas para superar três desafios centrais: a justa distribuição dos benefícios das disrupções tecnológicas, a contenção das inevitáveis externalidades e a garantia de que as tecnologias emergentes nos empoderem como seres humanos, em vez de nos governar.
- As tecnologias que estão no cerne da Quarta Revolução Industrial estão conectadas de muitas formas – na maneira como estendem os recursos digitais, na maneira como surgem, crescem e se incorporam em nossas vidas, na sua capacidade de combinar-se e em seu potencial para concentrar privilégios e desafiar os sistemas de governança existentes.
- Para aproveitar os benefícios da Quarta Revolução Industrial, não devemos considerar as tecnologias emergentes como "meras ferramentas" que estão completamente sob nosso controle consciente, nem como forças externas que não podem ser orientadas. Em vez disso, devemos procurar entender como e onde os valores humanos estão incorporados às novas tecnologias e como elas podem ser moldadas para melhorar o bem comum, a gestão ambiental e a dignidade humana.
- Todas as partes interessadas devem participar da discussão global sobre as maneiras por meio das quais as tecnologias estão mudando os sistemas que nos rodeiam e impactando a vida de todos no planeta. Em particular, três grupos frequentemente excluídos precisam ter uma melhor representação nas discussões sobre governança e o impacto das tecnologias emergentes: economias em desenvolvimento, instituições e organizações ambientais e cidadãos de todas as gerações, níveis de ensino e faixas de renda.

Na Seção I, quatro capítulos apresentam os desafios e princípios essenciais para a materialização de um futuro centrado no ser humano, discutem as maneiras como as tecnologias da Quarta Revolução Industrial estão conectadas, oferecem um quadro para a compreensão e o aprofundamento do papel dos valores e princípios dos sistemas tecnológicos emergentes, e examinam as partes interessadas que precisam envolver-se mais nas discussões e aplicações da Quarta Revolução Industrial.

A Seção II, escrita em colaboração com os membros da Rede de Especialistas e dos Conselhos do Futuro Global do Fórum Econômico Mundial, consiste em doze capítulos, cada um focado em um determinado conjunto de tecnologias, explicando seus impactos potenciais e por que elas são importantes hoje para os líderes. Esses elementos indicam como as tecnologias emergentes interagem umas com as outras e evoluem conjuntamente enquanto nossa relação com os dados se transforma, o mundo físico é reformado, os seres humanos são aprimorados e somos envolvidos por novos sistemas extremamente poderosos.

O livro encerra-se com uma perspectiva para a liderança sistêmica, resumindo as questões críticas de governança que devem ser enfrentadas em conjunto pelos líderes de todos os setores e pelo público em geral para que possamos criar um futuro inclusivo, sustentável e próspero.

SEÇÃO I

A QUARTA REVOLUÇÃO INDUSTRIAL

CAPÍTULO 1
Moldando a Quarta Revolução Industrial

A ideia de que o mundo está entrando em uma nova fase de mudanças disruptivas tornou-se um dos tópicos mais discutidos em parlamentos e reuniões empresariais de todo o mundo. Este capítulo introduz os principais conceitos da Quarta Revolução Industrial, identifica três desafios centrais que devem ser gerenciados de forma colaborativa e destaca quatro princípios que os cidadãos e líderes podem usar para guiar e modelar as novas tecnologias e sistemas que surgirão.

1.1. Um modelo mental para moldar o futuro

A Quarta Revolução Industrial é uma forma de descrever um conjunto de transformações em curso e iminentes dos sistemas que nos rodeiam; sistemas que a maioria de nós aceita como algo que sempre esteve presente. Mesmo que não pareça importante para aqueles cuja vida passa diariamente por uma série de pequenos mas significativos ajustes, a Quarta Revolução Industrial não consiste em uma pequena mudança – ela é um novo capítulo do desenvolvimento humano, no mesmo nível da primeira, da segunda e da Terceira Revolução Industrial e, mais uma vez, causada pela crescente disponibilidade e interação de um conjunto de tecnologias extraordinárias.

As tecnologias emergentes da Quarta Revolução Industrial são construídas sobre o conhecimento e os sistemas das revoluções industriais anteriores e, em particular, sobre recursos digitais da Terceira Revolução Industrial. Elas incluem os doze conjuntos de tecnologias discutidos na Seção II deste livro, como a inteligência artificial (IA) e a robótica, a fabricação aditiva, as neurotecnologias, as biotecnologias, a realidade virtual e aumentada, os novos materiais, as tecnologias energéticas, bem como as ideias e capacidades cuja existência ainda não conhecemos.

Mas a Quarta Revolução Industrial é muito mais do que a descrição de uma mudança de base tecnológica. Mais importante que isso, ela é uma oportunidade para estruturar uma série de conversas públicas que podem ajudar todos nós – desde líderes do setor de tecnologia até autoridades políticas e cidadãos de todos os grupos de renda, nacionalidades e origens – a entender e orientar a forma como essas tecnologias poderosas, emergentes e convergentes influenciam o mundo que nos rodeia.

Para tanto, a forma como vemos e discutimos essas novas e poderosas tecnologias que estão moldando nosso mundo precisa mudar – não podemos pensar na tecnologia como uma força totalmente exógena que inevitavelmente governará nosso futuro, nem podemos ter a visão oposta, de que a tecnologia é simplesmente uma ferramenta que os seres humanos podem optar por usar do modo como desejarem.

Pelo contrário, enquanto tomamos decisões sobre investimentos, design, adoção e reinvenção, precisamos aprofundar nossa compreensão sobre as formas como as novas tecnologias se conectam umas com as outras e nos influenciam de maneiras sutis ou óbvias, refletindo e amplificando os valores humanos. É difícil, senão impossível, fazer colaborações em investimentos, políticas e ações coletivas que afetem positivamente o futuro se não conseguirmos compreender como as pessoas e as tecnologias interagem.

A oportunidade geral da Quarta Revolução Industrial consiste, portanto, em ver a tecnologia como algo que vai além da simples ferramenta ou de uma força inevitável, encontrando maneiras de oferecer ao maior número de pessoas a capacidade de impactar positivamente a sua família, organização e comunidade, influenciando e orientando os sistemas que nos rodeiam e moldam nossa vida.

Por sistemas, entendemos as normas, regras, expectativas, objetivos, instituições e incentivos que norteiam nosso comportamento diário, bem como as infraestruturas e os fluxos de material e pessoas que são fundamentais para a nossa vida econômica, política e social. Coletivamente, eles influenciam a forma como gerenciamos nossa saúde, tomamos decisões, produzimos e consumimos bens e serviços, trabalhamos, nos comunicamos, socializamos e nos movimentamos – influenciam até mesmo o significado do que consideramos ser humano. Como tem ocorrido em toda a história das revoluções industriais, tudo isso – e muito mais – mudará radicalmente com o desenrolar da Quarta Revolução Industrial.

1.2. As revoluções industriais, crescimento e oportunidade

Nos últimos 250 anos, três revoluções industriais mudaram o mundo e transformaram a maneira como os seres humanos criam valor. Em cada uma delas, as tecnologias, os sistemas políticos e as instituições sociais evoluíram juntos, mudando não apenas as indústrias, mas também a forma como as pessoas se viam em relação umas às outras e ao mundo natural.

Provocada pela mecanização da fiação e da tecelagem, a Primeira Revolução Industrial começou na indústria têxtil da Grã-Bretanha em meados do século XVIII. Nos cem anos seguintes, ela transformou todas as indústrias existentes e deu à luz muitas outras, desde as máquinas operatrizes (o torno mecânico, por exemplo) até a manufatura do aço, o motor a vapor e as estradas de ferro. As novas tecnologias trouxeram mudanças relacionadas à cooperação e à competição que, por sua vez, criaram sistemas inteiramente novos de produção, troca e distribuição de valor, subvertendo setores que vão da agricultura à manufatura, das comunicações aos transportes. Com efeito, o emprego atual da palavra "indústria" é muito limitado e não é capaz de abranger o escopo da revolução. Um melhor enquadramento talvez seja o uso que os pensadores do século XIX, Thomas Carlyle e John Stuart Mill, faziam do termo "indústria": todas as atividades que decorrem do esforço humano.

Embora tenha contribuído para a disseminação do colonialismo e para a degradação ambiental, a Primeira Revolução Industrial conseguiu tornar o mundo mais próspero. Antes de 1750, até mesmo os países mais ricos – Grã-Bretanha, França, Prússia, Holanda, as colônias norte-americanas – tinham um crescimento médio de cerca de 0,2% ao ano apenas, e mesmo isso era algo extremamente volátil. A desigualdade era maior do que a dos dias atuais, e a renda *per capita* estava em níveis que hoje são considerados como extrema pobreza. Em 1850, graças ao impacto das tecnologias, as taxas anuais de crescimento desses mesmos países já haviam aumentado para 2-3%, e a renda *per capita* estava em constante ascensão.[1]

---

1. Alguns setores cresceram espetacularmente durante este período; Crafts estima que a produção de têxteis de algodão cresceu 9,7% ao ano entre 1780 e 1801, diminuindo para 5,6% ao ano entre

No período entre 1870 e 1930, uma nova onda de tecnologias inter-relacionadas passou a compor o crescimento e as oportunidades que surgiram com a Primeira Revolução Industrial. O rádio, o telefone, a televisão, os eletrodomésticos e a iluminação elétrica mostraram o poder transformador da energia elétrica. O motor de combustão interna possibilitou a existência do automóvel, do avião e, finalmente, de seus ecossistemas – incluindo os empregos na indústria e a infraestrutura das rodovias. Ocorreram avanços na química: o mundo ganhou novos materiais, como os plásticos termofixos, e novos processos – o processo Haber-Bosch, de síntese da amônia, abriu caminho para os fertilizantes baratos de hidrogênio, a "revolução verde" da década de 1950 e o subsequente aumento vertiginoso da população humana.[2] A Segunda Revolução Industrial marcou o início do mundo moderno, com o advento de programas de saneamento e viagens aéreas internacionais.

Por volta de 1950, as principais tecnologias da Terceira Revolução Industrial – a teoria da informação e a computação digital – passaram por avanços revolucionários. Assim como ocorreu nos períodos anteriores, a Terceira Revolução Industrial não ocorreu por causa da existência das tecnologias digitais, mas pelas mudanças que promoveram no nosso sistema econômico e social. A capacidade de armazenar, processar e transmitir informações em formato digital deu nova forma a quase todas as indústrias e mudou drasticamente a vida profissional e social de bilhões de pessoas. O impacto cumulativo dessas três revoluções industriais suscitou um incrível aumento das riquezas e oportunidades – pelo menos em países com economias mais avançadas.

Os países atuais da OCDE – lar de cerca de um sexto da população mundial – possuem renda *per capita* que é aproximadamente de 30 a 100 vezes maior do que seus equivalentes de 1800.[3] Os dados da Figura 1 foram retirados do Índice de Desenvolvimento Humano (IDH) da ONU para países da OCDE e das avaliações da contribuição das diferentes tecnologias para os resultados do crescimento, da saúde e da educação, tendo como objetivo ilustrar como as diferentes revoluções industriais apoiaram o aumento contínuo da qualidade de vida desde a Primeira Revolução Industrial.

1801 e 1831. A produção de ferro cresceu a taxas de 5,1% e 4,6% ao ano durante os mesmos períodos (ofícios, 1987).
2. Vaclav Smil diz ser possivelmente a invenção de maior impacto da história (Smil, 2005).
3. McCloskey, 2016.

CAPÍTULO 1 – MOLDANDO A QUARTA REVOLUÇÃO INDUSTRIAL | 39

Figura 1: Contribuição ilustrativa das revoluções industriais para o desenvolvimento humano: países da OCDE 1750-2017

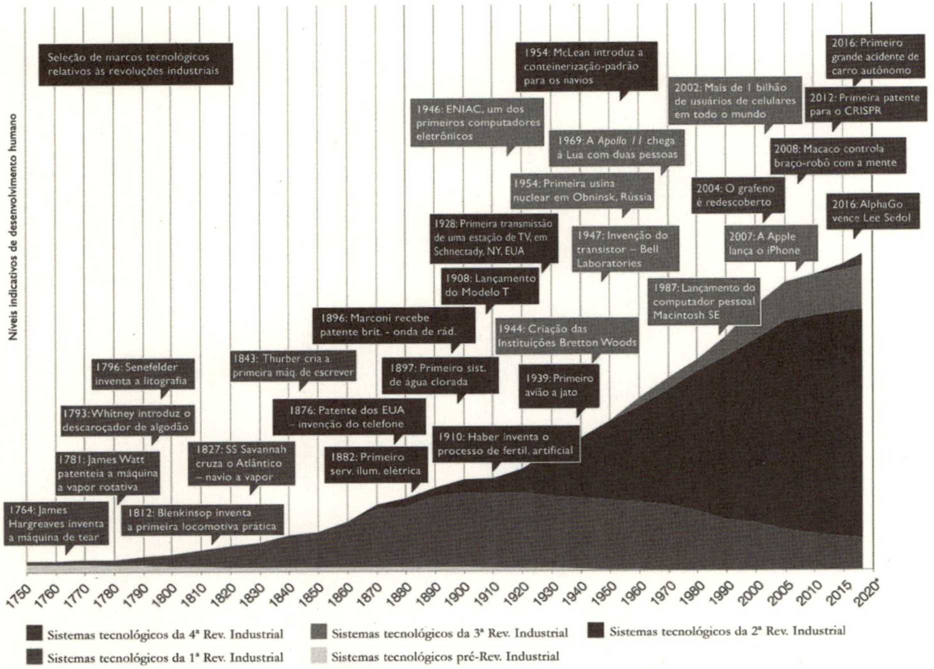

[Figura: linha do tempo com marcos tecnológicos de 1750 a 2020, com os seguintes eventos:]

- 1764: James Hargreaves inventa a máquina de tear
- 1781: James Watt patenteia a máquina a vapor rotativa
- 1793: Whitney introduz o descaroçador de algodão
- 1796: Senefelder inventa a litografia
- 1812: Blenkinsop inventa a primeira locomotiva prática
- 1827: SS Savannah cruza o Atlântico – navio a vapor
- 1843: Thurber cria a primeira máq. de escrever
- 1876: Patente dos EUA – invenção do telefone
- 1882: Primeiro serv. ilum. elétrica
- 1896: Marconi recebe patente brit. – onda de rád.
- 1897: Primeiro sist. de água clorada
- 1908: Lançamento do Modelo T
- 1910: Haber inventa o processo de fertil. artificial
- 1928: Primeira transmissão de uma estação de TV em Schnectady, NY, EUA
- 1939: Primeiro avião a jato
- 1944: Criação das Instituições Bretton Woods
- 1946: ENIAC, um dos primeiros computadores eletrônicos
- 1947: Invenção do transistor – Bell Laboratories
- 1954: McLean introduz a conteinerização-padrão para os navios
- 1954: Primeira usina nuclear em Obninsk, Rússia
- 1969: A Apollo 11 chega à Lua com duas pessoas
- 1987: Lançamento do computador pessoal Macintosh SE
- 2002: Mais de 1 bilhão de usuários de celulares em todo o mundo
- 2004: O grafeno é redescoberto
- 2007: A Apple lança o iPhone
- 2008: Macaco controla braço-robô com a mente
- 2012: Primeira patente para o CRISPR
- 2016: Primeiro grande acidente de carro autônomo
- 2016: AlphaGo vence Lee Sedol

Seleção de marcos tecnológicos relativos às revoluções industriais

Níveis indicativos de desenvolvimento humano

Legenda:
- Sistemas tecnológicos da 4ª Rev. Industrial
- Sistemas tecnológicos da 1ª Rev. Industrial
- Sistemas tecnológicos da 3ª Rev. Industrial
- Sistemas tecnológicos pré-Rev. Industrial
- Sistemas tecnológicos da 2ª Rev. Industrial

* Indicador de projeção. (N.E.)

Fonte: Fórum Econômico Mundial.

A Figura 1 é apenas indicativa, baseada em uma estimativa aproximada de como as tecnologias, indústrias e a evolução institucional dominantes contribuíram para a mensuração do desenvolvimento humano desde 1750.[4] A figura mostra que, mesmo para países perto da fronteira tecnológica, a parte maior do desenvolvimento humano origina-se de tecnologias e sistemas desenvolvidos durante a Segunda Revolução Industrial – como eletricidade, água e saneamento, serviços de saúde modernos e a enorme expansão da produtividade agrícola, impulsionada pela invenção do fertilizante artificial. Esse é um argumento sustentado por Robert Gordon e outros de forma persuasiva.[5]

O processo de inovação tecnológica – invenção, comercialização, adoção ampla e utilização – tem sido o mais poderoso motor de riqueza e aumento do bem-estar desde o início da história. Atualmente, o ser humano médio possui uma vida mais longa, uma saúde melhor, mais segurança econômica e uma probabilidade muito menor de ter uma morte violenta do que em qualquer época anterior. Desde a Primeira Revolução Industrial, a renda real média *per capita* nas economias dos países da OCDE aumentou aproximadamente 2.900%.[6] Durante o mesmo período, a expectativa de vida ao nascer mais do que duplicou em quase todos os países – de 40 anos para mais de 80 anos no Reino Unido e, na Índia, de 23,5 anos para 65 anos nos dias de hoje.

1.3. Desafios e benefícios futuros

Sob circunstâncias ideais, a Quarta Revolução Industrial oferece oportunidades para aqueles suficientemente sortudos, que já desfrutam dos benefícios das três revoluções industriais anteriores, para continuar a escalada ascendente do desenvolvimento humano, conforme ilustrado na Figura 2; enquanto também traz melhorias para a vida daqueles que no momento não desfrutam dos benefícios que a combinação entre sistemas tecnológicos e

---

4. O programa de desenvolvimento das Nações Unidas define "desenvolvimento humano" como "dar às pessoas mais liberdade e oportunidades de viver a vida que é valorizada por elas. Com efeito, isso significa desenvolver as habilidades das pessoas e dar-lhes a oportunidade de usá-las. Três fundamentos do desenvolvimento humano são: viver uma vida saudável e criativa, ser sábio e ter acesso aos recursos necessários para um padrão de vida decente. Muitos outros aspectos também são importantes, especialmente para ajudar a criar condições para o desenvolvimento humano, como a sustentabilidade ambiental ou a igualdade entre homens e mulheres". (UNDP, 2017)
5. Gordon, 2016.
6. McCloskey, 2016.

CAPÍTULO 1 – MOLDANDO A QUARTA REVOLUÇÃO INDUSTRIAL | 41

Figura 2: Contribuição ilustrativa das revoluções industriais para o desenvolvimento humano até 2050 (benefícios realizados)

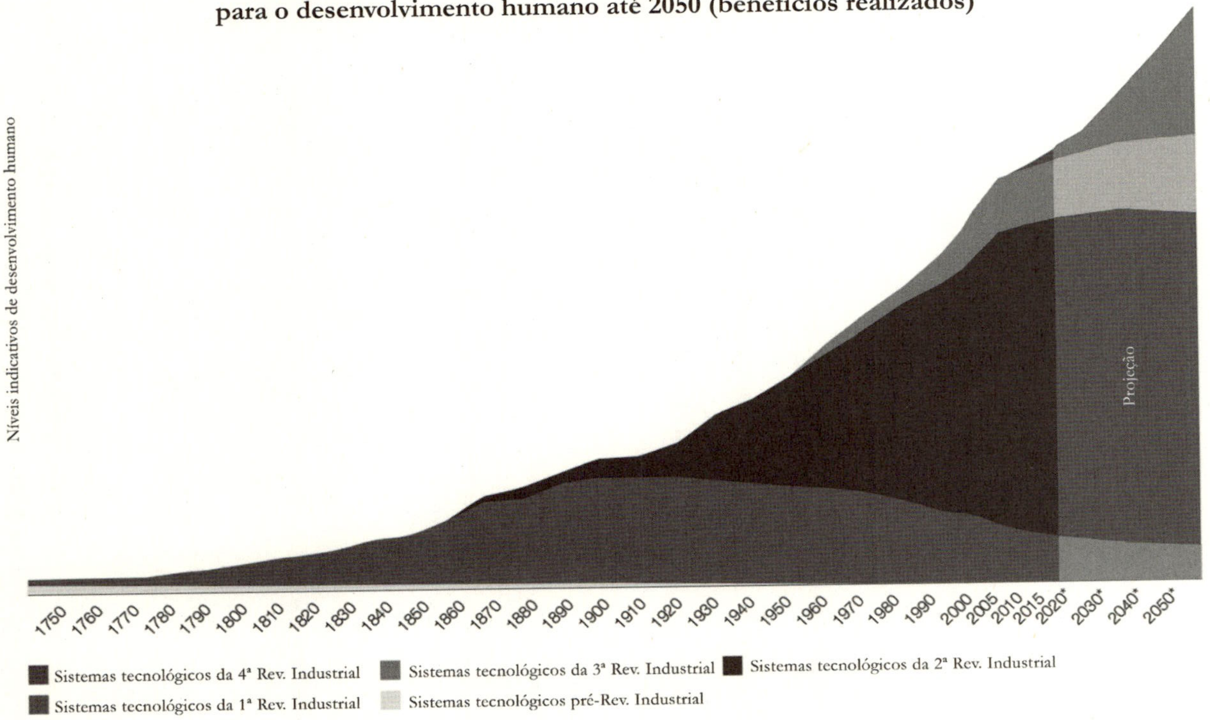

■ Sistemas tecnológicos da 4ª Rev. Industrial ■ Sistemas tecnológicos da 3ª Rev. Industrial ■ Sistemas tecnológicos da 2ª Rev. Industrial
■ Sistemas tecnológicos da 1ª Rev. Industrial ■ Sistemas tecnológicos pré-Rev. Industrial

Níveis indicativos de desenvolvimento humano

* Indicador de projeção. (N.E.)

Fonte: Fórum Econômico Mundial.

instituições públicas e privadas saudáveis pode oferecer. Se as tecnologias da Quarta Revolução Industrial puderem ser combinadas com as instituições, as normas e os padrões adequados, as pessoas ao redor do mundo terão a chance de desfrutar de mais liberdade, saúde melhor, níveis mais elevados de educação e mais oportunidades para viver uma vida que podem valorizar, enquanto sofrem menos com a insegurança e a incerteza econômica.

A Seção II deste livro destaca as vantagens potenciais para doze grupos de tecnologias emergentes. Para dar apenas alguns exemplos, as tecnologias da computação quântica oferecem incríveis avanços na maneira como nós modelamos e otimizamos os sistemas complexos – prometendo enormes aumentos de eficiência em campos tão diversos como a descoberta de drogas e a logística. O uso da tecnologia de registros distribuídos* não só promete reduzir drasticamente o custo de transação da coordenação entre as diversas partes – tal como a verificação da proveniência dos diamantes –, mas poderia ser a força motriz por trás dos enormes fluxos de valor em serviços e produtos digitais, proporcionando identidades digitais seguras que podem tornar os novos mercados acessíveis para qualquer pessoa conectada à internet. As realidades virtual e aumentada oferecem um canal inteiramente novo para experimentarmos o mundo à nossa volta – e poderia acelerar surpreendentemente a forma como aprendemos ou aplicamos nossas habilidades através do tempo e do espaço. Se os novos materiais puderem operar uma mudança radical na densidade de energia das baterias, isso revolucionará a utilização de *drones* militares e civis e a prestação de serviços de energia elétrica para populações vulneráveis, acelerando também uma completa alteração dos sistemas de transporte.

Esses benefícios parecem depender quase inteiramente das inovações tecnológicas. No entanto, quando e como se materializam, e a quem eles beneficiam, são questões inconclusivas. A Quarta Revolução Industrial está evoluindo e crescendo de tal maneira que tem criado novos desafios e preocupações para o mundo em um momento em que as preocupações sobre desigualdade, tensão social e fragmentação política estão aumentando e em que as populações vulneráveis estão cada vez mais expostas às incertezas econômicas e às ameaças de catástrofes naturais. De que tipo de pensamento e de instituições precisamos para construir um mundo onde todos tenham a oportunidade de desfrutar dos mais altos níveis possíveis de

---

*. A "tecnologia de registros distribuídos" é uma tecnologia que permite a comunicação entre pares (par a par), sem a necessidade de um elemento central de coordenação. (N.R.T.)

desenvolvimento humano? Para viabilizarmos um futuro tão justo e inclusivo, teremos de reajustar nossa mentalidade e nossas instituições. Afinal, a experiência das revoluções industriais anteriores mostra que, para que os benefícios das novas tecnologias sejam plenamente obtidos na próxima revolução dos sistemas, o mundo deverá satisfazer três desafios prementes.

O primeiro desafio é garantir que os benefícios da Quarta Revolução Industrial sejam distribuídos de forma justa. A riqueza e o bem-estar gerados pelas revoluções industriais anteriores foram e continuam a ser distribuídos de forma desigual. Embora a desigualdade entre países tenha diminuído consideravelmente desde a década de 1970 devido ao rápido desenvolvimento das nações dos mercados emergentes, a desigualdade dentro dos países está aumentando. O rendimento médio anual diminuiu 2,4% nas economias avançadas entre 2011 e 2016, e em 2015, pela primeira vez em mais de 25 anos, os Estados Unidos registraram uma redução da expectativa de vida, principalmente como resultado do declínio na saúde dos brancos da classe trabalhadora.[7] As pessoas podem deixar de utilizar os benefícios dos sistemas por uma série de razões: 1) porque eles estão indisponíveis, são inacessíveis ou irrelevantes; 2) porque esses sistemas estão enviesados de forma aparente ou sutil; 3) ou em razão das operações de instituições que tendem a privatizar os lucros e concentrar a riqueza e as oportunidades. O Capítulo 4 examina pormenorizadamente as partes interessadas da Quarta Revolução Industrial e o que é necessário para garantir que todas tenham a chance de se beneficiar dela.

O segundo desafio é gerenciar as externalidades[*] da Quarta Revolução Industrial no que diz respeito aos seus possíveis riscos e danos. Nas revoluções industriais anteriores foram feitos pouquíssimos esforços para proteger as populações vulneráveis, o ambiente natural e as gerações futuras contra o sofrimento que pode resultar de consequências não intencionais, dos custos da mudança, dos impactos de segunda ordem ou da má utilização deliberada das novas capacidades.

A ameaça das externalidades e das consequências não intencionais é particularmente grande, tendo em vista a força das tecnologias da Quarta Revolução Industrial e a incerteza sobre os impactos a longo prazo em sistemas sociais e ambientais complexos. No nível mais alarmante, os riscos

---

7. Centers for Disease Control and Prevention, 2016.
*. Em economia o termo *externalidade* se refere a um efeito colateral de uma decisão tomada por alguém sobre um terceiro. A externalidade pode ser positiva ou negativa. No caso, os autores querem dizer que a Quarta Revolução Industrial pode trazer consequências à sociedade. (N.R.T.)

vão das tentativas de geoengenharia que poderiam causar súbito e irreversível dano à biosfera, ou o desenvolvimento de uma inteligência artificial geral cujo comportamento de busca de objetivos poderia se chocar com a confusão variada da vida humana. Ao tornar obsoletas as atuais abordagens criptográficas, a computação quântica poderia, em alguns cenários, criar riscos significativos de segurança e privacidade a qualquer um capaz de acessar as novas abordagens da computação. O uso generalizado de veículos autônomos poderia piorar o congestionamento rodoviário de nossas já lotadas cidades. E o risco do assédio *on-line* poderá aumentar com o surgimento da realidade virtual, que o tornaria psicologicamente ainda mais prejudicial.

O terceiro desafio é garantir que a Quarta Revolução Industrial seja liderada por humanos e para humanos. Os valores humanos devem ser respeitados por si mesmos, em vez de ser apenas quantificados em termos financeiros. Além disso, estar centrado na humanidade é o mesmo que empoderar – e não ordenar – as pessoas como agentes com capacidade de realizar ações significativas. Esse desafio é particularmente importante por causa da forma como as tecnologias da Quarta Revolução Industrial diferem das criadas pelas revoluções industriais anteriores. Como explicado no Capítulo 12, elas podem invadir o espaço até então privado de nossa mente, ler nossos pensamentos e influenciar nosso comportamento. Elas podem avaliar e tomar decisões baseadas em dados que nenhum ser humano consegue processar e de maneiras incompreensíveis para os humanos. Elas podem alterar os elementos essenciais da própria vida, incluindo os seres humanos que ainda estão por nascer. E, por meio das redes digitais, elas se espalharão muito mais rapidamente do que em qualquer fase anterior do desenvolvimento tecnológico.

1.4. Uma nova mentalidade de liderança

Esses três desafios – distribuição de benefícios, gestão de externalidades e garantia de um futuro centrado na humanidade – não podem ser facilmente resolvidos de cima para baixo por meio de regulamentos ou de iniciativas bem-intencionadas do governo. Também não é de todo provável que a atual constelação de instituições nacionais e internacionais, estruturas de mercado, movimentos sociais organizados e espontâneos e auxílios aos indivíduos façam com que as novas e poderosas tecnologias sejam amplamente acessíveis, e estejam completamente livres de malefícios e totalmente focadas no empoderamento das pessoas que as usam.

O mundo continua a lutar contra os muitos desafios relacionados às últimas três revoluções industriais – os salários médios das economias mais avançadas estão estagnados ou em queda; as economias em desenvolvimento estão se esforçando para traduzir o crescimento econômico em progresso generalizado e sustentável dos padrões de vida; e quase uma em cada dez pessoas vive na pobreza extrema.[8] Parafraseando Madeleine Albright, enfrentamos a tarefa de compreender e governar as tecnologias do século XXI com a mentalidade do século XX e as instituições do século XIX. A mudança institucional, portanto, é fundamental para superar esses desafios, mas a mentalidade, adaptada aos desafios do século XXI, também o é.

Tanto a história das revoluções industriais anteriores quanto a dinâmica das tecnologias que orientam a Quarta Revolução Industrial mostram que quatro princípios-chave são particularmente úteis para a definição de uma mentalidade.

Deve-se pensar:

1. **Em sistemas, não em tecnologias:** É tentador concentrar-se nas tecnologias em si, quando o que realmente importa são os sistemas que proporcionam o bem-estar. Com vontade política, investimento e cooperação entre as partes interessadas, as novas tecnologias podem permitir que sistemas com melhores desempenhos sejam implementados; sem eles, as novas tecnologias poderiam piorar os sistemas existentes.

2. **Em empoderamento, não em influência:** Imaginar que a mudança tecnológica é algo impossível de controlar ou dirigir e que não há nada que possamos fazer em relação às tecnologias capazes de influenciar comportamentos é uma ideia tentadora. Em vez disso, deveríamos valorizar a tomada de decisão e o poder de ação humanos, projetando sistemas que aproveitem as novas tecnologias para oferecer às pessoas mais escolhas, oportunidades, liberdade e controle sobre sua vida. Isso é particularmente importante, dado que as tecnologias emergentes mostram perspectivas de máquinas que podem decidir e agir sem a interferência humana e, também, podem influenciar nosso comportamento de forma tanto ostensiva quanto sutil.

---

8. World Bank, 2017.

3. **Em design, não em padrão**: Dada sua complexidade, é tentador rejeitarmos toda e qualquer tentativa de moldar os sistemas sociais e políticos como algo arrogante e condenado ao fracasso. No entanto, não devemos nos resignar à inevitabilidade das opções-padrão. O *design thinking* – particularmente quando emprega as técnicas e a filosofia do design centrado nas pessoas –, bem como as abordagens do pensamento sistêmico (*systems thinking*), pode nos ajudar a entender as estruturas que orientam o mundo e a compreender como as novas tecnologias podem ajudar os sistemas a ganharem novas configurações.
4. **Em valores como um recurso, não como um *bug***: É tentador vermos a tecnologia como mera ferramenta, possível de ser usada para o bem ou para o mal, mas cujo valor é, em si mesmo, neutro. Na realidade, implicitamente, todas as tecnologias impregnam-se de valores, desde sua ideia inicial até a forma como são desenvolvidas e implantadas. Devemos reconhecer esse fato e debater sobre tais valores em todas as fases da inovação, não apenas quando ela causa danos a alguém com sua aplicação. O Capítulo 3 examina atentamente o papel dos valores e quais deles podem ser aplicados de forma útil no decorrer da Quarta Revolução Industrial.

Esses quatro princípios surgiram ao longo de centenas de conversas e entrevistas com cientistas, empresários, líderes da sociedade civil, autoridades políticas, executivos e mídia. Juntos, eles criaram um quadro para podermos avaliar, discutir e moldar as maneiras como as tecnologias nos influenciam hoje e os modos como elas darão forma ao mundo no futuro.

1.5. Seu papel na modelagem da Quarta Revolução Industrial

Esses princípios são necessários porque as normas sociais, regulamentos, normas técnicas e políticas corporativas pelos quais a Quarta Revolução Industrial se tornará operacional estão sendo debatidos e formulados neste exato momento – no mundo inteiro, seja em Ruanda, na Suíça ou na China. As provas dos três desafios descritos anteriormente – exclusão, externalidades negativas e desempoderamento – já estão se tornando visíveis, seja em casos de preconceito algorítmico, seja em mudanças no mercado de trabalho que deixam os trabalhadores sem proteção social.

Tendo em vista que muitas tecnologias disruptivas ainda estão começando a surgir dos laboratórios, garagens e departamentos de pesquisa e desenvolvimento ao redor do mundo e que os regulamentos relacionados a elas estão em vias de ser escritos e atualizados, há uma janela de oportunidade para que os cidadãos e líderes de todos os setores trabalhem juntos para moldar os sistemas da Quarta Revolução Industrial. Devemos aproveitar essa oportunidade. Se formos bem-sucedidos, os benefícios incluirão uma disseminação mais ampla da prosperidade, a redução da desigualdade e a reversão da perda de confiança que está dividindo as sociedades e polarizando a política. A Quarta Revolução Industrial poderá produzir sistemas que sustentam populações mais saudáveis, mais longevas e com níveis mais elevados de segurança econômica e física, alegremente envolvidas em atividades significativas e gratificantes em um ambiente sustentável.

Mas como chegaremos lá?

Ligar os pontos entre as diferentes tecnologias da Quarta Revolução Industrial é o primeiro passo. Esse será o assunto do próximo capítulo.

RESUMO DO CAPÍTULO

A Quarta Revolução Industrial constitui um novo capítulo do desenvolvimento humano, motivada pela crescente disponibilidade e interação de um conjunto de tecnologias extraordinárias que foram construídas a partir das três revoluções tecnológicas anteriores. Essa revolução está apenas em seu estágio inicial, o qual oferece à humanidade a oportunidade e a responsabilidade de moldar não só o design das novas tecnologias, mas também formas mais ágeis de governança e valores positivos que fundamentalmente mudarão o modo como vivemos, trabalhamos e nos relacionamos.

As tecnologias emergentes poderão proporcionar enormes benefícios à indústria e à sociedade, mas a experiência das revoluções industriais anteriores nos lembra de que, para alcançá-los plenamente, o mundo deverá enfrentar três desafios prementes. Para um futuro próspero, devemos:

1. Certificar-nos de que os benefícios da Quarta Revolução Industrial sejam distribuídos de forma justa;
2. Gerenciar as externalidades da Quarta Revolução Industrial no que diz respeito aos seus possíveis riscos e danos;
3. Garantir que a Quarta Revolução Industrial seja liderada por humanos e esteja centrada na humanidade.

À medida que os líderes lidam com as incertezas provocadas pela rápida mudança tecnológica, a adaptação não exige a previsão do futuro. Mais importante do que isso é o desenvolvimento de uma mentalidade que considere os efeitos no nível dos sistemas, o impacto sobre as pessoas, que continue a ser orientada para o futuro e esteja alinhada a valores comuns nos diversos grupos de partes interessadas (*stakeholders*).

Então, para o futuro, os quatro princípios importantes que devemos manter em mente quando pensamos em como as tecnologias podem criar impacto são:

1. Sistemas, e não tecnologias;
2. Empoderamento, e não influência;

3. Por design, e não por padrão;
4. Valores como um recurso, e não como um *bug*.

Os regulamentos, normas e estruturas para uma gama de poderosas tecnologias emergentes estão sendo desenvolvidos e implementados hoje em todo o mundo. Assim, o momento para agirmos é agora; e cabe a todos os cidadãos trabalhar em conjunto para conseguirmos moldar a Quarta Revolução Industrial.

CAPÍTULO 2
Ligando os pontos

Para podermos apreciar o impacto dessas poderosas tecnologias (e encontrarmos formas de moldá-las de modo positivo) que estão no cerne da Quarta Revolução Industrial, é necessário adotarmos uma estratégia que John Hegel chamou de "aproximação e afastamento" (zoom in e zoom out). Nesse contexto, a aproximação significa compreender as características e possíveis disrupções de tecnologias específicas, conforme discutido na Seção II. Talvez ainda mais importante, no entanto, seja a capacidade de afastamento para enxergar os padrões que conectam as tecnologias e a forma como elas nos impactam.

O foco em "sistemas, e não em tecnologias" pode oferecer aos líderes um ponto de vista vantajoso em relação às mudanças tecnológicas da Quarta Revolução Industrial, mas será que conseguiremos entender como as tecnologias estão verdadeiramente transformando os sistemas que nos interessam – nos negócios, no governo e na sociedade – sem tentarmos compreender profundamente as diferentes tecnologias em si? Esse é um desafio que muitos de nós enfrentam e que pode ser superado adotando-se uma abordagem com duas direções. Aprender o suficiente sobre cada uma das tecnologias e alcançar um "mínimo entendimento possível" para ser capaz de colocá-las em um quadro geral é a primeira direção dessa abordagem. Isso torna mais fácil ter discussões fundamentadas com os especialistas, testar ideias e explorar pontos de criação de valor. A Seção II deste livro fornece exatamente esse nível de compreensão, apresentando introduções sucintas para doze grupos de tecnologias emergentes que impulsionam a Quarta Revolução Industrial.

Este capítulo trata primeiro do segundo caminho da abordagem, isto é, "ligar os pontos" e apreciar a dinâmica da Quarta Revolução Industrial por meio da observação das tendências e conexões entre as tecnologias emergentes para entender como elas se relacionam umas com as outras e como impactarão nosso mundo de forma cumulativa. Em um mundo em rápida mudança, é preciso cultivar habilidades essenciais, pois os avanços tecnológicos que nos importam hoje serão ofuscados por desenvolvimentos ou aplicações adicionais amanhã. Este capítulo examina os vários aspectos comuns das tecnologias da Quarta Revolução Industrial, oferecendo uma visão que vai além dos detalhes das tecnologias individuais, permitindo notar a forma como elas se relacionam e se combinam para criar impactos semelhantes. Ao nos afastarmos e conectarmos os pontos, vemos que essas tecnologias emergentes dependem de sistemas digitais e os prolongam, integram-se facilmente em razão da interoperabilidade digital, ocupam objetos físicos, incluindo nós, combinam-se de maneiras surpreendentes e disruptivas e criam benefícios e riscos semelhantes.

O aspecto mais claro e mais óbvio das tecnologias da Quarta Revolução Industrial é que elas estendem e transformam os sistemas digitais de maneira significativa. As tecnologias da Quarta Revolução Industrial estão todas conectadas entre si, pois todas elas exigem – e são construídas sobre – os recursos digitais e as redes criadas pela Terceira Revolução Industrial, assim como essas últimas tecnologias precisaram das redes elétricas da Segunda Revolução Industrial e sobre elas foram construídas. Nenhuma das tecnologias discutidas aqui seria possível sem os avanços relativos ao processamento, armazenamento e comunicação de informações que mudaram o mundo nos últimos sessenta anos. Tal propriedade das novas tecnologias às vezes leva à conclusão de que todas as emocionantes novas tecnologias são a simples continuação da revolução digital. A principal diferença é que as tecnologias da Quarta Revolução Industrial prometem causar disrupções até mesmo aos sistemas digitais atuais e criar fontes de valor inteiramente novas, transformando os avanços nas tecnologias digitais que as organizações hoje se esforçam para entender em uma infraestrutura central que os modelos de negócios do futuro verão como normais.

Hoje, conseguimos ver que não faz sentido pensar na internet como uma simples aplicação das redes elétricas, apesar do fato de grande parte da internet ser um fenômeno dos sinais elétricos: ela é um novo ecossistema de criação de valor que teria sido impossível imaginar com uma mentalidade amarrada à Segunda Revolução Industrial.

De forma análoga, no futuro, fará pouco sentido imaginar algoritmos que aprendem de forma independente a partir de dados não estruturados como simples aplicações da capacidade da computação digital. A Quarta Revolução Industrial dará origem a ecossistemas de criação de valor impossíveis de ser imaginados com uma mentalidade aprisionada na Terceira Revolução Industrial e, então, nos obrigará até mesmo a olhar muito além das atuais disrupções digitas para novos desafios e oportunidades.

Um segundo aspecto das tecnologias da Quarta Revolução Industrial é que elas crescerão exponencialmente, emergirão fisicamente e se incorporarão em nossa vida. Quanto mais rápido uma nova tecnologia cresce, mais profundamente somos desafiados a nos adaptar a seus impactos disruptivos. As tecnologias da Quarta Revolução Industrial se dimensionarão muito mais rapidamente do que aquelas das revoluções anteriores, porque podem ser construídas e difundidas por meio das redes digitais da Terceira Revolução Industrial. As redes digitais permitem que os produtos físicos se multipliquem muito mais rapidamente ao facilitar a transferência de conhecimento e ideias; ao mesmo tempo, os produtos ou serviços puramente digitais podem ser replicados a um custo marginal extremamente baixo. Como mostra a Figura 3 (p. 54), enquanto o telefone levou 75 anos para chegar a 100 milhões de usuários, a internet ganhou o mesmo número de usuários em uma década. Conforme a difusão das tecnologias da Quarta Revolução Industrial se acelera, o mesmo ocorre com seu impacto nos investimentos, produtividade, estratégia organizacional, estrutura das indústrias e comportamentos individuais. Como mostra a Figura 4 (p. 55), enquanto as empresas de IA estão surgindo e sendo adquiridas a taxas que crescem exponencialmente, o uso de algoritmos cada vez mais inteligentes está ampliando rapidamente a produtividade dos funcionários, por exemplo, no uso de *chat bots* para aumentar (e, cada vez mais, substituir) os chats de suporte ao vivo para interações com os clientes.

Elas podem crescer digitalmente, mas as tecnologias da Quarta Revolução Industrial não permanecerão no reino virtual. A Terceira Revolução Industrial permitiu que os produtos físicos parecessem se desmaterializar, abstraindo-se em um código – por exemplo, a mudança do vinil e das fitas K7 (analógicos) para os discos compactos (CDs) (codificados digitalmente) e, então, finalmente para os arquivos puramente digitais de música que podem ser compartilhados *on-line*. O processo inverso é aumentado de

54 | SEÇÃO 1 – A QUARTA REVOLUÇÃO INDUSTRIAL

Figura 3: Tempo que as tecnologias e os aplicativos levaram para ser adotados por 100 milhões de usuários

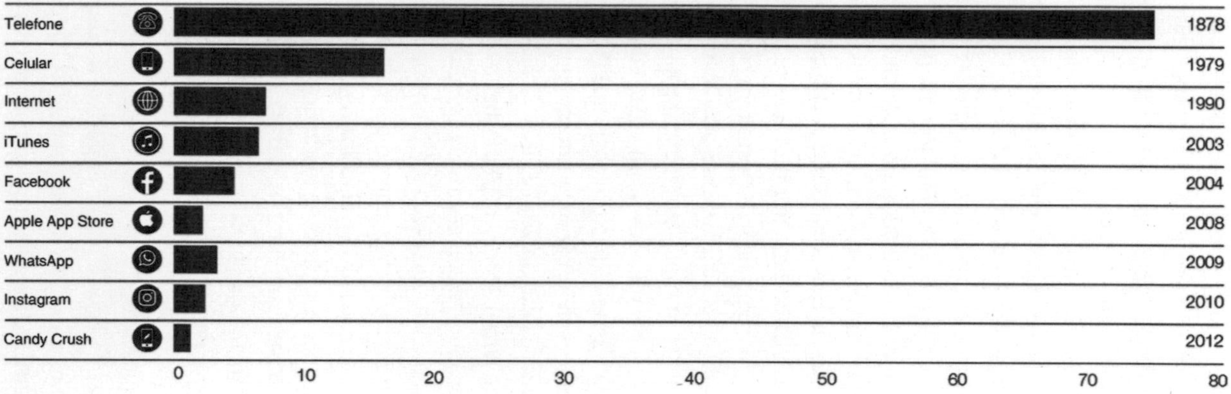

Tecnologia	Anos	Ano
Telefone	~75	1878
Celular	~16	1979
Internet	~7	1990
iTunes	~6	2003
Facebook	~4	2004
Apple App Store	~2	2008
WhatsApp	~2	2009
Instagram	~2	2010
Candy Crush	~1	2012

Fontes: Boston Consulting Group ITU; Statista; BCG research; mobilephonehistory.co.uk; Scientific American, Internet Live Stats; iTunes; Fortune; OS X Daily; VentureBeat; Wired; Digital Quarterly; TechCrunch; AppMtr.com.

CAPÍTULO 2 – LIGANDO OS PONTOS | 55

Figura 4: Inteligência artificial no setor de fusões e aquisições comerciais em março de 2017

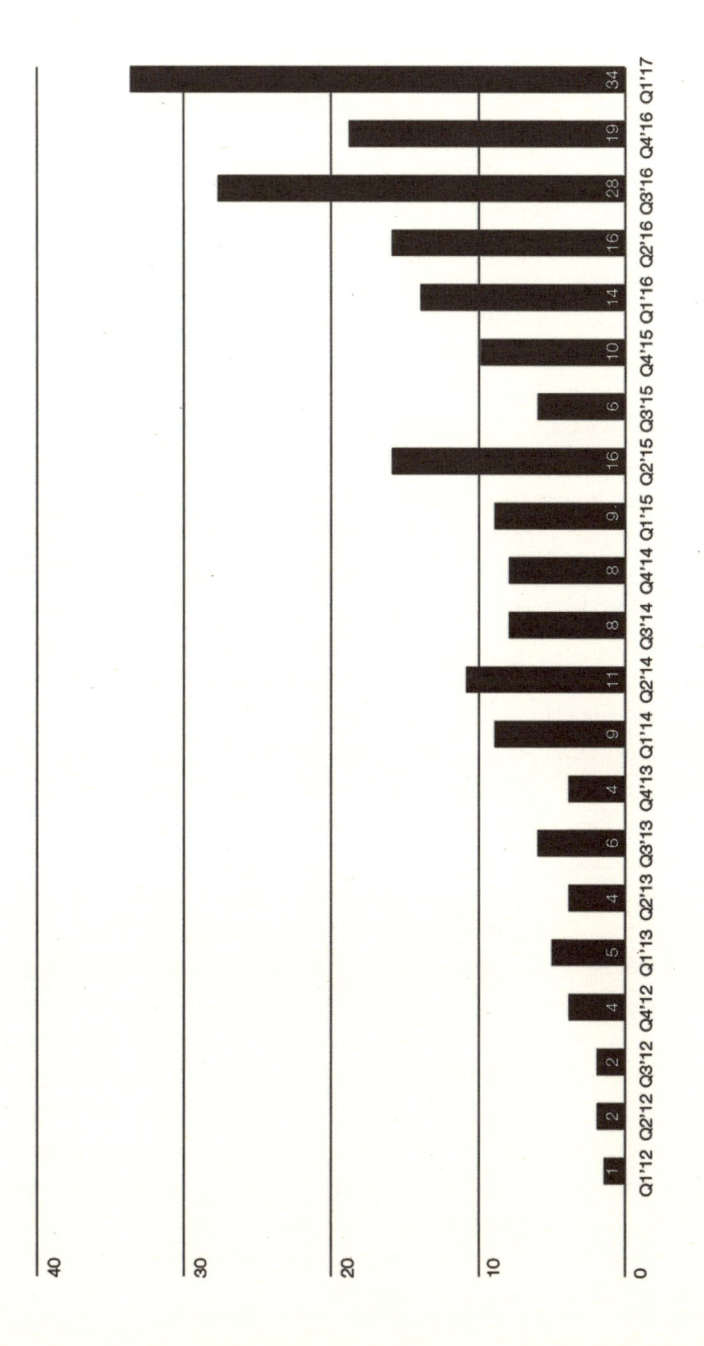

Trimestre	Valor
Q1'12	1
Q2'12	2
Q3'12	2
Q4'12	4
Q1'13	5
Q2'13	4
Q3'13	6
Q4'13	4
Q1'14	9
Q2'14	11
Q3'14	8
Q4'14	8
Q1'15	9
Q2'15	16
Q3'15	6
Q4'15	10
Q1'16	14
Q2'16	16
Q3'16	28
Q4'16	19
Q1'17	34

Fonte: CB Insights, 2017.

forma colossal com as tecnologias da Quarta Revolução Industrial, isto é, a criação de uma grande variedade de objetos físicos, ações ou serviços, a partir de dados puros. As impressoras 3D, por exemplo, agora podem produzir quaisquer coisas, desde peças de motor até gêneros alimentícios e células vivas; com o surgimento da internet das coisas, podemos pedir aos nossos assistentes pessoais virtuais que desliguem as luzes da sala ou aumentem o aquecimento; robôs, *drones* e carros autônomos estão aprendendo a interagir com o mundo de forma cada vez mais natural. O fenômeno do ressurgimento está se tornando uma experiência comum para o consumidor, pois as empresas estão integrando esses novos recursos nos próprios produtos e serviços: atualmente, a UPS oferece serviços de digitalização e impressão 3D em quase cem lojas dos Estados Unidos; seu público-alvo são os clientes que desejam construir protótipos, equipamentos de teste e criar modelos ou acessórios pessoais sem a necessidade do uso das caríssimas máquinas de corte controladas por computador.

As tecnologias da Quarta Revolução Industrial não vão parar de se tornar parte do mundo físico que nos rodeia – elas se tornarão parte de nós. Na verdade, alguns de nós já notamos que nosso *smartphone* se tornou uma extensão de nós mesmos. É quase certo que os dispositivos externos atuais – desde computadores portáteis até os equipamentos de realidade virtual – poderão ser implantados em nosso corpo e cérebro. Enquanto os exoesqueletos e as próteses aumentam nossa força física, os avanços da neurotecnologia aprimorarão nossas habilidades cognitivas. Nós nos tornaremos mais capazes de manipular nossos próprios genes e os de nossos filhos. Esses avanços levantam questões profundas: é preciso criar um limite entre homens e máquinas? O que é ser humano?

Outro aspecto comum das tecnologias da Quarta Revolução Industrial é que sua força pode ser amplificada pela forma como são combinadas e pelo modo como geram inovações. Desde a influência da máquina a vapor na automação das fábricas e nas ferrovias, as tecnologias, conforme são comercializadas e desenvolvidas, sempre influenciaram outras tecnologias. Historicamente, há a tendência de, primeiramente, ter existido um pequeno número de tecnologias fundamentais e de propósito geral que causou grandes impactos em setores industriais e localidades; e, em segundo lugar, um número maior de tecnologias e aplicações mais especializadas desenvolvidas a partir das primeiras.

Quais tecnologias têm maior probabilidade de ser fundamentais para a Quarta Revolução Industrial? Isso é algo impossível de prever com segurança, mas mais de uma centena de entrevistas realizadas com especialistas globais em tecnologias emergentes sinalizam que as tecnologias fundamentais da Quarta Revolução Industrial talvez sejam a IA, os registros distribuídos e as novas tecnologias da computação, enquanto as tecnologias energéticas e as biotecnologias terão provavelmente um impacto extraordinário devido à sua influência em outros campos e domínios. Tecnologias também impactantes, mas muitas vezes subestimadas, incluem os materiais modernos, que são capacitadores importantes em quase todos os campos, bem como o surgimento da realidade virtual e aumentada, que está criando novos canais para vivenciarmos o mundo. Esses resultados fazem sentido, pois é fácil prever como a maioria das outras tecnologias seria beneficiada por algoritmos mais inteligentes, computadores mais potentes e materiais físicos com novas propriedades. Mas as potenciais interligações e circuitos de *feedback* são muitos e variados: por exemplo, uma IA melhor em computadores mais potentes acelera a descoberta de novos materiais, que, por sua vez, são usados para tornar os computadores ainda mais poderosos; ou: novos materiais são usados para fazer pilhas com potência muito maior em relação ao peso, desencadeando novas possibilidades de robôs e *drones*; e assim por diante. Os avanços mais impactantes e surpreendentes talvez surjam das interconexões entre as tecnologias, o que significa que as instituições públicas ou privadas que não forem capazes de reformar suas estruturas organizacionais – atualmente verticalizadas e ilhadas – se tornarão provavelmente cada vez mais irrelevantes.

Por fim, as tecnologias da Quarta Revolução Industrial são semelhantes porque criarão benefícios – e riscos – similares. Cem anos atrás, conforme apontado pelo economista e autor Don Boudreaux, nem mesmo a pessoa mais rica do mundo poderia ter comprado uma televisão, um bilhete para um voo transatlântico, lentes de contato, pílulas anticoncepcionais ou um tratamento com antibióticos – tudo dentro do alcance financeiro atual de uma pessoa média em uma economia avançada. É difícil avaliar esses novos produtos e serviços em termos monetários. De maneira similar, as tecnologias da Quarta Revolução Industrial oferecerão maior poder de escolha aos consumidores e também reduzirão seus custos e aumentarão sua qualidade. Da mesma forma, será muito difícil avaliar qual valor adicional foi criado por elas.

No entanto, a maior preocupação relacionada à Quarta Revolução Industrial é que o valor criado talvez não seja compartilhado de forma justa – e que o resultante aumento da desigualdade mine a coesão social. A Quarta Revolução Industrial poderia, por exemplo, causar o aumento da desigualdade por meio dos monopólios: por exemplo, a Google já controla quase 90% da participação global no mercado dos negócios de publicidade em buscas, o Facebook controla 77% do tráfego social móvel e a Amazon tem quase 75% do mercado de e-books.[9] Conforme advertido pela OCDE, os futuros e mais sofisticados algoritmos que aprendem com os dados podem conspirar para aumentar os preços de forma a tornar impossível provar a infração.[10] Caso se torne viável criar uma inteligência artificial geral que produza melhorias a si mesma até se transformar em uma superinteligência, a vantagem do pioneiro permitirá o domínio de vastas porções dos mercados.

As pessoas que estão preocupadas com as possíveis desigualdades que poderão ser geradas pelas tecnologias da Quarta Revolução Industrial devem ter em mente que muitas dessas tecnologias preveem algum modo de descentralização pela forma como estão estruturadas e pelas oportunidades que criam. Por exemplo, pode-se dizer que o *blockchain*, que funciona como uma plataforma descentralizada, permitindo transações transparentes e anônimas, e a impressão 3D, a longo prazo, democratizarão a fabricação. Até mesmo as biotecnologias que permitem a edição do genoma já estão atualmente disponíveis para as pessoas com fundos modestos. Nesse contexto, democratização significa que as tecnologias estão se tornando mais acessíveis a todos com a disseminação da infraestrutura digital e o compartilhamento do conhecimento em escala global. Ainda veremos se essa forma de democratização é igual ou não à democratização que oferece acesso à tomada de decisões sobre as tecnologias e seus papéis na indústria e na sociedade. O Capítulo 3 aborda essa preocupação ao concentrar-se exatamente sobre como vamos integrar os valores sociais ao processo de desenvolvimento tecnológico, estabelecendo normas e, em sua essência, democratizando o processo de tomada de decisão e desenvolvimento, o qual costuma tão frequentemente ser uma caixa-preta.

---

9. *The New York Times*, 2017.
10. OECD, 2016.

Outra preocupação importante e amplamente reconhecida é o potencial impacto sobre o emprego. Conforme mostrado nas Figuras 5 e 6 (p. 60), um grande número de empregos corre o risco de automação, um número muito maior que o das revoluções industriais anteriores – e a rápida escalada significa que as perdas de postos de trabalho podem acumular-se rapidamente. Enquanto isso, a taxa de criação de emprego nas indústrias que estão em uma fronteira tecnológica é mais lenta hoje do que em décadas anteriores.[11] Os empregos nas novas indústrias requerem conhecimentos técnicos e habilidades não cognitivas*, impondo obstáculos para os trabalhadores menos qualificados. Nas economias avançadas, a maioria dos novos postos de trabalho consiste em atividades com contratos independentes, de meio período, por tempo limitado ou temporárias, que geralmente não têm as proteções legais e os benefícios sociais do trabalho em tempo integral. Nos Estados Unidos, por exemplo, 94% dos novos postos de trabalho criados entre 2005 e 2015 são empregos em "formas alternativas de trabalho", sem a proteção social, os direitos trabalhistas ou até mesmo algum controle significativo por parte dos trabalhadores.[12] As tecnologias da Quarta Revolução Industrial, portanto, parecem estar minando as escolhas dos seres humanos e a capacidade deles de aplicar suas habilidades e interesses a um trabalho que tenha significado; isso tem a possibilidade de criar gerações de trabalhadores com uma vida precária e fragmentada. Para que possamos navegar por essas mudanças, será necessário criar novos regulamentos para o trabalho atípico, fazer investimentos na educação de adultos e agências de emprego proativas.[13]

Precisaremos também de uma nova forma de pensar os sistemas de proteção social e o papel das transferências. A Figura 7 (p. 61) mostra que, na maior parte das economias, as transferências – principalmente as relativas a gastos do governo e programas sociais – desempenham um papel significativo para a reorientação da distribuição das rendas do mercado. A Suécia, por exemplo, é estruturalmente mais desigual do que os Estados Unidos, Singapura, México e Peru – mas após os impostos e as transferências,

---

11. Berger e Frey, 2015.
*. Habilidades não cognitivas são competências não analíticas, são os chamados *soft kills*, ou ainda, fatores sociocomportamentais tais como: estabilidade emocional, curiosidade, perseverança, resiliência, entre outros. (N.R.T.)
12. Katz e Krueger, 2016.
13. Fórum Econômico Mundial, 2017a.

Figuras 5 e 6: Exposição à automação das características do trabalho, exemplificadas por indústrias selecionadas

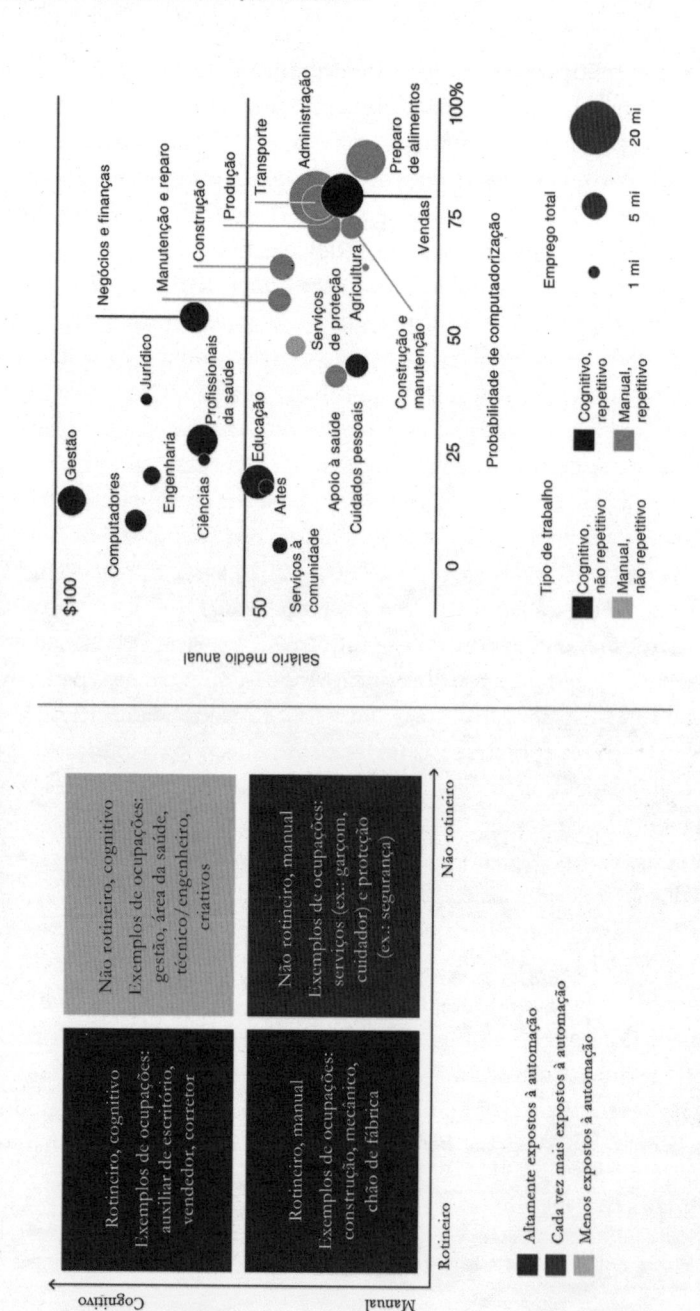

Fonte: Autor, Levy e Murnane, 2003; Blackrock Investment Institute, 2014.

CAPÍTULO 2 – LIGANDO OS PONTOS | 61

Figura 7: O papel variável da redistribuição para a redução da desigualdade

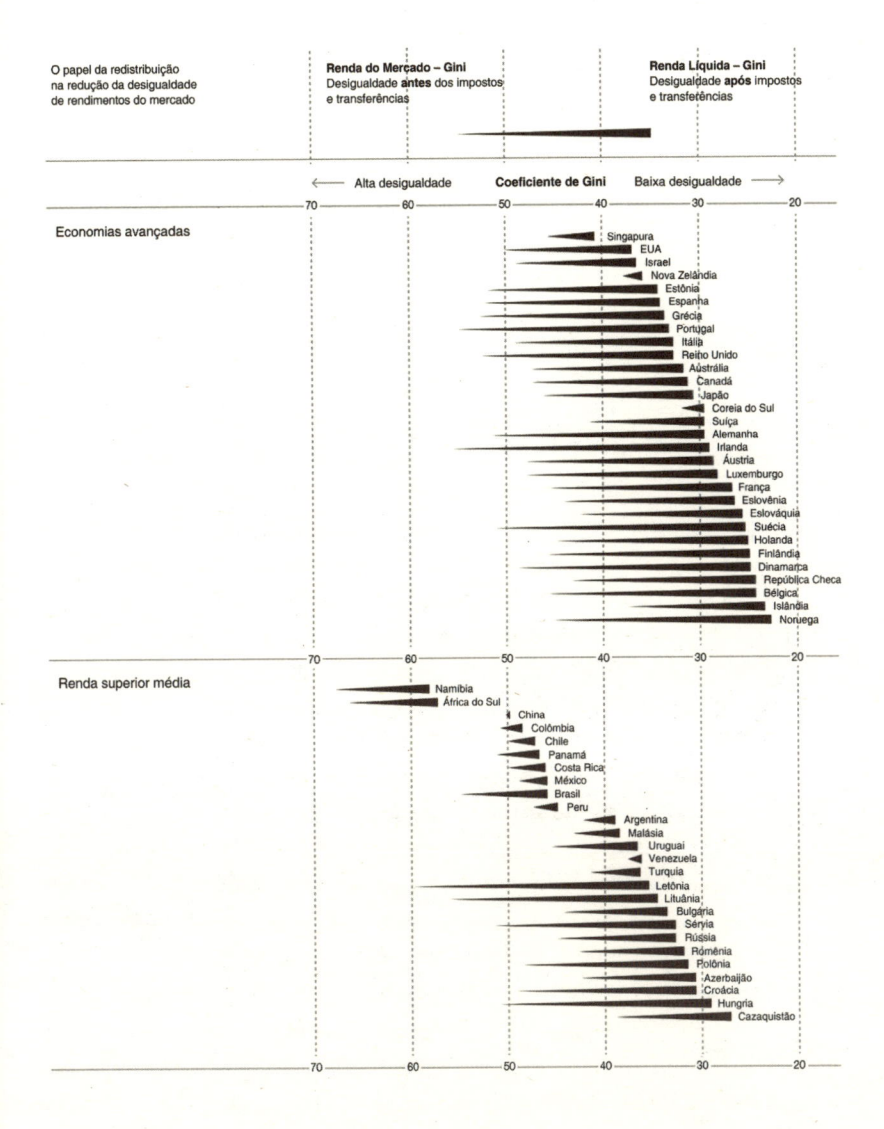

O papel da redistribuição na redução da desigualdade de rendimentos do mercado

Renda do Mercado – Gini
Desigualdade **antes** dos impostos e transferências

Renda Líquida – Gini
Desigualdade **após** impostos e transferências

← Alta desigualdade   **Coeficiente de Gini**   Baixa desigualdade →

Economias avançadas

Singapura
EUA
Israel
Nova Zelândia
Estônia
Espanha
Grécia
Portugal
Itália
Reino Unido
Austrália
Canadá
Japão
Coreia do Sul
Suíça
Alemanha
Irlanda
Áustria
Luxemburgo
França
Eslovênia
Eslováquia
Suécia
Holanda
Finlândia
Dinamarca
República Checa
Bélgica
Islândia
Noruega

Renda superior média

Namíbia
África do Sul
China
Colômbia
Chile
Panamá
Costa Rica
México
Brasil
Peru
Argentina
Malásia
Uruguai
Venezuela
Turquia
Letônia
Lituânia
Bulgária
Sérvia
Rússia
Romênia
Polônia
Azerbaijão
Croácia
Hungria
Cazaquistão

Fonte: Fórum Econômico Mundial, 2017.

seu coeficiente de Gini fica bem abaixo de todos os outros países. Foram propostas várias novas opções, como uma renda básica universal – talvez financiada por um imposto sobre os robôs, que supostamente estão sendo explorados em São Francisco.[14] O relatório do Fórum Econômico Mundial *Inclusive Growth and Development Report 2017* (Crescimento Inclusivo e Desenvolvimento – 2017) argumenta, no entanto, que os governos devem pensar mais basicamente em como fortalecer o crescimento inclusivo: o escopo das reformas estruturais internas vai muito além de impostos e transferências.[15]

Além dos impactos potenciais da desigualdade econômica, as tecnologias da Quarta Revolução Industrial podem ter grandes externalidades negativas em várias esferas. Os exemplos seguintes são mencionados pelos especialistas entrevistados para o *Global Risks Report (Relatório Global de Riscos)* e são explorados de maneira mais aprofundada nos capítulos da Seção II:

- As tecnologias da Quarta Revolução Industrial poderiam democratizar a capacidade de fazer armas de destruição em massa – por exemplo, armas biológicas fabricadas com biotecnologias.
- Os novos materiais – por exemplo, a nanotecnologia – poderiam ter efeitos negativos – ainda não compreendidos até o momento de sua completa utilização – ao meio ambiente ou à saúde humana.
- Os avanços em energia limpa poderiam desestabilizar a geopolítica, minando a estabilidade dos países produtores de combustível fóssil.
- As tentativas de enfrentar a mudança climática por meio da geoengenharia poderiam ter consequências imprevisíveis que, irreversivelmente, causariam danos aos ecossistemas.
- Os avanços da computação quântica poderiam tornar inúteis os atuais protocolos de segurança *on-line*.
- A implementação generalizada da IA, que é em si uma caixa-preta, poderia fragilizar e volatilizar os sistemas econômicos e obscurecer as linhas de responsabilização e transparência das decisões – por exemplo, quando utilizada em uma situação de conflito.
- Os avanços em neurotecnologia poderiam comprometer a ação humana, conforme se melhora o entendimento sobre como manipular as pessoas para que cliquem em *links*, façam compras ou realizem outras ações.

---

14. *The San Francisco Examiner*, 2017.
15. Fórum Econômico Mundial, 2017b.

Se utilizarmos os modelos existentes de governança, que tendem a ser lentos e retrógrados, será impossível gerenciar essas externalidades. Por exemplo, a *US Federal Aviation Authority* (Agência Americana de Aviação) levou oito meses para conceder à Amazon um "certificado de aeronavegabilidade experimental" para que a empresa pudesse testar um modelo particular de *drone*, ao final dos quais o modelo já havia se tornado obsoleto; como resultado, a Amazon resolveu realizar seus testes no Canadá e no Reino Unido.[16] Como discutido no Capítulo 3 e na Conclusão, o mundo precisa urgentemente de novas abordagens a favor de uma governança mais ágil, capaz de repensar não apenas o conteúdo de seus regulamentos, normas e padrões, mas os muitos mecanismos necessários para produzi-los.

Precisamos encontrar novas abordagens para governar as tecnologias de forma a servir ao interesse público, cumprir as necessidades humanas e, em última análise, fazer com que nos sintamos parte de uma verdadeira civilização global. Para tal fim, precisaremos primeiro compreender quais são as necessidades humanas em relação à tecnologia, e como poderíamos alinhar e incorporar valores humanos positivos às tecnologias que estão mudando o mundo. Essa importante questão é abordada no próximo capítulo.

---

16. *New Atlas*, 2015.

RESUMO DO CAPÍTULO

A forma mais produtiva de compreendermos profundamente a Quarta Revolução Industrial é uma abordagem em duas vertentes, que pode ser vista como uma estratégia de aproximação e afastamento (*"zoom in e zoom out"*). É importante:
1. Obter um mínimo entendimento possível relativo a várias tecnologias específicas e suas capacidades, a fim de melhor entender seu potencial e como elas estão sendo usadas; e
2. Ligar os pontos por meio da compreensão das relações entre as tecnologias e as alterações sistêmicas que elas ajudam a catalisar.

As tecnologias da Quarta Revolução Industrial compartilham alguns aspectos comuns que estão relacionados ao tipo de mudanças sistêmicas que estamos vendo. É possível enxergarmos o panorama mais alargado do nível dos sistemas se considerarmos quatro dinâmicas compartilhadas:
1. As tecnologias da Quarta Revolução Industrial estendem e transformam os sistemas digitais de maneira significativa;
2. Elas crescem de forma exponencial, emergem fisicamente e se incorporam a nossa vida;
3. Seu poder disruptivo é amplificado pela forma como elas se combinam e geram inovações; e
4. Criam benefícios e desafios similares.

Os benefícios e riscos dessas tecnologias se relacionam a questões importantes, como a desigualdade, o emprego, a democracia, a soberania, a saúde, a segurança e o desenvolvimento econômico.

Para ter sucesso ao lidar com a velocidade e a escala do impacto das tecnologias da Quarta Revolução Industrial serão necessários modelos de governança novos e mais ágeis que incluam o setor privado e as partes sociais interessadas, bem como governos e as instituições regulatórias tradicionais. O objetivo é desenvolver formas de governança mais compatíveis com o futuro, adaptáveis e com lideranças multilaterais, incluindo novas normas, padrões e práticas.

CAPÍTULO 3
A incorporação de valores em tecnologias[*]

A Quarta Revolução Industrial *(2016)* argumenta que, em um ambiente tecnológico complexo, incerto e de rápida mudança, a abordagem baseada em valores é essencial para "o caminho a seguir".[17] *Este capítulo expande essa ideia e estabelece os princípios e valores que podem ajudar a nos guiar por esse caminho, bem como o papel da sociedade na concepção de um futuro tecnológico.*

As tecnologias contribuíram de forma inegável para a ascensão do padrão de vida e bem-estar geral de todo o mundo. Elas também causaram impactos desordenados e continuam a ter resultados indesejados. Exemplos dos resultados indesejados incluem a maneira como muitas plataformas digitais estão acumulando riqueza nas mãos de cada vez menos pessoas, deixando os trabalhadores em uma situação mais precária e vulneráveis aos abusos; incluem, ainda, a forma como as novas técnicas para a extração de gás natural continuam a prejudicar o ambiente e a enriquecer os acionistas enquanto entrega os custos a *stakeholders* marginalizados; e a forma como os investimentos em bens de capital podem ter sido responsáveis por até 83% das perdas dos postos de trabalho na indústria dos Estados Unidos desde 1990 e nos anos seguintes, desintegrando comunidades inteiras.[18]

---

[*]. Contribuição de Stewart Wallis, pensador independente, palestrante e defensor de um novo sistema econômico, Reino Unido; Conselho da Agenda Global sobre Valores do Fórum Econômico Mundial da Comunidade de Jovens Cientistas do Fórum Econômico Mundial (2012-2014); e Thomas Philbeck, chefe de ciência e tecnologia, Fórum Econômico Mundial.
17. Schwab, 2016.
18. Devaraj e Hicks, 2017.

Muitas dessas externalidades desenvolveram-se lentamente ao longo dos últimos trinta anos, mas, à medida que a Quarta Revolução Industrial segue adiante, trazendo consigo mudanças em uma velocidade crescente, teremos de lidar com os efeitos das tecnologias, que estão cada vez mais variadas, complexas e disruptivas. Somente a especulação pode dizer quais serão suas ramificações, mas muitos estão profundamente preocupados com seus potenciais efeitos negativos. Conforme listado no final do Capítulo 2, o relatório do Fórum Econômico Mundial *Global Risks Report 2017* revelou que os especialistas viam a IA, as biotecnologias, a geoengenharia e a internet das coisas como especialmente preocupantes.[19] O *Global Risks Report 2018* mostra que as ameaças à segurança cibernética para todas as coisas digitais – incluindo os dados, a infraestrutura, as informações pessoais e identidades –, passaram a ser *top of mind* durante o ano passado em resposta a suas vulnerabilidades cada vez mais visíveis. Então, como podemos saber se as tecnologias da Quarta Revolução Industrial verdadeiramente melhorarão o mundo e nossa vida? Será que os benefícios econômicos e os diversos outros benefícios valem os possíveis custos humanos? Temos meios eficazes para mitigar os riscos associados? E o que realmente queremos dessas tecnologias?

Em última análise, enquanto uma tecnologia específica qualquer possa nos prometer conveniência, entretenimento, energia e produtividade ou uma combinação de todos esses quatro elementos, o que realmente queremos da tecnologia, em um sentido coletivo, tende a ser a mesma coisa que desejamos de uma economia saudável: a melhora do bem-estar humano. No Capítulo 1, nós afirmamos que as tecnologias devem promover "empoderamento, e não influência", que o futuro deve ser "projetado por humanos e para a humanidade" e que as tecnologias devem tratar os "valores como um recurso, e não como um *bug*". Simplificando, a meta clara de atingimento do bem-estar na Quarta Revolução Industrial é o foco em uma agenda centrada na humanidade. Se as tecnologias da Quarta Revolução Industrial resultarem em um futuro de maior desigualdade, pobreza, discriminação, insegurança, deslocamento ou danos ambientais – se resultarem na marginalização, apropriação ou desvalorização dos seres humanos –, então as coisas terão seguido um caminho terrivelmente equivocado.

---

19. Fórum Econômico Mundial, 2017.

Infelizmente, cresce o sentimento de que o mundo está sendo varrido pelos avanços tecnológicos e pelos imperativos econômicos, e que está perdendo de vista o que realmente importa. Economistas bem conhecidos, como Erik Brynjolfsson e Andrew McAfee, popularizaram a noção de que a "grande dissociação" entre trabalho e produtividade, causada pela tecnologia,[20] e a economia do trabalho temporário, viabilizada pela tecnologia, devem atingir 40% dos postos de trabalho até 2020.[21] Cerca de 80% da redução da parcela do trabalho no rendimento nacional dos países da OCDE foi creditada aos efeitos da tecnologia; a tecnologia está ligada à crescente disparidade, e o público em geral parece achar que as políticas priorizam o crescimento econômico em vez da coesão social e do bem-estar humano.[22] Em vez de nos perguntarmos quais resultados da mudança tecnológica nós queremos, continuamos apenas reagindo a resultados indesejados.

A marcha proativa rumo à tecnologia por meio de uma abordagem baseada em valores poderá nos ajudar a recuperar o equilíbrio, em vez de nos mantermos eternamente na retaguarda. Primeiro, ser explícitos sobre a natureza política das tecnologias pode nos ajudar a ressaltar uma governança responsável e receptiva. Segundo, a tomada dos valores sociais como prioridades para a governança pode ajudar a determinar a forma como as tecnologias são utilizadas e a quem elas beneficiam. Terceiro, a identificação clara de onde e como os valores se tornam parte dos sistemas tecnológicos poderá nos ajudar a compreender e a determinar as melhores estratégias para a integração de valores ao desenvolvimento de tecnologias.

3.1. A política das tecnologias

Não é fácil definir a relação entre tecnologias e valores, pois estes são abstratos e intangíveis, e diferem entre indivíduos e sociedades. Tecnologias são similarmente amplas em seu escopo, abrangendo tudo, desde linguagens até foguetes que podem levar as pessoas para o espaço. Dada essa amplitude, temos um prazo para encontrar uma forma simples para abordarmos essa relação. Infelizmente, em uma tentativa de simplificar a discussão, surgiram duas perspectivas familiares e enganosas. Elas podem ser descritas da seguinte forma:

---

20. Brynjolfsson e McAfee, 2014.
21. *The Boston Globe*, 2016.
22. Keeley, 2015.

Visão enganosa nº 1:
A tecnologia determina o futuro

Esta primeira perspectiva parte do princípio de que as tecnologias influenciam a sociedade ao incentivá-la, capacitá-la e restringi-la de maneiras diferentes; ela também caracteriza o progresso tecnológico como uma força externa, quase determinística, que não pode ser alterada nem interrompida. As pessoas que aceitam esse ponto de vista costumam falar sobre tecnologia como se ela estivesse dirigindo a história e nossos valores de forma progressiva ou prejudicial e afirmam que não adianta tentar pará-las.

Visão enganosa nº 2:
A tecnologia é neutra em relação a valores

A segunda perspectiva nega que as tecnologias possuam quaisquer influências significativas sobre a sociedade em si e, na verdade, elas são vistas como ferramentas neutras – são os indivíduos que influenciam a sociedade, pois são eles que decidem como utilizá-las. Esse argumento substitui injustamente a discussão sobre o que as tecnologias possibilitam e o impacto que elas têm sobre as pessoas por um foco que trata exclusivamente do caráter moral dos usuários da tecnologia – não os seus desenvolvedores ou difusores.

Nenhuma das duas perspectivas é suficiente para orientar a Quarta Revolução Industrial. Na verdade, embora cada uma delas tenha um fundo de verdade, ambas as perspectivas são extremamente perigosas em uma época em que as tecnologias apresentam a dinâmica descrita no Capítulo 2 – dissemina-se mais rapidamente, dá maior poder aos usuários e, além de nos envolver, incorpora-se a nós.

O primeiro argumento põe a tecnologia acima e fora do controle da sociedade, enquanto o segundo separa a responsabilidade social da influência exercida pela tecnologia. Os dois argumentos esquecem que tecnologia e sociedade se moldam uma à outra. As tecnologias nucleares são um bom exemplo do perigo de confiarmos completamente em uma dessas perspectivas. Claramente, as tecnologias nucleares não são "meras ferramentas" – sua própria existência exerce uma tremenda pressão sobre e entre as sociedades por causa da promessa de energia gerada por fissão nuclear e pela ameaça de destruição nuclear. Por exemplo, as recentes tensões geopolíticas tornaram maior a consciência dos perigos nucleares, e o Prêmio Nobel da Paz de 2017 foi dado à Campanha Internacional para Abolir as Armas Nucleares (Ican, na abreviatura em inglês). Ao mesmo tempo, as tecnologias nucleares não precisam determinar o destino da humanidade, porque as sociedades têm a capacidade de determinar quais tecnologias devem ser desenvolvidas, quem tem direito de se expressar sobre elas, como elas serão desenvolvidas e para que fins serão utilizadas. Com efeito, um número crescente de nações vem decidindo contra o uso de energia nuclear, conforme evidenciado pela promessa do governo alemão (feita em 2011) de fechar sua última usina nuclear em 2022.[23]

Na Quarta Revolução Industrial, o caminho a seguir exige uma perspectiva mais reflexiva e útil sobre tecnologias e a capacidade de termos conversas matizadas sobre finalidades, riscos e incertezas. Exige uma terceira maneira de enxergar as tecnologias, que poderia ser resumida como: "todas as tecnologias são políticas". Política aqui tem um sentido descritivo. Não queremos dizer que as tecnologias representam governos, que seguem a linha de algum partido ou que, de alguma forma, emanam "da esquerda" ou "da direita". Pelo contrário, queremos dizer que as tecnologias são soluções, produtos e implementações desenvolvidas por meio de processos sociais, existem para as pessoas e instituições e contêm em seu seio um conjunto de pressupostos, valores e princípios que, por sua vez, podem afetar (e realmente afetam) os poderes, estruturas e status sociais.

Afinal, como sabemos, as tecnologias estão conectadas às formas como fazemos as coisas, como tomamos decisões e como pensamos sobre nós mesmos e sobre os outros. Estão conectadas à nossa identidade, visão de mundo e futuros possíveis. Desde tecnologias nucleares até a corrida espacial, os *smartphones*, as mídias sociais, os automóveis, a medicina e a infraestrutura – o significado das tecnologias as torna políticas. Até mesmo o conceito de país "desenvolvido" repousa sobre a adoção de tecnologias e o que elas significam, econômica e socialmente, para nós.

Muitos cientistas e tecnólogos já reconhecem os aspectos políticos das tecnologias. Por exemplo, o Instituto dos Engenheiros Elétricos e Eletrônicos dos EUA (IEEE, na sigla em inglês) rotula a IA como um "sistema sociotécnico" no documento Iniciativa Global para Considerações Éticas em Inteligência Artificial e Sistemas Autônomos.[24] Na verdade, a necessi-

---
23. Rankin, 2015.
24. IEEE, 2017.

dade de analisar profundamente os valores da IA levou a uma série de iniciativas extremamente públicas, coordenadas por especialistas acadêmicos, governo e indústrias. Da mesma forma, o Conselho Nuffield de Bioética define as biotecnologias como "conjunções de conhecimentos, práticas, produtos e aplicações".[25] A explicação dada pelo conselho sobre essa definição destaca que as tecnologias – assim como as pessoas – são mais do que a soma de suas partes físicas:

> Apesar da grande diversidade de biotecnologias, as condições que levam ao surgimento de uma conjunção específica em um determinado contexto social e histórico, e não a outras conjunções possíveis, criam conjuntos comuns de problemas. Essas condições incluem os limites naturais e as escolhas voluntárias (mesmo que essas escolhas nem sempre sejam reconhecidas ou explícitas). Essas escolhas dependem de decisões complexas que envolvem valores, crenças e expectativas sobre as tecnologias e seus usos. A forma como essas escolhas são feitas – como diferentes valores, crenças e expectativas são tomadas, avaliadas, incorporadas ou excluídas –, assim como a natureza das considerações envolvidas, tem importantes dimensões éticas e políticas.

Quando qualquer tecnologia é criada, ela contém resíduos de valores, objetivos e compromissos; e, quanto mais poderosa a tecnologia, mais se torna importante apreciar esses elementos.

Muitas vezes, as decisões sobre quais tecnologias devem prosseguir, como devem ser projetadas e implementadas, são econômicas. Esses incentivos podem ser vistos pelo impacto que causam na sociedade. Por exemplo, a recente discussão sobre a ética da filtragem do conteúdo digital (e o custo de fazê-la em grande escala) para combater as "notícias falsas" (*fake news*) está diretamente relacionada aos imperativos econômicos das empresas de tecnologia, o design de suas plataformas e as técnicas utilizadas para rastrear, segmentar e empurrar conteúdo para grupos de consumidores. No ambiente digital das mídias sociais – assim como no ambiente dos jornais, televisão e rádio –, as pressões econômicas e a gestão de produtos causam impactos no que bilhões de pessoas conhecem sobre um determinado assunto e na forma como o conhecem. A natureza aberta da internet permite o dimensionamento rápido das tecnologias de mídia social, mas, simultaneamente, faz com que o monitoramento das redes em

---

25. Nuffield Council on Bioethics, 2014.

busca de conteúdos considerados "antissociais" se torne uma atividade bastante desafiadora.

Entender que as tecnologias incorporam atitudes sociais, interesses e objetivos específicos nos dá maior poder para iniciar a mudança – de fato, isso nos obriga a assumir a responsabilidade, porque não podemos culpar somente as tecnologias pelos resultados indesejados, nem ignorar o modo como as tecnologias influenciam as decisões que tomamos. Aceitar isso depende do enfrentamento de três responsabilidades:
1. Identificar os valores que estão em jogo em relação a determinadas tecnologias;
2. Compreender como as tecnologias impactam nossas escolhas e tomadas de decisão;
3. Determinar a melhor maneira de influenciar o desenvolvimento tecnológico de certo conjunto de partes interessadas.

Na negociação política entre a sociedade, as tecnologias e a economia, a determinação de quanta atenção daremos aos valores sociais cabe a nós.

3.2. Transformando os valores sociais em uma prioridade

Como as tecnologias estão incorporadas à sociedade, temos a responsabilidade de moldar seu desenvolvimento e a obrigação de priorizar os valores sociais. Embora as tecnologias tenham a tendência de transmitir os valores que são incorporados em sua concepção e finalidade, nem sempre há consenso sobre quais devem ser esses valores. John Havens, do IEEE, formulou a questão da seguinte maneira: "Como as máquinas saberão o que valorizamos se nós mesmos não sabemos? Não há possibilidade de aumentarmos o bem-estar humano se não pararmos para identificar nossos valores coletivos antes de criarmos a tecnologia que sabemos estar alinhada a esses ideais".[26]

Diferentes pessoas e sociedades valorizam coisas diferentes; e, por isso, surgirão divergências sobre a aplicação de perspectivas sociais e culturais específicas às tecnologias. O fato de que diferentes culturas e tipos de valores destacam prioridades diversas não deve ser um obstáculo para a análise de uma abordagem tecnológica baseada em valores. Pelo contrário,

---

26. IEEE, 2017.

quanto mais analisarmos isso, melhor entenderemos quais prioridades são mais importantes para as sociedades e como a tecnologia afeta e faz a mediação desses valores. Na verdade, é possível identificar alguns valores com amplo apoio da maioria das culturas. No artigo técnico intitulado "Um novo pacto social sobre valores" (*"A new social covenant"*), o Conselho da Agenda Global sobre Valores do Fórum Econômico Mundial (2012-2014) identificou "um amplo consenso – entre culturas, religiões e filosofias – sobre o compartilhamento de algumas aspirações humanas" que, juntas, representam "um poderoso ideal unificador" de "indivíduos com valores, comprometidos uns com os outros e que respeitam as gerações futuras".[27]

Concordar com valores positivos e unificadores é apenas o primeiro passo. Eles precisam ser postos em prática. Uma maneira de fazer isso é pela governança ágil e responsável. Em geral, as instituições estão tendo dificuldades para manter a mesma velocidade e amplitude da mudança tecnológica. Muitos sistemas jurídicos estão mal equipados para lidar com os novos riscos; na verdade, o mundo está apenas começando a acordar para a viabilidade de uma vasta gama de cenários sem precedentes que podem ameaçar tudo, desde o meio ambiente até os direitos humanos. Além disso, não é particularmente fácil prever quais externalidades as tecnologias emergentes poderiam ter, seja devido a como elas são concebidas, usadas, gerenciadas ou governadas. Riscos podem surgir (e surgem) inesperadamente a partir da convergência das disciplinas tecnológicas. As estratégias de governança devem ser flexíveis e suficientemente ágeis para conseguir se envolver e oferecer respostas adequadas, sem que barreiras transformem as instituições em organismos ineficazes.

Um novo pacto social sobre valores

Do Conselho da Agenda Global
sobre Valores do Fórum Econômico Mundial (2012-2014)

Então isso é o que pedimos: um período de reflexão global e intencional sobre os valores que trazemos para as maiores decisões de nosso tempo. Um método para promover essa reflexão é o desenvolvimento de um novo pacto social.

---

27. Fórum Econômico Mundial, 2013.

> Muitos esforços anteriores estiveram focados nos direitos individuais – que são essenciais. Mas nosso foco é o que devemos uns aos outros – tanto dentro de cada nação como entre as nações... Há uma grande diversidade cultural, quando tratamos de valores. Mas também há um amplo consenso – entre culturas, religiões e filosofias – sobre o compartilhamento de algumas aspirações humanas.
> – A dignidade da pessoa humana – qualquer que seja sua raça, sexo, origem ou crença;
> – A importância de um bem comum que transcenda os interesses individuais;
> – A necessidade de gerenciamento – uma preocupação não apenas para nós mesmos, mas para a posteridade.
>
> A promoção desses valores constitui ao mesmo tempo um desafio pessoal e um desafio coletivo. É necessário levar valores para a vida pública, a fim de fechar o fosso existente entre as aspirações e a prática. Discutir não é suficiente; precisamos tomar decisões diferentes. E isso depende de uma liderança transformadora baseada em valores, em todas as áreas da atividade humana. Precisamos cultivar, encorajar e respeitar os modelos, tanto no Fórum Econômico Mundial como fora dele. Devemos envolver pessoas capazes de responder aos desafios globais de forma eficaz, produtiva e reparadora – pessoas que construirão e deixarão para trás um mundo mais justo, generoso e sustentável.

A situação é que já existem exemplos de governança com base em valores, como o Regulamento Geral de Proteção de Dados da União Europeia (RGPD), que entrará em vigor em meados de 2018. O regulamento muda as regras sobre o consentimento do usuário e exige contratos (termos e condições) claros e inteligíveis. As empresas que controlam dados deverão notificar os usuários sobre violações de segurança, fornecer informações sobre como os dados do usuário são usados, estar em conformidade com processos relativos ao "direito de ser esquecido", permitir a portabilidade dos dados, empregar funcionários para a proteção de dados sempre que necessário e conformar-se legalmente aos processos que estabelecem a proteção de dados na fase de concepção das tecnologias e serviços.[28]

A ênfase do RGPD em instituir a privacidade ainda na fase de concepção das tecnologias ilustra uma segunda abordagem para pôr os valores em prática: tentar inseri-los nos processos de desenvolvimento das tecnologias para garantir que seu desenvolvimento reflita os valores da sociedade, e não apenas os de seus criadores. Em vez de tentar corrigir os problemas que surgem a partir de uma perspectiva de *laissez-faire* para a tecnologia e para a ética, a consideração proativa da ética, dos valores e das ramificações sociais já durante os estágios de desenvolvimento tecnológico pode ter um impacto importante sobre a forma como as tecnologias integram e oferecem apoio ao tipo de bem-estar coletivo ao qual sociedades aspiram. O *blockchain*, a internet das coisas, os sistemas autônomos, as neurotecnologias e os algoritmos são todos exemplos de tecnologias desenvolvidas por comunidades especializadas com um conjunto estreito de interesses, por vezes em áreas nas quais os valores ainda precisam ser explicitamente estabelecidos.

Infelizmente, a inserção de valores específicos ao desenvolvimento tecnológico não é necessariamente uma tarefa fácil. Não é tão simples quanto adicionar um recurso de "ética", e pode ser tão complexo quanto a adoção de novas metodologias, o cultivo de uma cultura organizacional ou mesmo a mudança da mentalidade do mercado, isto é, da economia condutora do desenvolvimento. Outro problema é que muitas tecnologias – especialmente as digitais – podem ser empregadas de várias maneiras, e seus riscos e impactos potenciais são difíceis de avaliar. Mesmo onde é possível enxergar os riscos, nem todas as tecnologias são "programáveis"; por exemplo, ainda não está claro como as tecnologias de *blockchain* poderiam ser desenvolvidas para impedir sua utilização por empreendimentos criminosos ou para reduzir sua potencial pegada de carbono. Não obstante, as empresas e as instituições devem se sentir mais obrigadas a pensar do que a projetar e executar – elas devem se engajar em processos socialmente responsáveis desde o início. Nos níveis de engenharia e de desenvolvimento de produto, as empresas deveriam olhar para além dos incentivos sistêmicos e requisitos técnicos para o desenvolvimento ou uso de tecnologias e ter uma visão mais ampla de seus potenciais impactos na sociedade.[29]

---

28. EU GDPR, 2017.
29. Esta estratégia tem sido sugerida em muitas formas, mas, neste caso, o modelo conceitual que devemos considerar é o do dever *plus respicere* descrito por Mitcham (1994).

3.3. Codificação dos valores nas tecnologias

A transformação dos valores da sociedade em uma prioridade não pode ocorrer por meio de regulamentos de cima para baixo. Ela requer a sinalização dos valores como uma questão e a criação de oportunidade para que pessoas e organizações se envolvam em novos comportamentos. Ela também requer a motivação inspiradora de seus líderes. Conforme explorado na próxima seção, que trata dos pontos de inflexão, a transformação pode ocorrer em quaisquer lugares; mas, independentemente de onde comece, é possível ajudar a mudar o comportamento, promover a conscientização do impacto mais amplo das tecnologias e definir os valores da sociedade como prioridades ao nos aproximarmos das tecnologias das maneiras listadas a seguir.

Em primeiro lugar, é fundamental reconhecer a gravidade e a influência generalizada das tecnologias. Elas estão envolvidas em todos os aspectos da vida humana, mediando nossas interações, facilitando nossa economia, causando impactos ao nosso corpo e ao ambiente e processando as informações das quais dependem as instituições e cada cidadão. A necessidade de uma atmosfera responsável em torno de tecnologias como a dos materiais avançados e produtos farmacêuticos, por exemplo, está bem estabelecida, enquanto outras tecnologias – dos sistemas de busca aos sistemas autônomos e *blockchain* – precisam de um tipo semelhante de respeito. Quando mensuradas pela escala de seu impacto coletivo em nossa vida, e não apenas pela taxa de mortalidade, muitas tecnologias que são aparentemente inócuas ganham um novo significado.

Em segundo lugar, se refletirmos e compreendermos o propósito pessoal e/ou organizacional, podemos obter uma perspectiva clara sobre o engajamento com as tecnologias. As atividades científicas e tecnológicas exigem liberdade para que ultrapassem certas fronteiras, mas nós também devemos buscar contextualizar os novos recursos ao refletirmos sobre os propósitos e significados que incluem o bem-estar da sociedade. Em 1945, por exemplo, em um famoso discurso realizado após o primeiro uso de bombas atômicas, o físico J. Robert Oppenheimer ofereceu sua perspectiva de que o propósito de ser um cientista é aprender e compartilhar conhecimento por causa de seu valor intrínseco à humanidade.[30] A partir dessa declaração de propósito, ele argumentou a favor da criação de uma

---

30. Oppenheimer [2 de novembro de 1945], 2017.

comissão conjunta para a energia atômica, do livre intercâmbio de informações e de uma pausa na fabricação de bombas; dessa forma, defendeu ao mesmo tempo a curiosidade, a ambição e a responsabilidade coletiva.

Em terceiro lugar, a convicção é posta em prática ao tomarmos uma posição sobre os valores e sua relação com a tecnologia. A criação de normas de conformidade em relação aos valores estabelecidos por uma organização pode ser extremamente útil. O desenvolvimento de um código de ética, ou simplesmente de uma narrativa organizacional que reforce uma abordagem baseada em valores e com propósito para as tecnologias, pode ajudar a determinar a cultura de uma empresa ou organização, ou até mesmo de uma profissão ou setor. O juramento de Hipócrates feito pelos médicos serve como modelo desse tema – centra-se sobre o que está realmente em jogo na pesquisa, na análise e na aplicação das tecnologias e pode ser uma razão por que a indústria de biotecnologia, influenciada pelo setor médico, testemunha um grau relativamente alto de autorreflexão e contenção.

Por último, é essencial potencializar os pontos de inflexão nos quais os valores podem se tornar instrumentos eficazes para a formulação das tecnologias e seu desenvolvimento. É importante que a construção seja realizada por meio de boas intenções e compromissos, mas cidadãos e líderes podem fazer mais para potencializar as oportunidades e aumentar a consciência sobre os valores em pontos críticos de amplificação durante o processo de desenvolvimento. Por exemplo, na educação ética, os educadores popularizaram com sucesso o "dilema do bonde" para ilustrar a problemática da tomada de decisão racional.[31] Esse dilema ético deixa claro para os estudantes que as decisões difíceis que o ser humano deve tomar envolvem, muitas vezes, características intangíveis ou inestimáveis da vida. Quando essas decisões forem confrontadas por máquinas, esses critérios não mensuráveis (e talvez incomensuráveis) precisarão ser escritos em linguagem de código. Ao utilizar os pontos de inflexão, os líderes terão a capacidade de enfatizar o papel dos valores na concepção das tecnologias.

---

31. O dilema do bonde é um dilema de escolha usado em cursos de ética para introduzir a complexidade das variáveis da tomada de decisão moral. No problema, um bonde viaja em direção a uma pessoa ou grupo de pessoas e o estudante deve fazer ou abster-se de fazer escolhas de vida e morte, escolhendo se o bonde deve ou não ser desviado em uma intersecção. Em todos os casos, o resultado é ruim para alguém; e o aluno deve lutar com o porquê da escolha e tentar encontrar justificativas para sua ação.*

  *. Em outras palavras, o dilema envolve você, no papel do manuseador da alavanca, escolher entre deixar o trem desgovernado, no trilho atual, atropelar cinco pessoas, ou optar por outro trilho, e atropelar uma pessoa. Variações desse dilema ocorrem quando essa uma pessoa é seu filho. (N.R.T.)

Por que valores?

Por Stewart Wallis, pensador independente, palestrante e defensor de um novo sistema econômico, Reino Unido

O mundo está enfrentando desafios sem precedentes. Pela primeira vez na história da humanidade, estamos enfrentando – ou superando – limites ecológicos decisivos para o planeta. Ao mesmo tempo, devemos criar cerca de 1,5 bilhão de empregos/meios de subsistência até 2050, num contexto de crescimento da população e de mudanças tecnológicas cada vez mais rápidas (muitas das quais substituirão faixas inteiras dos atuais postos de trabalho). Além disso, tendo em conta as atuais taxas de dissociação do carbono e de outros recursos ecológicos escassos, deparamos com um conflito potencial entre o objetivo da criação de empregos e o de viver dentro dos limites de segurança do planeta. Adicione a essa mistura os crescentes desafios de segurança geopolítica e as movimentações intercontinentais de refugiados e migrantes econômicos; o contínuo aumento global das desigualdades de riqueza e renda; e as implicações positivas e negativas da Quarta Revolução Industrial – e torna-se óbvio que ou iremos deparar com uma derrota catastrófica ou com uma transformação positiva no progresso humano. De qualquer forma, enfrentamos uma avassaladora mudança de sistema. Há muitas soluções possíveis, mas o que realmente determinará se essas soluções são aplicáveis ou não e se a mudança de sistema é positiva serão fundamentalmente os valores.

Valores nos oferecem um destino claro – um "norte verdadeiro" – e os meios para chegarmos lá. Na Europa Ocidental, por trás da Revolução Industrial ocorreu uma mudança de valores em relação à criatividade, à confiança e aos empreendimentos. Por trás da abolição da escravatura e do movimento dos direitos civis, ocorreram grandes mudanças de valores. Da mesma forma, as mudanças de valores estavam por trás das duas grandes mudanças econômicas ocorridas no Ocidente durante o século XX: em primeiro lugar, o keynesianismo (em meados do século) e então o que é imprecisamente chamado de "neoliberalismo" (décadas de 1980, 1990 e a primeira década do século XXI). Em todos esses casos, a mudança de valores define uma meta e oferece os meios de alcançá-la, pois os valores motivam as pessoas a agir. As mudanças de valor foram realizadas por meio de uma narrativa clara, positiva e forte, acompanhada de uma vanguarda poderosa para a mudança. Somente depois as mudanças nas normas e leis levaram a uma mudança mais ampla dos valores entre as populações como um todo.

Dada a velocidade sem precedentes das mudanças tecnológica e social que estarão envolvidas na Quarta Revolução Industrial, não será suficiente basear-se unicamente na legislação e nos incentivos econômicos do governo para que obtenhamos os resultados corretos. Quando implementada, a legislação costuma já estar desatualizada, fora de contexto ou ser redundante. A única maneira de garantir resultados positivos é com uma nova revolução dos valores.

Reconhecer que as tecnologias têm um impacto complexo é a parte fácil. Essa discussão é apresentada ao público todos os dias nas manchetes da mídia. Mais difícil, no entanto, é encontrar a hora certa para conscientizar as pessoas sobre valores e cultivar a inteligência contextual necessária nas diferentes fases do desenvolvimento tecnológico. Então, em que ponto do processo de desenvolvimento tecnológico podemos levar em consideração os valores específicos – como a eficiência e as considerações estéticas – e alinhá-los a valores sociais mais amplos – como a dignidade e o bem-comum?

Os nove pontos de inflexão a seguir são um começo. Os líderes – designers, empresários, autoridades políticas e influenciadores sociais – podem potencializar esses pontos e fazer a diferença ao utilizá-los para refletir criticamente sobre valores, incentivar a discussão sobre o contexto mais amplo da implementação tecnológica e agir.

3.4. Programas acadêmicos

Não são apenas as tecnologias que precisam de atenção. As pessoas também precisam de desenvolvimento responsável. Para o seu próprio bem, nos últimos anos, algumas entidades acadêmicas certificadas instituíram o curso de ética para engenheiros.[32] Esses programas, no entanto, tendem a se concentrar em questões de conformidade e conduta profissional, demonstrando que os atalhos ou o não cumprimento de todos os requisitos podem custar vidas. Em reação a casos de fraude que se tornaram bastante públicos, os programas de MBA também começaram a incluir cursos de ética, juntamente com questões de responsabilidade social e consciência ambiental. Ambos os tipos de programas poderiam se beneficiar mais abertamente com a discussão em torno de como os valores estão vinculados às tecnologias, à sociedade e ao sistema econômico. Para os educadores, cultivar a consciência entre os alunos ajudará engenheiros e gerentes a influenciar os outros, oferecendo-lhes uma visão mais ampla sobre a resolução de problemas e fazendo-os refletir sobre suas metas e seus contextos.

3.5. Captação de recursos e investimentos

Empresários e investidores são a vanguarda quando se trata de unir uma abordagem baseada em valores e o desenvolvimento tecnológico. Os empresários buscam resolver um problema que envolve um grupo de pessoas com necessidades ou desejos específicos e que sempre afeta necessariamente uma ampla gama de atores. É lógico pensar que refletir sobre os impactos sociais mais amplos nessa fase produz efeitos expressivos em cascata. Os investidores, por outro lado, possuem o chamariz para direcionar o desenvolvimento das tecnologias. Os financiadores independentes poderiam fazer muito mais para centrar a atenção em questões de impacto social e criar justificativas de investimento com base em valores. Se conseguirem encontrar formas de influenciar e incentivar positivamente os empresários para que estes adotem uma abordagem de desenvolvimento baseada em valores, o impacto poderá ser extraordinário.

3.6. Cultura organizacional

Os valores dos empreendedores e dos líderes organizacionais têm uma enorme influência sobre o ambiente de trabalho e sobre o modo de desenvolvimento das tecnologias. Liderar a partir da vanguarda pode transformar a cultura da empresa e priorizar os valores sociais. As *startups* são especialmente eficazes na criação de valores, porque os primeiros funcionários tendem a juntar-se por conta de interesses ou objetivos comuns. Um exemplo de

---

32. Pretz, 2017.

liderança eficaz pode ser observado na Fifco, uma produtora de bebidas alcoólicas da Costa Rica: os valores do CEO levaram a empresa a defender a moderação no consumo de álcool, garantindo que nenhum de seus funcionários viva na pobreza.[33] CEOs e líderes organizacionais têm o maior impacto potencial nesse ponto de inflexão e podem definir políticas e exemplos para ajudar a criar organizações socialmente conscientes e com propósitos.

3.7. Tomada de decisões e definição de prioridades

No início de qualquer processo institucional – o orçamentário, por exemplo –, são estabelecidas, implícita e explicitamente, as prioridades (por exemplo, a determinação do programa de pesquisa ou a escolha das prioridades dos mercados) com repercussões claras. Por exemplo, o processo de tomada de decisão para projetos de engenharia e de negócios inclui frequentemente suposições e incentivos ligados à eficiência, à escalabilidade, ao lucro e muito mais. Questionar esses pressupostos e incentivos pode identificar os valores subjacentes que dão forma a eles, podendo também identificar como a escolha da organização ou de um indivíduo no processo de desenvolvimento ou implementação afetará as outras partes da cadeia. Seja o produto um aplicativo para *smartphone* ou uma tecnologia militar secreta, a fragmentação do processo de tomada de decisão pode expor a arquitetura de valores do processo decisório. Os líderes podem aproveitar essa oportunidade para reavaliar seu alinhamento com as aspirações mais amplas das prioridades sociais.

3.8. Metodologias operacionais

Desde a década de 1970, os sociólogos têm dito que os métodos e processos pelos quais os cientistas, engenheiros e outros trabalham em seus respectivos laboratórios demonstram os valores incorporados em seu local de trabalho. Esses valores estruturados, por sua vez, influenciam os resultados em termos de seus produtos físicos e sua ciência.[34] A discussão sobre processos, procedimentos e protocolos apresenta mais uma oportunidade para conscientizar sobre valores no desenvolvimento de tecnologias. Além disso, os líderes institucionais podem examinar como a aplicação do método científico ocorre no ambiente de trabalho, ou como as limitações das ferramentas e produtos tecnológicos podem

---

33. Florida Ice e Farm Company, 2015.
34. Por exemplo, Latour e Woolgar, 1979.

inconscientemente influenciar e implantar seus valores aos métodos. Praticantes e líderes institucionais podem, por meio de um exame aprofundado da dinâmica do ambiente de trabalho, identificar quais tipos de valores e preconceitos estão sendo codificados no local de trabalho.

3.9. Estruturas de incentivos econômicos

Quaisquer sistemas econômicos criarão incentivos que influenciam os valores e objetivos sociais. A identificação das pressões econômicas, como a responsabilidade dos acionistas ou a viabilidade competitiva, pode nos forçar a pensar sobre quais tecnologias estão sendo utilizadas e se elas estão mais alinhadas com incentivos ou valores. A consideração das pressões econômicas pode também mostrar as situações em que os incentivos causam problemas a toda uma classe de tecnologias. Por exemplo, os atuais incentivos econômicos costumam impedir o desenvolvimento de tecnologias socialmente benéficas – como as próteses robóticas – que não prometem um retorno rápido dos investimentos ou que não possuem grandes mercados. Ao tornarmos visíveis essas áreas, podemos focar nossa atenção à questão do que realmente queremos das tecnologias e moldar comportamentos para a obtenção de resultados desejáveis.

3.10. Design de produto

Desde a forma até a funcionalidade, quase todas as áreas de design de produto estão ligadas a valores. As equipes de design devem realizar uma série de considerações, incluindo a responsabilidade pelo produto, os preconceitos culturais e as emoções exploradas por certo produto. Um exemplo de como incentivar os designers de produtos a considerar abertamente os valores pode ser encontrado nos cinco princípios da robótica do Conselho de Pesquisa em Engenharia e Ciências Físicas (*Engineering and Physical Sciences Research Council*). Três deles são explícitos sobre o fato de que os robôs são produtos projetados e que devem levar em conta as necessidades humanas.[35] Executivos, inventores, designers e o público em geral têm papéis a desempenhar no ciclo de desenvolvimento do produto; dessa forma, destacar o alinhamento entre as tecnologias e seus resultados com valores sociais é uma oportunidade de liderança.

---

35. EPSRC, 2017.

3.11. Arquitetura técnica

Os próprios complexos tecnológicos de larga escala que permitem a implantação de outras tecnologias – como a internet, a infraestrutura de transporte e militar – incorporam valores a partir de como e onde são construídos ou implementados. Por exemplo, as decisões tecnológicas relacionadas à infraestrutura determinam as regras que regem os fluxos de dados, causam impactos ao acesso à internet, levantam questões sobre os direitos dos cidadãos e contribuem para fenômenos como o fosso (ou exclusão) digital.[36] Considerar a forma como a arquitetura tecnológica influencia a sociedade durante o projeto (design) e a construção dos grandes sistemas é outra maneira pela qual as autoridades políticas e os líderes da indústria podem levar em conta os valores e ficar atentos às prioridades sociais.

3.12. Resistência da sociedade

Valores são incorporados às tecnologias por meio de um processo de negociação. As novas tecnologias emergem em pequenos grupos que têm um determinado conjunto de interesses e que, consciente ou inconscientemente, codificam um conjunto específico de valores em suas tecnologias. A resistência surge quando os atributos das tecnologias passam a interferir nas prioridades sociais e os grupos pressionam pelo recuo. Se as tecnologias recebem muita resistência do público ou de partes interessadas específicas, o exame dessas áreas de oposição pode nos mostrar os conflitos existentes entre os valores da sociedade e aqueles que se tornaram parte das tecnologias por meio de seu processo de desenvolvimento.

Muitos desses pontos de inflexão são subutilizados, com quase nenhuma discussão de primeiro plano sobre as preocupações éticas e relacionadas a valores que estão ligadas aos investidores e seu potencial para dar forma às abordagens de desenvolvimento tecnológico baseadas em valores. Os investidores já poderiam se envolver nas fases iniciais, mas infelizmente os valores são abordados somente no último ponto de inflexão, a saber, no ponto de resistência da sociedade; momento em que os órgãos reguladores acabam frequentemente sendo forçados a resolver a questão dos valores. A própria existência da resistência social sugere que outras oportunidades para considerar impactos e valores mais amplos do processo de desenvolvimento tecnológico tenham sido perdidas. Criar valores com êxito em cada um dos pontos de inflexão – proativamente, em vez

---

36. Cath e Floridi, 2017.

de retrospectivamente – oferecerá a flexibilidade para que CEOs, autoridades políticas, líderes institucionais e outros influenciem as tecnologias além de suas funções econômicas. Fato que também lhes oferece oportunidade para falar sobre seus papéis como cidadãos.

> **Código de ética dos jovens cientistas**
>
> A criação de um credo que estabeleça valores e prioridades claros pode ser feita de várias formas. Quanto ao escopo, pode ter um foco amplo ou restrito. Por exemplo, considere o escopo amplo do código de ética desenvolvido pela Comunidade de Jovens Cientistas do Fórum Econômico Mundial.
>
> O código de ética proposto a seguir é interdisciplinar e global em seu escopo. Continua a ser desenvolvido para garantir elevados padrões de conduta, permitindo que os pesquisadores operem pela autorregulação.
>
> 1. **Apurar a verdade** – Seguir a pesquisa aonde quer que ela chegue, permanecer transparente no processo e nos resultados e buscar a verificação objetiva dos pares.
> 2. **Apoiar a diversidade** – Lutar por um ambiente em que as ideias de diversos grupos são ouvidas e avaliadas com base em evidências empíricas.
> 3. **Envolver-se com o público** – Ter uma comunicação aberta de dois sentidos sobre a ciência e as implicações da pesquisa, bem como a necessidade de pesquisa na sociedade.
> 4. **Envolver-se com as autoridades** – Consultar e informar os líderes relevantes no tempo devido para promover a tomada de decisão baseada em evidências e garantir uma mudança social positiva.
> 5. **Ser um mentor** – Doar experiência e empoderar outros profissionais para que possam crescer e perceber seu próprio potencial para a realização de pesquisas.
> 6. **Minimizar os danos** – Tomar todas as precauções razoáveis para minimizar os riscos conhecidos e os riscos que fazem parte do processo experimental e de seus resultados.
> 7. **Ser responsável** – Mostrar responsabilidade em suas ações e na realização de pesquisas.

3.13. Seguir em frente com valores

As tecnologias emergentes estão mudando não apenas a forma como criamos, trocamos e distribuímos os valores, mas também como extraímos significados – significados que nos ajudam a imaginar nossos futuros possíveis, e quais futuros possíveis valem a pena ser vividos. O caminho a seguir exige que criemos maior conscientização sobre a política de tecnologia e consideremos o impacto de nossas escolhas em cada ponto de inflexão. Os avanços da Quarta Revolução Industrial pedem que os líderes de todo o mundo cultivem um relacionamento responsável com a tecnologia e levem em consideração as pessoas que serão afetadas por suas decisões. Projetar deliberadamente a inclusão dentro dos ecossistemas de inovação que produzem tecnologias requer valores fortes dos líderes e destaca o compromisso deles com um futuro melhor.

A criação de novos sistemas que ofereçam oportunidades significativas para um número crescente de pessoas e que preservem o valor intrínseco dos indivíduos como membros da sociedade exigirá profundas reflexões sobre as formas como as tecnologias movem sutilmente o chão debaixo de nossos pés. Além disso, comprometer-se com uma abordagem baseada em valores para o desenvolvimento tecnológico pode ser uma maneira de ajudar a reforçar a confiança entre o público, o governo e as empresas. Olhando para a frente, para os potenciais futuros que essas novas tecnologias podem ajudar a criar, precisamos preservar nosso poder de moldar essas tecnologias. Para que ocorra um renascimento cultural, precisamos dar voz à importância dos valores sociais e reequilibrar a negociação entre sociedade, tecnologias e economia. Precisamos fazer isso juntos e precisamos fazer isso agora. Levar vários grupos de partes interessadas em consideração, recolher sua contribuição e valorizar suas perspectivas é o primeiro passo para a construção de um futuro próspero e inclusivo. Esse também é o tema do Capítulo 4.

Daqui a duas ou três gerações, quando as tecnologias emergentes de hoje estiverem maduras, nossos descendentes olharão para trás e também nos agradecerão por termos garantido que a trajetória dessas tecnologias apoiasse a equidade, a dignidade e o bem comum, ou lamentarão por termos perdido nossa oportunidade.

RESUMO DO CAPÍTULO

Afirmam-se duas perspectivas comuns, mas enganosas, sobre as tecnologias, nenhuma das quais é útil para orientar a estratégia organizacional ou a governança da Quarta Revolução Industrial. São elas:
1. As tecnologias estão fora de nosso controle e determinam o nosso futuro;
2. As tecnologias são meras ferramentas com valor neutro.

Nenhuma dessas perspectivas reflete o fato de que as tecnologias e as sociedades moldam-se continuamente umas às outras por meio da política e dos valores que elas incorporam.

Precisamos substituir essas perspectivas por uma visão mais construtiva das tecnologias, permitindo uma abordagem mais centrada na humanidade. Devemos considerar que:
1. Todas as tecnologias são políticas – elas são a personificação dos desejos e compromissos sociais expressos ao longo de seu desenvolvimento e implementação;
2. As tecnologias e as sociedades moldam-se umas às outras de forma reflexiva – nós somos o produto de nossas tecnologias, assim como elas são produtos criados por nós.

Essa visão da tecnologia nos lembra de que as tecnologias são soluções e produtos desenvolvidos por processos sociais que já refletem valores e prioridades arraigados.

Esse entendimento das tecnologias implica três responsabilidades:
1. Identificar os valores que estão ligados a determinadas tecnologias;
2. Compreender como as tecnologias impactam as escolhas e tomadas de decisão humanas;
3. Determinar a melhor maneira de influenciar o desenvolvimento tecnológico de certo conjunto de partes interessadas.

Este capítulo identifica nove pontos de inflexão para explorar, questionar e influenciar os valores incorporados às tecnologias. São eles:
1. Programas acadêmicos;
2. Captação de recursos e investimentos;
3. Cultura organizacional;
4. Tomada de decisões e definição de prioridades;
5. Metodologias operacionais;
6. Estruturas de incentivos econômicos;
7. Design de produto;
8. Arquitetura tecnológica;
9. Resistência da sociedade.

SUPLEMENTO ESPECIAL
Uma estrutura baseada em direitos humanos[*]

As tecnologias da Quarta Revolução Industrial estão transformando a sociedade e remodelando nosso futuro.

Como resultado, há uma necessidade de articulações mais claras das estruturas éticas, padrões normativos e modelos de governança baseados em valores para ajudar as organizações a se orientarem no desenvolvimento e na utilização dessas poderosas ferramentas na sociedade e para permitir o uso de uma abordagem centrada na humanidade para o desenvolvimento que ultrapassa as fronteiras geográficas e políticas.

Os direitos humanos são a parte bem definida dos valores; as estruturas internacionais de direitos humanos oferecem uma base fundamental para abordar essas questões.

A Declaração Universal de Direitos Humanos (DUDH), adotada em 1948 e assinada por 192 países (sem precedentes até então), abarca um conjunto universal de princípios que podem ser aplicados em diversas culturas. Ela foi adotada pelas Nações Unidas em uma época em que o mundo se recuperava do Holocausto e havia um desejo global de criar um futuro novo e mais esperançoso para a humanidade. Foi projetada inicialmente como uma expressão dos valores globais, conforme observado por Hernán Santa Cruz do Chile, membro da subcomissão de elaboração da declaração:

---

[*] Contribuição de Hilary Sutcliffe, diretora da SocietyInside, no Reino Unido; e Anne-Marie Allgrove, sócia da Baker & McKenzie, Austrália.

Percebi claramente que participava de um evento histórico verdadeiramente significativo, em que se havia alcançado um consenso a respeito do valor supremo da pessoa humana, um valor que não se originou na decisão de um poder temporal, mas no fato mesmo de existir.

A DUDH estabeleceu padrões universais que têm apoiado os esforços dos Estados-membros e outros para desenvolver leis e políticas relativas a uma ampla gama de questões que vão do direito penal ao meio ambiente, do desenvolvimento global ao comércio, da segurança à migração. A DUDH e a série de tratados juridicamente vinculantes que detalham as disposições da declaração oferecem uma base essencial para que as organizações privadas e internacionais e Estados-membros promovam a igualdade, a equidade e a justiça em uma agenda de inovações centradas nas pessoas (e no planeta) e direcionadas por tecnologias novas e aprimoradas.

Embora essas normas globais de direitos tenham sido adotadas por Estados-membros para regulamentar a conduta oficial, elas estão sendo aplicadas cada vez mais no setor privado. Por exemplo, as empresas globais que buscam abordar questões de direito trabalhista relativas às suas cadeias globais de fornecimento, ou as empresas de informação e comunicação que lidam com questões sobre liberdade de expressão e privacidade, estão sendo chamadas para abordar essas preocupações por meio da perspectiva dos direitos. Da mesma forma, embora a tecnologia da edição de genes ainda seja surpreendentemente nova e empolgante, as normas dos direitos humanos podem nos ajudar a lidar com as escolhas relativas à governança conforme tentamos equilibrar os esforços para aliviar o sofrimento humano, bem como os riscos e incertezas inerentes à aplicação de novos instrumentos científicos.

A Quarta Revolução Industrial precisa ser fundamentada pela discussão de questões mais gerais sobre as sociedades em que queremos viver. Hoje, as possibilidades de empoderamento humano trazidas pelas tecnologias são imensas, mas temos de continuar a nos focar no impacto das tecnologias nas pessoas, sua vida cotidiana e a fruição dos direitos humanos.

Esse já não é domínio exclusivo dos Estados e organizações internacionais; o setor privado deve assumir seu papel de liderança. Como ponto de partida, as organizações privadas e as partes interessadas devem rever seus valores em relação à DUDH e às outras normas de direitos humanos, desenvolvendo mecanismos com os quais podem mensurar e avaliar sua conduta.

CAPÍTULO 4
Empoderamento de todas as partes interessadas (*stakeholders*)[*]

Para desencadear a promessa da Quarta Revolução Industrial, é fundamental garantir que os benefícios sejam distribuídos de forma justa a todas as partes interessadas. Este capítulo destaca a importância de uma abordagem multilateral, considera três grupos de partes interessadas, muitas vezes negligenciados e esquecidos, e discute o que será necessário para que eles sejam empoderados e incluídos. Essas partes interessadas são países em desenvolvimento que ainda têm dificuldade para entender os benefícios das revoluções industriais anteriores; o meio ambiente e o mundo natural que, em geral, têm recebido as externalidades da evolução tecnológica de todas as revoluções industriais em detrimento de outras espécies e das gerações futuras; e a maioria dos indivíduos ao redor do mundo sem o benefício de rendimentos extremamente elevados ou poder político – em particular aqueles que muitas vezes são excluídos ou simplesmente ignorados.

O mundo está enfrentando tendências transformadoras simultâneas: urbanização, globalização, mudanças demográficas, climáticas e o surgimento de tecnologias cada vez mais disruptivas. As regiões em desenvolvimento que passam por uma expansão de sua população jovem precisarão criar rapidamente novos empregos em escala. As mudanças ambientais pedem por mitigação e medidas de adaptação mais rápidas – não menos importantes nas regiões desenvolvidas, onde o fardo da mudança climá-

---

[*]. Contribuição de Anne Marie Engtoft Larsen, Liderança do Conhecimento, Quarta Revolução Industrial, Fórum Econômico Mundial.

tica é maior. O impacto das novas tecnologias na distribuição da riqueza e coesão social tem revelado que nossos sistemas políticos e modelos econômicos não estão conseguindo proporcionar oportunidades a todos os cidadãos.

O impacto conjunto dessas tendências requer que transcendamos os limites tradicionais e forjemos parcerias sustentáveis e inclusivas. A história demonstra que sem intenção e ação não há inclusão. Conforme discutido no Capítulo 3, os sistemas tecnológicos sozinhos não oferecerão oportunidades significativas para as pessoas em geral. As oportunidades surgirão do engajamento de todas as partes interessadas para que os valores sociais e as soluções inclusivas sejam consideradas desde o início. As decisões que moldarão nosso futuro comum simplesmente não podem ser consideradas isoladamente: "As autoridades devem possuir capacidade e disponibilidade para envolver-se com todos aqueles que têm interesse pela questão em pauta. Dessa forma, devemos desejar a maior conexão e inclusão".[37] Para que essa revolução industrial seja conectada e inclusiva, portanto, ela requer nosso compromisso e nossas ações deliberadas.

Incluir todos aqueles que têm uma participação na conversa sobre o impacto das tecnologias emergentes em países em desenvolvimento ilustra o princípio que está no cerne da abordagem multilateral. Esse princípio sustenta que as soluções viáveis aos complexos desafios globais só serão possíveis por meio da colaboração de líderes empresariais, governo, sociedade civil e universidades, bem como por meio do compromisso das gerações mais jovens.

Os benefícios sociais das tecnologias emergentes podem ser verdadeiramente revolucionários. A modelagem do impacto dos veículos autônomos em ambientes urbanos pelo Boston Consulting Group, em colaboração com o Fórum Econômico Mundial, revela que os sistemas de transporte automatizado em alguns cenários levariam a emissões mais baixas, menos congestionamentos, transporte mais rápido e menos mortes e lesões causadas por acidentes.[38] A implantação de novas técnicas no âmbito da medicina de precisão para tratar e gerir doenças não transmissíveis pode facilmente estender para mais um ou dois anos a expectativa de vida ao redor do mundo – mesmo sem considerar as atuais tentativas

---

37. Schwab, 2016, p. 107.
38. The Boston Consulting Group, 2016.

de utilizar as técnicas de edição de genes para diminuir a velocidade de envelhecimento diretamente. A edição de genes tem outras possibilidades revolucionárias, sendo uma delas o potencial para acabar com doenças como a malária por meio da modificação genética do mosquito transmissor. A tecnologia do *blockchain* pode ser aplicada para o registro de terras públicas, permitindo que milhões de pessoas ao redor do mundo tenham a posse formal de suas terras, que, por sua vez, podem ser usadas como garantia de penhor e, assim, permitir a eles o acesso aos mercados financeiros. O uso da realidade virtual e aumentada poderia causar melhorias extraordinárias nos resultados educacionais, permitindo-nos desenvolver e praticar habilidades em ambientes imersivos e seguros.

Os impactos indiretos das tecnologias emergentes são muitas vezes mais importantes que seu efeito direto sobre a produtividade. A disponibilidade generalizada de eletricidade para as casas de moradia como resultado da Segunda Revolução Industrial permitiu o desenvolvimento de máquinas de lavar roupa, máquinas de lavar louça, fornos elétricos, aspiradores de pó e outros eletrodomésticos que reduziram muito o tempo gasto para limpar e cozinhar. O resultado não foi simplesmente o maior tempo de lazer para as mulheres, sobre quem, ainda hoje, desproporcionalmente, recai a carga das atividades domésticas. Pelo contrário, tais máquinas reduziram a indústria do serviço doméstico, mudaram as estruturas familiares e ofereceram tempo para a realização de atividades mais produtivas fora do lar.

Mas quão relevantes são essas vantagens para as pessoas aprisionadas pela pobreza, marginalizadas em suas comunidades ou que vivem em áreas subatendidas pelos sistemas das revoluções industriais anteriores? Cerca de 600 milhões de pessoas vivem em fazendas de pequeno porte, sem acesso a nenhum tipo de mecanização, permanecendo praticamente intocadas até mesmo pela Primeira Revolução Industrial. Cerca de um terço das pessoas (2,4 bilhões) não possui água potável e saneamento seguro e em torno de um sexto (1,2 bilhões) não tem acesso à eletricidade – sistemas que foram desenvolvidos na Segunda Revolução Industrial. Além disso, enquanto as novas tecnologias, junto com a resistência social e as reformas institucionais, libertaram as mulheres nas regiões desenvolvidas, uma em cada cinco mulheres no Oriente Médio, na América Latina e no Caribe continuam a servir como trabalhadoras domésticas. Mais da metade da população mundial – cerca 3,9 bilhões de pessoas – ainda não tem acesso à internet, um dos sistemas mais transformadores da Terceira Revolução Industrial.[39] Nos países em desenvolvimento, a proporção da população *off-line* é de 85%, contra 22% no mundo desenvolvido.[40]

Se essas disparidades globais ficarem inalteradas, elas serão um obstáculo ao potencial verdadeiramente transformador da Quarta Revolução Industrial. Agora temos uma escolha a fazer: desenvolver tecnologias e sistemas que sirvam para distribuir valores econômicos e sociais – como renda, oportunidades e liberdade para todas as partes interessadas – ou deixar grande parte das pessoas para trás. Pensar de forma inclusiva é mais do que simplesmente pensar sobre a pobreza ou as comunidades marginalizadas como uma aberração, isto é, algo que podemos resolver. Esse modo de pensar nos obriga a entender que "nossos privilégios estão localizados no mesmo mapa do sofrimento deles".[41] Vai além da renda e dos direitos, embora estes continuem a ser importantes. Na verdade, a inclusão das partes interessadas e a distribuição dos benefícios garantem liberdades para todos.

O economista e filósofo Amartya Sen argumenta que as liberdades – a ausência de fome, a capacidade de ir para o trabalho, de participar dos processos democráticos, de ter relacionamentos amorosos etc. – servem "como o objetivo básico e o meio principal". As liberdades empoderam as pessoas e lhes dão os recursos para que possam viver uma vida boa, seja em uma sociedade rica ou em desenvolvimento. A distribuição das riquezas e dos benefícios não precisa ser igual entre todas as partes interessadas, mas deve ser suficiente para que todas as partes interessadas tenham uma vida à qual possam dar valor. A abordagem multilateral é uma maneira de organizar uma conversa que vise a melhorar um mundo que funcione para todos, não apenas para uns poucos privilegiados.

A garantia da equidade na distribuição dos benefícios e externalidades positivas da Quarta Revolução Industrial é mais do que apenas um desafio ético. A experiência das últimas revoluções políticas nos ensina que a desigualdade gera consequências. Muitos sistemas democráticos não conseguiram lidar com as desigualdades de riqueza ou oportunidades decorrentes de seus modelos econômicos vigentes, o que levou a profundos

---

39. Philbeck, 2017.
40. Ibid.
41. Susan Sontag, escritora e ativista estadunidense.

desequilíbrios sociais e econômicos que são desagregadores e desestabilizadores. Como apontado pelo Relatório do Fórum Econômico Mundial, Riscos Globais de 2017 (*Global Risks Report 2017*), ao ameaçar a existência da solidariedade social em que se assenta a legitimidade dos sistemas econômicos e políticos, a atual combinação entre desigualdade econômica e polarização política ameaça ampliar um vasto leque de riscos globais.[42]

Esses fossos estruturais persistentes são reconhecidos e abordados pelos Objetivos do Desenvolvimento Sustentável (ODS) das Nações Unidas que entraram em vigor em janeiro de 2016. O foco dos ODS é a redução da pobreza, a governança democrática e a construção da paz, a ação climática e a resiliência, a redução das desigualdades e o crescimento econômico. É importante que, em vez de desviar a atenção, a Quarta Revolução Industrial contribua para os esforços comuns em torno da distribuição de oportunidades para o desenvolvimento humano.

4.1. As economias em desenvolvimento

O economista Ricardo Hausmann e o professor de comunicação social e ciências Cesar Hidalgo argumentam que o progresso humano é orientado pela capacidade coletiva de usar as novas tecnologias produtivamente. Infelizmente, essa capacidade está mal distribuída entre os países:

> O acúmulo social de conhecimento produtivo não foi um fenômeno universal. Ele ocorreu em algumas partes do mundo, mas não em outras. E, nos locais em que ocorreu, sustentou um incrível aumento dos padrões de vida. Os padrões de vida dos locais onde não ocorreu se assemelham aos padrões dos séculos passados. As enormes lacunas entre os rendimentos de países ricos e pobres são uma expressão das vastas diferenças em conhecimento produtivo acumulado pelas diferentes nações.[43]

As economias bem-sucedidas possuem elevados padrões de vida, graças a uma combinação de tecnologias, de conhecimentos e capacidades para usar e desenvolver essas tecnologias e à existência de mercados e organizações que permitem que o conhecimento detido por alguns poucos seja levado para muitos. Enquanto nem todos os países podem ou devem tentar estar na vanguarda do progresso tecnológico em todas as áreas, em

---

42. Milanovic, 2016.
43. Hausmann et al., 2011.

uma economia de conhecimento global, cada país precisa da capacidade de absorver e adaptar as tecnologias para seu desenvolvimento nacional, social e econômico.

Alguns afirmam que a união das tecnologias da Quarta Revolução Industrial com as reformas institucionais permitirá que as economias "saltem" as anteriores abordagens tecnologicamente orientadas, fazendo com que as economias em desenvolvimento avancem mais rapidamente do que se usassem as vias tradicionais da industrialização. Um exemplo comum é a maneira como os altos níveis de investimentos nas tecnologias digitais da Terceira Revolução Industrial levaram à crescente disponibilidade e acessibilidade de telefones celulares, o que significava que os países em desenvolvimento não precisavam mais investir fortemente em infraestrutura de telefone fixo para oferecer acesso às redes de telecomunicações de alta qualidade para sua população.[44] Outros exemplos promissores do impacto da tecnologia: o uso de *drones* civis para a entrega de medicamentos e vacinas, o aumento da eficiência agrícola das sementes geneticamente modificadas e os fertilizantes avançados; a promessa de oferecer internet de baixo custo e alta velocidade por meio de novas redes de satélites em órbita de baixa altitude. No entanto, a promessa dos saltos relativos à Quarta Revolução Industrial é apenas isso: uma promessa.

Uma das preocupações é que a dependência de uma infraestrutura digital (que acelerará e ampliará o impacto da Quarta Revolução Industrial) torne muito mais urgente a eliminação do fosso digital – tanto dentro dos países quanto entre eles. Se as habilidades e o acesso a redes digitais de alta velocidade e habilidades são uma pré-condição para a Quarta Revolução Industrial, o poder poderá fluir para aqueles cuja localização, formação escolar e renda os coloca no lado vencedor de um crescente fosso digital, enquanto bilhões de outras pessoas poderão ser ainda mais excluídas com base em renda, infraestrutura, idioma ou relevância do conteúdo.

Uma segunda preocupação relativa à revolução do celular é que essa nova infraestrutura não tem fomentado a inovação ou o desenvolvimento. Na África, os serviços oferecidos pela revolução do celular são dirigidos principalmente aos consumidores, e não aos produtores de tecnologia. Ela tem sido completamente malsucedida na criação de empregos formais, no estabelecimento de infraestrutura básica para o desenvolvimento econô-

---

44. University of Sussex, 2008.

mico ou para atrair e implantar tecnologias adjacentes.[45] Para a revolução do celular catalisar o desenvolvimento industrial e a diversificação da economia, ela precisa caminhar junto com uma "Política Industrial da Quarta Revolução" – ou seja, uma evolução complementar das políticas de inovação, empreendedorismo, infraestrutura e industrialização.

Uma terceira preocupação é que a Quarta Revolução Industrial ameaça suplantar o caminho tradicional da industrialização para o desenvolvimento, por meio da qual os países usam inicialmente uma ampla oferta de trabalho de baixo custo para atrair as fábricas, e, somente mais tarde, atraem investimentos e tecnologias. Os cenários mais extremos da substituição do trabalho humano pela automatização – as fábricas de alta precisão repletas de robôs inteligentes ou a volta das fábricas para seus países de origem (*reshoring*) como consequência do alargamento da impressão 3D – parecem oferecer um papel menor ao trabalho sem capacitação e de baixo custo. Então, como os países dominados por economias agrárias e com pouca industrialização podem se transformar em economias baseadas no conhecimento e capazes de adquirir, implementar e, finalmente, desenvolver novas tecnologias na Quarta Revolução Industrial?

Dada a importância crescente das habilidades, promover as capacidades dos países para que empreguem, de forma frutífera, as tecnologias continuará a ser uma das necessidades críticas e exigirá investimentos em educação, qualificação e pesquisa e desenvolvimento nacionais (P&D). A Quarta Revolução Industrial tornará ainda mais importante a necessidade de acabar com o fosso da educação e da pesquisa entre os países desenvolvidos e aqueles em desenvolvimento. O cumprimento da promessa de que as novas tecnologias acelerarão o desenvolvimento de competências dependerá de compromissos assumidos por décadas, bem como de recursos significativos para que a maioria dos países em desenvolvimento desfrutem dos benefícios da pesquisa de alta qualidade e dos sistemas educacionais.

Em 2014, 263 milhões de crianças e jovens em todo o mundo não frequentavam a escola. As maiores taxas de crianças fora da escola estão em regiões onde a necessidade de desenvolvimento econômico e social é maior e onde as crianças e os jovens constituem a maioria da população.[46] Além das desigualdades geográficas existentes, a falta de oportunidades

---

45. Entrevista com Calestous Juma, 2017.
46. Unesco, 2016.

educacionais se agrava ainda mais entre os sexos. Mulheres jovens estão mais propensas a estar fora da escola do que os homens jovens, particularmente nas regiões menos desenvolvidas.[47] Em relação às populações das regiões com as taxas mais altas de crianças fora da escola, esse desfavorecimento inicial reduz suas oportunidades e embota os esforços de industrialização dos países.

Manter as crianças na escola é apenas o primeiro passo. Aumentar a diversidade e a complexidade econômica requer instituições de ensino credenciadas, estáveis, e o financiamento de pesquisa suficiente. Hoje, mais da metade dos periódicos indexados do mundo são publicados nos Estados Unidos e no Reino Unido; isso não é surpresa alguma, pois esses dois países possuem as principais universidades do mundo.[48] Ademais, enquanto a localização de uma publicação revela pouco sobre a origem ou a intenção do autor, ter a maior parte dos novos conhecimentos publicados e criados no Ocidente pode ser um fator limitante para a sua divulgação e influência em outros lugares. Isso denota a responsabilidade que os países ocidentais têm de trabalhar com outras regiões para captar e relacionar os conhecimentos locais. Além disso, enquanto a América do Norte e a Europa Ocidental dominam o investimento global em P&D (bem como a porcentagem do PIB dedicado a P&D – ver Figura 8), uma mudança incremental está ocorrendo no Leste Asiático e no Pacífico,[49] mas a participação do resto do mundo é insignificante. Essas desigualdades contínuas em educação e financiamento de P&D deixam os países em desenvolvimento em grave desvantagem na produção de conhecimento e desenvolvimento de tecnologia enquanto a Quarta Revolução Industrial se desenrola.

Mesmo assim, uma maior educação e um maior investimento em P&D nas economias em desenvolvimento podem melhorar a vida de todos. A diversidade de pensamento da pesquisa global poderia alargar-se bastante pelo desenvolvimento da contribuição do conhecimento dentro de um conjunto mais amplo de culturas e novas fontes de conhecimento. Esse é o objetivo de projetos como o "Meta", uma *startup* canadense adquirida em janeiro de 2017 pela iniciativa Zuckerberg. A *startup* procura usar a "IA

---

47. No Cáucaso e na Ásia Central, no norte da África, no sul da Ásia, na África Subsaariana e na Ásia Ocidental, existem maiores disparidades de gênero entre mulheres jovens do que entre homens jovens fora da escola (Unesco, 2016).
48. Oxford Internet Institute, "The Location of Academic Knowledge", 2017.
49. Unesco, 2017.

CAPÍTULO 4 – EMPODERAMENTO DE TODAS AS PARTES INTERESSADAS (*STAKEHOLDERS*) | 97

Figura 8: Médias regionais para a parte do PIB dedicada às atividades de pesquisa e desenvolvimento

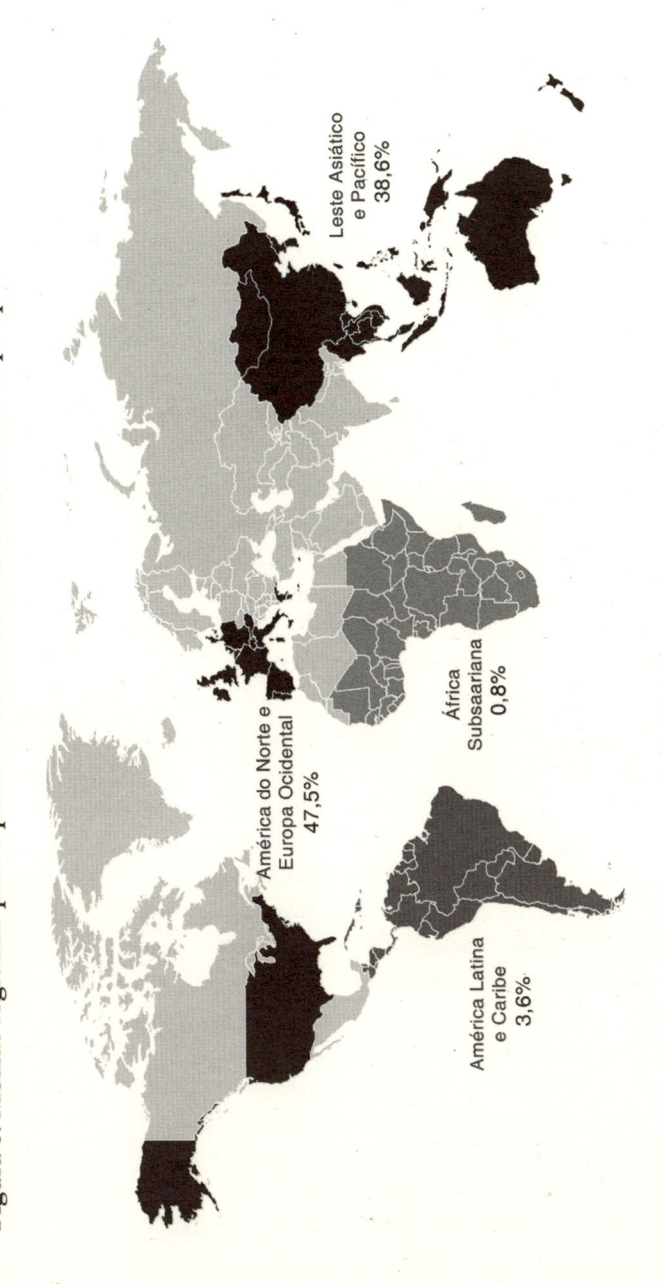

Leste Asiático e Pacífico
38,6%

América do Norte e Europa Ocidental
47,5%

África Subsaariana
0,8%

América Latina e Caribe
3,6%

Médias regionais para a parte do PIB dedicada às atividades de pesquisa e desenvolvimento
- 0-0,25%
- 0,26%-0,50%
- 0,51%-1,00%
- 1,01%-2,00%
- 2,01% ou mais

Fonte: Unesco, 2017.

a serviço do ecossistema científico", criando ferramentas para dar sentido à grande quantidade de investigação produzida todos os dias ao redor do mundo. Isso vai além da simples capacidade de ler ou pesquisar artigos em periódicos científicos, muitos dos quais são serviços pagos: o "Meta" está alavancando as tecnologias da Quarta Revolução Industrial para dar sentido aos dados, encontrar padrões e descobrir conhecimentos em todas as disciplinas científicas e em tempo real.

No entanto, os investimentos em P&D também são insuficientes. Tocar e melhorar a vida das pessoas exige a comercialização robusta do conhecimento – permitindo que ideias e tecnologias sejam protegidas, difundidas e implantadas em toda a sociedade e nas indústrias. O Ocidente também dominou a comercialização do conhecimento pelo uso de patentes. Ademais, enquanto a Ásia tem feito rápidos progressos, a América Latina e a África continuam atrás do resto do mundo.

As regiões do mundo que registram muito menos patentes criam menos riqueza, o que causa impactos na desigualdade global – o mesmo vale para os limites à industrialização gerados pela necessidade de comprar tecnologias caras e patenteadas dos países em desenvolvimento.

Educação ruim, baixos níveis de P&D e a falta de nova tecnologia comercializada diminuem, juntos, a capacidade das regiões em desenvolvimento de redirecionar seus esforços para o desenvolvimento. Certos países em desenvolvimento estão sendo completamente excluídos da discussão sobre como a tecnologia e o conhecimento afetam suas próprias sociedades, isso sem falar dos desdobramentos globais da Quarta Revolução Industrial. Em razão da vantagem do pioneirismo das economias avançadas, que garante sua liderança em temas relacionados a desenvolvimento, concepção e utilização de tecnologias, a negociação do equilíbrio entre tecnologia, sociedade e economia corre o risco de ser influenciada por valores ocidentais e dominada pelos incentivos das economias ocidentais. Se não agirmos logo, o resultado será um futuro criado por padrão, e não por design, no qual as tecnologias serão determinadoras, e não empoderadoras.

Estamos muito longe de conquistar a vontade política e as instituições adequadas para concretizar todos esses desafios. Serão necessários esforços enormes para conseguirmos distribuir as tecnologias e estimular a educação e as competências de forma mais rápida e mais eficaz que nos casos anteriores de industrialização. À beira da Quarta Revolução Industrial, esses esforços necessários nos apresentam oportunidades robustas para que possamos assumir a responsabilidade e usar os sistemas tecnológicos emergentes para a inclusão, a expansão das liberdades e a distribuição global dos benefícios a todas as partes interessadas.

Para gerenciarmos os riscos e aproveitarmos com sucesso as tecnologias da Quarta Revolução Industrial para o desenvolvimento econômico e social dos países em desenvolvimento, precisamos de uma nova abordagem, mais inclusiva e deliberada: um processo multilateral em que deverão participar especialistas em desenvolvimento, criadores de tecnologia, empresas globais, governos, sociedade civil, organizações internacionais e populações afetadas. Projetar o futuro para a maioria da população do mundo não pode ser uma tarefa relegada a um único grupo, pois há o risco de este distorcê-la por seus preconceitos, impedir seu avanço ou conseguir enxergar apenas os benefícios que as tecnologias levariam a pequenos grupos. O compromisso global aos ODS é um passo neste caminho. O verdadeiro sucesso envolve a liderança ágil e responsável de atores locais e internacionais.

4.2. O meio ambiente

Além de a incomparável riqueza gerada por quase três séculos de industrialização ter sido disseminada irregularmente entre as pessoas, ela também acabou acarretando um grande custo aos sistemas naturais da terra; o clima, a água, o ar, a biodiversidade, as florestas e os oceanos estão todos sob um estresse sem precedentes, severo e crescente. As espécies estão sendo extintas em taxas 100 vezes maiores que o normal.[50] Em 1800, apenas 3% da população mundial, de 1 bilhão de pessoas, vivia em áreas urbanas. Hoje, mais de 50% dos 7,4 bilhões de habitantes do mundo vivem em áreas urbanas.[51] Destes, mais de 92% sofrem com a poluição do ar acima dos níveis considerados seguros pela Organização Mundial da Saúde.[52] Em 2050, haverá mais plástico do que peixes nos oceanos em termos de peso.[53] O CO_2 mundial e as emissões estão 150 vezes maiores do que em 1850.[54] Se o ritmo atual de emissões continuar, o mundo corre

---

50. Ceballos et al., 2015.
51. Population Reference Bureau, 2017.
52. World Bank e Institute for Health Metrics and Evaluation, 2016.
53. Fórum Econômico Mundial, 2016b.
54. World Resources Institute, 2014.

o risco de ficar entre 4°C e 6°C mais quente em 2100 do que é hoje,[55] o que possivelmente alterará, de forma irreversível, o sistema climático, outrora estável, que desfrutamos nos últimos 10 mil anos.[56]

Na verdade, a mudança climática já está causando disrupção nas economias nacionais e afetando vidas, com altos custos para indivíduos, comunidades e sistemas, incluindo aqueles associados à incerteza e à volatilidade. Com muitas regiões ainda em fase de industrialização e a previsão de que a população mundial deve aumentar em 1 bilhão de pessoas nos próximos 15 anos, calcula-se que haja também o aumento das disrupções relacionadas ao clima, o que inclui a instabilidade geopolítica, a migração em massa, a interrupção da produção de alimentos e maiores ameaças de segurança.[57]

Na Quarta Revolução Industrial, uma série de desafios terá de ser abordada, alguns deles relacionados ao impacto ambiental da tecnologia digital em si, incluindo a expansão das montanhas de lixo eletrônico, que liberam produtos químicos tóxicos no ambiente. Além disso, as emissões de carbono estão aumentando, em decorrência do crescente número de centros de dados com altas taxas de consumo de energia, necessárias para uma infraestrutura digital bem distribuída. Outros desafios se relacionam aos princípios orientadores do desenvolvimento tecnológico e sua implementação. Nossas ações nos próximos anos e décadas para superar esses desafios determinarão não só a subsistência das gerações futuras, mas também o ecossistema do planeta nos próximos milhares de anos.

As tecnologias da Quarta Revolução Industrial nos apresentam uma oportunidade para gerenciar as externalidades das revoluções industriais anteriores, desta vez por um caminho mais sustentável: a proteção de nossos recursos globais comuns. A maioria das famílias do mundo terá pelo menos um celular com tecnologia 3G em 2030. A utilização de registros distribuídos, como o *blockchain*, para o comércio do carbono relativo aos telefones celulares poderia oferecer a cada pessoa uma cota igual consistente com as fronteiras planetárias da Terra. O *blockchain* também poderia ser usado para gerenciar a distribuição hídrica e o desmatamento. Na verdade, o governo de Honduras já está explorando o potencial dos registros distribuídos para ajudar a alocar os direitos de propriedade de terras.

---

55. Global Challenges Foundation, 2017.
56. Steffen et al., 2015.
57. United Nations, Department of Economic and Social Affairs, Population Division, 2015.

Figura 9: Tendências da mudança climática

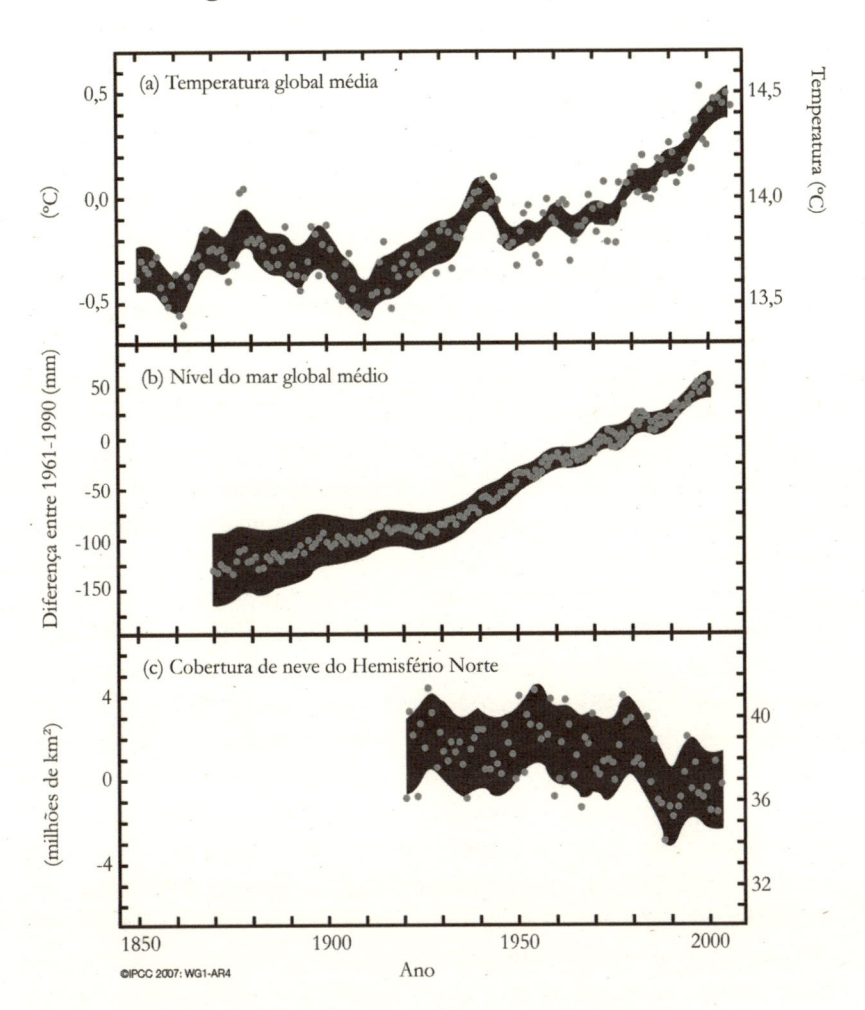

(a) Temperatura global média

(b) Nível do mar global médio

(c) Cobertura de neve do Hemisfério Norte

Fonte: Painel Intergovernamental sobre Mudanças Climáticas (IPCC, 2014).

Os avanços em imagens de satélite estão ajudando a combater o desmatamento, que responde por cerca de 15% das emissões globais dos gases de efeito estufa.[58] Os *drones* estão sendo usados para monitorar in-

---

58. O desmatamento também ameaça os meios de subsistência das comunidades florestais e de pequenos agricultores, além de esgotar a biodiversidade (Enbakom, Feyssa e Takele, 2017).

cêndios florestais, colheitas, fontes de água, e até mesmo para auxiliar no plantio. Enquanto os agricultores conseguem plantar, manualmente, cerca de 3 mil sementes por dia, testes em que os *drones* lançam cápsulas de sementes no solo sugerem que eles poderiam plantar mais de 30 mil sementes por dia.[59] Os satélites também estão contribuindo para a gestão e proteção dos oceanos. A forma como os navios fazem uso dos oceanos está cada vez mais visível com o emprego de sensores por satélites e ferramentas de processamento de dados. Em breve, as redes de nanossatélites serão capazes de, todos os dias, tirar fotos de alta resolução de toda a Terra. Frotas de navios-*drone* poderiam ajudar a controlar a saúde dos nossos oceanos e monitorar a coleta de recursos oceânicos.[60]

A acessibilidade e a disponibilidade de tecnologias tornam necessário que a gestão ambiental seja conduzida não apenas por especialistas; ela torna-se mais horizontal e mais democratizada com uma ampla gama de atores capazes de se envolver simplesmente por possuir um *smartphone* no bolso. O resultado é que os sistemas atuais de gestão ambiental são bons, mas não são suficientemente bons para lidar com o ritmo e a escala de mudança disruptiva que, presumivelmente, será introduzida pela Quarta Revolução Industrial. Para lidar com as iminentes disrupções de forma proveitosa, o atual modelo econômico deve ser reconfigurado para incentivar os produtores e os consumidores a reduzir o consumo de recursos e promover serviços e produtos sustentáveis. Isso requer novos modelos de negócios em que os atuais custos ocultos dos impactos ambientais sejam agregados aos preços, incentivando a produção e o consumo mais sustentáveis. Tal reconfiguração ainda demanda uma mudança fundamental do pensamento de curto prazo para o planejamento de longo prazo e um afastamento do modelo econômico linear *take-make-waste* (pegar-fazer-jogar fora) em favor de uma economia circular, em que o sistema industrial seja restaurador ou regenerativo por intenção e por design. Essa reconfiguração incorrerá em custos a curto prazo, mas fazer nada custará muito mais caro.

A Quarta Revolução Industrial está apenas começando a se desdobrar, e os sinais de esperança já estão aparecendo: o dobro do que se gasta em combustíveis fósseis está sendo investido em energias renováveis,[61] mas

---

59. Newshub, 2016.
60. Yale Environment 360, 2016.
61. Bloomberg, 2016.

o mundo precisa fazer uma escolha. Podemos continuar na veia das três primeiras revoluções industriais, deixando as considerações ambientais na periferia das prioridades, ou tomar a liderança e aproveitar a Quarta Revolução Industrial para resolver problemas ambientais por meio de escolhas deliberadas e da colaboração entre as partes interessadas – incluindo formas de afunilar o financiamento para as soluções que não apenas têm valor comercial, mas também servem ao bem público. É preciso evitar a tendência das últimas revoluções industriais: não devemos tratar o mundo natural como um sumidouro para os custos das tecnologias emergentes. Isso não vai ser fácil, mas os líderes não têm outra escolha senão gerenciar os efeitos colaterais da Quarta Revolução Industrial para que as consequências indesejadas sejam enfrentadas coletivamente e não fiquem concentradas nas populações vulneráveis ou nas gerações futuras por meio de danos ambientais. Dada a fragilidade da biosfera terrestre após as três revoluções industriais anteriores, o custo do fracasso é realmente muito alto.

4.3. A sociedade e os cidadãos

Além de ter impactos ambientais e geopolíticos, as revoluções tecnológicas podem afetar o cenário social, alterando as competências necessárias para que a revolução seja considerada um sucesso. Por exemplo, a Terceira Revolução Industrial melhorou a vida dos trabalhadores intelectuais, deixando-os com uma vida melhor que a dos trabalhadores das fábricas, cujos padrões de vida foram ampliados durante a Segunda Revolução Industrial. O famoso gráfico do elefante do economista Branko Milanovic (Figura 10, p. 104) mostra como a distribuição da renda global mudou entre 1988 e 2008: os benefícios ignoraram não apenas os muito pobres, mas também todos aqueles em torno do 80º percentil global, a classe média baixa das economias avançadas. No período, muitos trabalhadores industriais juntaram-se ao "precariado", enfrentando uma vida cheia de insegurança e a estagnação dos salários. Agora, o aumento da automação traz mais uma vez o potencial de trocar os atores beneficiados pelo processo.

Novas formas de automação, incluindo robôs e algoritmos orientados pelos avanços recentes da IA, não estão substituindo apenas os operários, mas, também, e cada vez mais, os contadores, os advogados e outros profissionais. Em 2000, o escritório da Goldman Sachs em Nova York empregava aproximadamente seiscentos negociadores. Em 2017, havia apenas dois negociadores de ações, auxiliados por programas automatizados de negociações.[62] A mesma tendência pode ser vista em dezenas de outras empresas de Wall Street.[63] Essa mudança parece suscetível de resultar em uma concentração maior de riqueza nas mãos dos donos do capital e da propriedade intelectual. Como pode ser visto nas recentes eleições do Reino Unido e dos Estados Unidos, se essas mudanças sociais e seus impactos sobre os indivíduos não forem abordados, poderão resultar em retrocesso político, medo e ressentimento.

Figura 10: Mudança na renda real entre 1988 e 2008 em vários percentis da distribuição global de renda (calculada em dólares internacionais de 2005)

Fonte: Milanovic, 2016.

Além dos desafios econômicos imediatos, existem desafios em relação ao papel do trabalho, isto é, oferecer significado para os indivíduos, as famílias e as comunidades. Nos últimos 250 anos, comunidade, identidade, propósito e ação estiveram intimamente ligados aos nossos papéis como trabalhadores e membros produtivos da sociedade. As atuais disrupções estão forçando os líderes políticos a repensar o paradigma que molda as relações entre o indivíduo, a sociedade e a atividade econômica. Isso inclui pensar em reformas para remodelar o contrato social entre o indivíduo e a sociedade.

---

62. MIT Technology Review, 2017.
63. Fortune, 2017.

A discussão sobre uma renda básica universal (RBU) é um exemplo disso. É uma ideia radical que está sendo testada em todo o mundo, desde a Finlândia até o Quênia, desde a Califórnia até a Índia. Além dos argumentos racionais e de distribuição, a principal justificativa para a RBU é a justiça social: como a renda flui cada vez mais para a terra, os recursos naturais e as propriedades intelectuais – todas as partes da riqueza coletiva da sociedade –, todos deveriam receber uma parte modesta dessa riqueza coletiva sob a forma de uma renda básica incondicional. A RBU não é apresentada aqui como uma panaceia, mas sua natureza radical tem estimulado um debate importante, um debate que deve ser ampliado em relação às reformas econômicas e sociais, e que se atreve a repensar como o próprio sistema econômico poderá, na Quarta Revolução Industrial, trabalhar para todas as partes interessadas.

Os líderes também precisam prestar atenção às diferentes formas de impacto que a Quarta Revolução Industrial causará aos gêneros. Na Primeira e na Segunda Revolução Industrial, as mulheres foram empurradas para casa, o que diminuiu a sua influência política e econômica. No século XIX, quando as mulheres foram trabalhar nas fábricas, o resultado para a maioria foi uma vida cheia de dificuldades, o que levou a uma maior organização e a protestos em torno dos direitos das mulheres, e, mais tarde, a campanhas pelo sufrágio universal e por representação política. O resultado global tem sido o progresso e o aumento da participação econômica e social das mulheres. Sim, a desigualdade entre gêneros ainda existe. Em todo o mundo, os homens estão econômica e politicamente mais empoderados do que as mulheres. Além disso, em quase metade dos 142 países pontuados pelo *Relatório Global sobre Desigualdade entre Gêneros 2016 (Global Gap Gender Report 2016)* do Fórum Econômico Mundial, a desigualdade entre gêneros está aumentando.[64] Infelizmente, é possível que o viés de qualificações da Quarta Revolução Industrial, o qual favorece uma pequena proporção de trabalhadores altamente técnicos e os proprietários de empresas, contribua para o aumento desse fosso.

As mulheres representam menos de 30% das pessoas empregadas na pesquisa científica, com uma representação ainda menor nas áreas de Ciências, Tecnologia, Engenharia e Matemática (STEM, na sigla em inglês).[65] Menos de 25% dos postos de trabalho em Tecnologia da Informação (TI)

---

64. Fórum Econômico Mundial, 2016a.
65. Catalyst, 2016; Unesco, 2015.

são ocupados por mulheres, e a proporção é ainda menor entre os empreendedores de tecnologia.[66] As mulheres têm 50% menos probabilidade de usar a internet do que os homens, uma desigualdade que parece estar crescendo cada vez mais em algumas economias em desenvolvimento.[67] Em quase todos os parâmetros, a desigualdade é maior entre homens e mulheres nos países em desenvolvimento, o que as deixa ainda mais em desvantagem. Essa lacuna priva completamente as mulheres de participar da Quarta Revolução Industrial e de moldá-la. Mais especificamente, deixa milhões de boas ideias e contribuições fora de pauta, um empecilho à extremamente necessária produção do conhecimento. Por esse motivo, precisamos abordar e priorizar a igualdade entre os sexos nas esferas política, econômica e social. Liberar o potencial das mulheres na Quarta Revolução Industrial é liberar o potencial da sociedade.

Além da oportunidade de abordar a desigualdade entre gêneros, a Quarta Revolução Industrial nos dá a possibilidade de incluir pessoas que historicamente foram marginalizadas ou perseguidas, seja por causa de sua cor, idade, sexo, orientação sexual ou deficiência, ou porque não se identificam com o gênero de seu nascimento. As tecnologias emergentes podem transformar a maneira como percebemos o gênero, a idade e o próprio corpo. As pessoas com alguma deficiência se beneficiarão com as tecnologias capazes de aumentar as capacidades humanas, o que tornará a ideia de deficiência algo cada vez mais obsoleto.

Conforme os robôs e as tecnologias de aprimoramento forem se tornando mais comuns na sociedade, eles poderão ajudar a acabar com os estereótipos. Mas isso não é inevitável: dependerá dos valores utilizados para o desenvolvimento e a implementação das tecnologias, conforme discutido no Capítulo 3. Nossa programação e interação com as máquinas já está recebendo o impacto dos preconceitos existentes, como o racismo e o sexismo.[68] Assim, os robôs humanoides poderiam em teoria transcender as categorias – raça e gênero, por exemplo – no momento em que são projetados, mas vemos com maior frequência robôs de serviços ao cliente projetados com características femininas e robôs industriais com características masculinas. Isso nos impede de utilizar as novas tecnologias

---

66. Deloitte, 2016.
67. Philbeck, 2017.
68. Tay et al., 2013.

para acabar com esses estereótipos centenários e dar início a uma mentalidade mais inclusiva para as categorias tradicionais. As novas tecnologias poderão manter os estereótipos existentes ou aumentar o bem-estar de todos os indivíduos e da comunidade como um todo, mas isso será um reflexo das escolhas conscientes feitas durante o desenvolvimento de cada uma delas.

4.4. Liderança ágil e responsável para incluir todas as partes interessadas

A forma como a Quarta Revolução Industrial se desenrolará dependerá de nossas escolhas conscientes ou de nossas ações imprudentes em relação aos crescentes desafios econômicos, ambientais e sociais. Se quisermos realmente sentir que somos parte de algo muito maior do que nós mesmos – uma verdadeira civilização global – e compartilhar um sentimento de destino, todas as partes interessadas devem ser incluídas no caminho aqui estabelecido. Compartilhamos a responsabilidade de empoderar e garantir a igualdade de oportunidades para as crescentes populações dos países em desenvolvimento, particularmente os jovens que ainda estão lutando para compreender os benefícios das revoluções industriais anteriores. Precisamos agir como administradores para oferecer um planeta saudável às futuras gerações e, também, devemos procurar compartilhar os benefícios desta era tecnológica entre todos os cidadãos, independentemente de idade, renda, cor ou crenças.

A resolução de nossos desafios comuns requer formas radicais de pensar. As tecnologias que substituem o trabalho humano, as rigorosas mudanças climáticas, as maiores preocupações em relação à desigualdade e às perspectivas de insegurança econômica estão minando os modelos e paradigmas sobre os quais repousam nossas sociedades. Os líderes em todos os setores e em todos os países devem assumir a responsabilidade de estimular a conversa para sabermos quais mudanças sistêmicas – sociais e econômicas – devemos realizar e se desejamos realizá-las de forma revolucionária ou incremental.

RESUMO DO CAPÍTULO

A abordagem multilateral é essencial para orientar a Quarta Revolução Industrial em direção a um futuro sustentável e inclusivo.

Esse princípio sustenta que as soluções viáveis aos complexos desafios globais só serão possíveis por meio da colaboração de líderes empresariais, governos, sociedade civil e universidades, bem como do compromisso das gerações mais jovens.

A inclusão dos países em desenvolvimento na Quarta Revolução Industrial requer:
– Conversas locais e regionais sobre como deverá ser o futuro e como aproveitar os benefícios das tecnologias emergentes para a população local; e
– Políticas locais, regionais e globais sobre inovação, infraestrutura e industrialização que empoderem todos os cidadãos para que possam aproveitar os benefícios e as oportunidades das tecnologias emergentes.

A proteção do meio ambiente na Quarta Revolução Industrial implica:
– Projetar e implementar tecnologias emergentes não apenas para evitar danos, mas com o objetivo proativo e orientado para o futuro de conservar e aprimorar o mundo natural; e
– Reconfigurar os modelos econômicos em relação à utilização e ao impacto da tecnologia para incentivar tanto os produtores quanto os consumidores a reduzir o consumo dos recursos e a promover o uso de serviços e produtos sustentáveis.

Para criarmos uma Quarta Revolução Industrial próspera, inclusiva e equitativa para a sociedade e para os cidadãos, devemos estar conscientes das escolhas que fazemos quanto aos sistemas tecnológicos, os quais inevitavelmente causarão impactos sobre os sistemas econômico, ambiental e social. Isto é, devemos ter coragem para confrontar os paradigmas econômicos e políticos existentes e remodelá-los para que os indivíduos sejam empoderados independentemente de sua etnia, idade, sexo ou origem.

SEÇÃO II
TECNOLOGIAS, OPORTUNIDADES E DISRUPÇÃO

Visão geral

Na Seção I, cobrimos a dinâmica e os desafios da Quarta Revolução Industrial e discutimos a imperatividade de uma abordagem baseada em valores e centrada no ser humano, que inclua todos os grupos de partes interessadas. Na Seção II, mergulharemos mais a fundo nas extraordinárias tecnologias e nas condições em que elas estão sendo produzidas e que atuam em conjunto para fomentar esta nova era. A escala, o escopo e a velocidade da mudança trazida por essas tecnologias terão um impacto muito maior que o das indústrias. Elas têm o potencial de mudar o curso da história, e afetarão todos os aspectos de nossa vida.

Criados em colaboração com os Conselhos do Futuro Global e a Rede de Especialistas do Fórum Econômico Mundial, os próximos doze capítulos oferecem conhecimentos sobre as tecnologias que promoverão e darão forma à Quarta Revolução Industrial conforme ela ganha dinamismo e se propaga por todo o mundo. As quatro subseções – Extensão das Tecnologias Digitais, Reconstituição do Mundo Físico, Modificação do Ser Humano e Integração do ambiente – organizam a discussão das tecnologias em torno de temas-chave que destacam a forma como as tecnologias estão afetando o mundo e como sinalizam o início de uma nova era. Esses capítulos visam a oferecer ao leitor um "quadro geral", seguindo a estratégia do Capítulo 2, aproximando-se ou afastando-se (*zooming in* e *zooming out*), oferecendo, assim, uma visão ampla do potencial das tecnologias, bem como exemplos das tecnologias em uso.

Cada um dos doze conjuntos de tecnologias desses capítulos, além de estar proliferando novas categorias, processos inovadores, serviços e produtos surpreendentes, também está alterando as estruturas das cadeias de valor e das organizações. As tecnologias digitais, por exemplo, estão expandindo sua pegada no mundo material por meio das tecnologias da computação em nuvem ligada a robôs (robótica em nuvem), sequenciadores genéticos, tecnologias vestíveis, *drones* e dispositivos de realidade virtual e aumentada. As plataformas de inteligência artificial estão alimentando aplicações em todas as indústrias e aumentando a capacidade de tomada de decisão das empresas. Além disso, os materiais modernos continuam atualizando nosso mundo físico pelo intermédio dos produtos que viabilizam.

Os efeitos dessas ondas de recursos inovadores de engenharia, aplicações científicas e desenvolvimentos de infraestrutura estão sendo levados a todos os grupos de partes interessadas. Eles estão repercutindo nos recursos industriais, nas relações sociais e nas estratégias políticas. Está claro para os dois setores, o público e o privado, que administrar o impacto desses recursos é de fundamental importância para que consigamos nos orientar com sucesso pelo caminho das próximas décadas. Enxergar o "quadro geral" é o segredo para bem administrá-lo; cada um dos capítulos da Seção II tem o objetivo de ampliar a compreensão de suas capacidades e ajudar o leitor a se afastar (*zoom out*) para melhor enxergá-lo. Além disso, para ajudar o leitor a se aproximar (*zoom in*), os capítulos a seguir oferecem exemplos de onde e como as tecnologias estão sendo usadas e explicam seus potenciais específicos.

As perspectivas dos especialistas sobre as tecnologias também são incorporadas ao longo dos capítulos por meio de suplementos especiais.

A seleção das doze categorias de tecnologias relacionadas não é de forma alguma completa; pois há muitas tecnologias individuais e é difícil mantê-las todas em nosso campo de visão. É possível imaginar muitas tecnologias surgindo ao longo do horizonte. As tecnologias apresentadas na Seção II foram selecionadas porque estão mais aparentes nesta fase inicial. Ademais, mesmo que ainda seja muito cedo, é possível percebermos que elas criarão uma interface com a biologia, a inteligência e a experiência humanas, bem como com nosso ambiente; seus efeitos serão muito abrangentes e são difíceis de prever. Elas terão impacto sobre nossa vida pessoal, sobre como trabalhamos, criamos nossos filhos e socializamos. Também terão impacto em áreas mais amplas, como os nossos direitos e as interações com nossa comunidade e nação. Elas reestruturarão o que é possível, o que é permitido e o que é necessário em nossa vida. Por essas e outras razões, manter um olhar atento para nos certificarmos de que nossos passos adiante com a tecnologia permanecem centrados na humanidade é de extrema importância.

1. Tecnologias digitais extensíveis

A revolução digital, que chamamos de Terceira Revolução Industrial, nos trouxe a computação em geral, o desenvolvimento de *softwares*, computadores pessoais e um mundo conectado por uma ampla infraestrutura digital e pela internet. A maioria das tecnologias da computação com as quais estamos familiarizados, no entanto, representa os avanços realizados ao longo de uma abordagem clássica do processo de computação estabelecido na década de 1940. Os pesquisadores e empresários atuais estão trabalhando em outras possibilidades para a computação que ampliarão nossas capacidades e alargarão nossas expectativas em relação ao armazenamento, manipulação e comunicação de informações. Os capítulos desta seção abordam novas tecnologias computacionais, o *blockchain* e os registros distribuídos, bem como a florescente internet das coisas; eles oferecem exemplos de como as inovadoras abordagens digital, quântica e incorporadas podem transformar o futuro.

Capítulo 5	Novas tecnologias da computação
Capítulo 6	*Blockchain* e tecnologias de registros distribuídos
Capítulo 7	A internet das coisas
Suplemento especial	Ênfase na ética digital
Suplemento especial	Riscos cibernéticos

2. Reconstituição do mundo físico

Na Quarta Revolução Industrial, as tecnologias estão aproveitando a expansão da largura de banda, a crescente disponibilidade de serviços na nuvem e a crescente velocidade e capacidade de processamento que tirará as tecnologias da tela e as colocará na produção industrial, na infraestrutura de transportes das cidades e nos dispositivos interativos. Assim como as redes elétricas e os mecanismos de controle mecânico da Segunda Revolução Industrial ofereceram uma base para o desenvolvimento das tecnologias digitais, a infraestrutura digital nos está oferecendo a fundação para reconstituirmos as tecnologias que fornecem os materiais do ambiente em que vivemos, bem como aqueles com os quais interagimos nos espaços industriais e sociais. Os três capítulos desta seção incluem discussões sobre inteligência artificial e robótica, materiais modernos, fabricação aditiva e impressão multidimensional e *drones*. Somos agora confrontados com um futuro no qual atores e agentes digitais cruzarão o limite entre o *software* e o artefato, inspirarão novos recursos funcionais e até mesmo se moverão entre nós de forma independente.

Capítulo 8	Inteligência artificial e robótica
Capítulo 9	Materiais modernos
Capítulo 10	Fabricação de aditivos e impressão multidimensional
Suplemento especial	As vantagens e desvantagens dos *drones*

3. Modificação do ser humano

As linhas que dividem tecnologias e seres vivos estão cada vez mais tênues e não apenas pela capacidade de criar robôs realistas ou organismos sintéticos.

Em vez disso, trata-se da capacidade das novas tecnologias de se tornarem literalmente parte de nós. As tecnologias já influenciam a forma como entendemos a nós mesmos, como pensamos sobre o outro e como determinamos nossas realidades. À medida que as tecnologias desta seção nos oferecem acesso mais profundo a algumas partes de nós mesmos, poderemos começar a integrar essas tecnologias digitais aos nossos corpos. A metáfora do "ciborgue" pode parecer ter perdido sua capacidade de chocar, mas o futuro poderá testemunhar uma curiosa mistura entre vida digital e analógica que redefinirá nossa própria natureza. Os capítulos aqui cobrem as biotecnologias, neurotecnologias e a neurociência, bem como os dispositivos de realidade virtual e aumentada. Talvez mais do que qualquer outro conjunto de tecnologias da Quarta Revolução Industrial, essas criarão desafios éticos. Elas atuarão dentro de nossa própria biologia e alterarão nossa maneira de interagir com o mundo. Também serão capazes de atravessar os limites do corpo e da mente, melhorar nossa capacidade física e, até mesmo, ter um impacto duradouro sobre o próprio conceito de vida. Elas são mais do que meras ferramentas e demandam atenção especial por sua capacidade de aumentar ou invadir os seres humanos, os comportamentos humanos e os direitos humanos.

Capítulo 11	Biotecnologias
Capítulo 12	Neurotecnologias
Capítulo 13	Realidades virtual e aumentada
Suplemento especial	Uma perspectiva sobre as artes, a cultura e a Quarta Revolução Industrial

4. Integração do ambiente

A Quarta Revolução Industrial dependerá de tecnologias que permitam o desenvolvimento de infraestruturas, realizem a manutenção de sistemas globais e abram novos caminhos para o futuro. As tecnologias cobertas por esses capítulos estão expandindo suas capacidades para atingir esses objetivos. As capacidades de captação, armazenamento e transmissão de energia, especialmente aquelas baseadas em materiais e práticas sustentáveis, estarão prontas para reduzir a dependência de combustíveis fósseis e proporcionar energia barata e acessível às pessoas e suas tecnologias. A geoengenharia, embora ainda seja altamente especulativa, obriga-nos a considerar o que é necessário para o gerenciamento do clima e qual a melhor maneira de enfrentar o desafio global do aumento da temperatura atmosférica. As tecnologias espaciais nos rodeiam, monitoram o planeta e seus ecossistemas e estipulam um limite para a ciência, a exploração e a inovação tecnológica. Cada uma delas nos conecta ao planeta e ao universo; e cada uma delas requer o entendimento de que o ambiente – terra, ar e espaço – é uma responsabilidade multilateral e compartilhada. Para que essas tecnologias gerem um impacto tão extraordinário, elas precisarão que sejam feitos esforços colaborativos e que decisões importantes sejam tomadas sobre o nosso futuro coletivo.

Capítulo 14	Captura, armazenamento e transmissão de energia
Capítulo 15	Geoengenharia
Capítulo 16	Tecnologias espaciais

TECNOLOGIAS DIGITAIS EXTENSÍVEIS

CAPÍTULO 5
Novas tecnologias da computação*

Os recursos da computação digital foram a tecnologia de uso geral por trás da Terceira Revolução Industrial, graças à redução exponencial no tamanho e no custo dos transistores desde sua invenção, em 1947. As novas tecnologias da computação continuarão a ser importantes porque os recursos digitais onipresentes, robustos, eficientes e de baixo custo são a espinha dorsal das tecnologias e sistemas da Quarta Revolução Industrial, e por causa da possibilidade de abordagens radicalmente diferentes para a computação, com novas oportunidades e desafios para o futuro.

No coração dos avanços da computação residem as inovações em materiais, montagens e arquiteturas que usamos para processar, armazenar, manipular e interagir com as informações. Elas são acumuladas em campos, assim como a computação centralizada em nuvem, a computação quântica, o processamento em rede neural, o armazenamento de dados biológicos, a computação ótica e em redes mesh *(ou redes de malha). Essas abordagens estão resultando em desenvolvimento de* softwares *e novas formas de criptografia. Elas estão criando e resolvendo desafios de segurança cibernética, permitindo o processamento de linguagem natural e prometendo enormes ganhos de eficiência em campos como*

---

*. Escrito em colaboração com o Conselho do Futuro Global do Fórum Econômico Mundial sobre o Futuro da Inteligência Artificial e Robótica; Justine Cassell, Associate Dean, Estratégia e Impacto da Tecnologia, Universidade Carnegie Mellon, EUA; Jeremy O'Brien, diretor do Centro de Fotônica Quântica (PMQC, na sigla em inglês), Universidade de Bristol, Reino Unido; Jennifer Rupp, professora-assistente do Instituto Federal de Tecnologia (ETH), na Suíça; Kirk Bresniker, arquiteto-chefe do Hewlett-Packard Labs, Hewlett-Packard Enterprise, nos EUA; e Conselhos do Futuro Global do Fórum Econômico Mundial sobre o Futuro da Computação.

os de aplicações para os serviços de saúde e de simulação de processos físicos e químicos. As novas tecnologias de computação podem resolver alguns dos desafios mais difíceis que enfrentamos. No entanto, se não utilizarmos abordagens ágeis de governança para garantir o compartilhamento de seus benefícios e o gerenciamento de seus impactos na segurança, elas podem também conduzir a riscos.

5.1. Aumento do impacto democratizante da Lei de Moore

A Lei de Moore, nomeada em homenagem ao cofundador da Intel, Gordon Moore, baseia-se na observação de que o número de transistores por polegada quadrada havia duplicado aproximadamente a cada período de 18 meses a dois anos, desde meados da década de 1960. Isso significa que os computadores se tornaram menores e mais rápidos em uma taxa exponencial, reduzindo seus custos em torno de 30% ao ano.

Sem a Lei de Moore, nós não nos beneficiaríamos da computação móvel voltada ao consumidor, que conta com processadores e dispositivos de armazenamento muito pequenos. Também não teríamos os telefones celulares e, de acordo com a investigação do *Pew Research Center*, não sentiríamos o seu impacto – a saber, uma média global de 43% da população relatou possuir algum tipo de *smartphone*.[69-70] Nem os pesquisadores, empresários de tecnologia e empresas teriam acesso à incrível velocidade dos atuais computadores mais rápidos por um custo insignificante, fatores que estão por trás das inovações e dos aumentos da produtividade.

Entretanto, por mais impressionantes que as reduções de custo e os aumentos do desempenho tenham sido, precisamos que eles continuem nesse ritmo, ainda que a Lei de Moore se torne insustentável. Mais de 4 bilhões de pessoas ao redor do mundo não têm acesso à internet, mas, ainda assim,

---

69. "*Smartphone ownership rates skyrocket in many emerging economies, but digital divide remains.*" (Poushter, 2016).
70. Atualmente, o agregado familiar médio em uma economia avançada tem mais computadores que o mundo todo em 1950. De acordo com James Cortada, Kenneth Flamm contou o número de computadores digitais em todo o mundo em 1950 e encontrou cinco, dois nos Estados Unidos e três na Grã-Bretanha. O NPD Group, empresa de pesquisa de mercado, estimou, conservadoramente, que, incluindo os celulares, um lar americano médio tinha 5,7 computadores digitais em 2013. Hoje, com a rápida adoção dos *smartphones* e a introdução de microprocessadores em uma ampla variedade de dispositivos domésticos, de televisores a máquinas de lavar, é provável que o número tenha mais do que duplicado. Ver Cortada (1993) e Cockshott, Mackenzie e Michaelson (2010).

o uso das tecnologias digitais de informação é um poderoso motivador das oportunidades econômicas.[71] A manutenção da Lei de Moore representa um desafio. Há vários anos, os fabricantes de *chips* e cientistas de materiais estão preocupados com os atuais limites físicos que se apresentam à redução do tamanho dos transistores. O aumento da velocidade e a diminuição do consumo de energia (conhecida como Lei de Dennard) dos transistores já cessaram há quase uma década. Hoje, os transistores são menores que um vírus; 14 nanômetros (nm) é atualmente o menor padrão comercial. *Chips* menores (10 nm) entraram em produção em 2017, com planos para que uma fábrica da Intel produza modelos de 7 nm dentro dos próximos cinco anos. Para efeito de comparação, um cabelo humano tem 50.000 nm de diâmetro.

É possível que 5 nm represente o limite físico para o tamanho de um transistor de silício, em razão da interferência do tunelamento quântico – que permite que os elétrons transponham os materiais mais finos – e outras formas de fuga de correntes que podem danificar os *chips* ou torná-los altamente ineficientes. Conforme afirma o Roteiro Tecnológico Internacional para Semicondutores (*International Technology Roadmap for Semiconductors*, ou ITRS): "A indústria de semicondutores está ficando sem espaço horizontal".[72] O empilhamento vertical de transistores é uma solução, mas essa abordagem traz novos problemas – por exemplo, como regular o calor, prejudicial ao seu desempenho, produzido por *chips* mais densos. Novos materiais, no entanto, podem resolver o desafio da limitação de tamanho e possibilitar uma redução ainda maior dos transistores.

Pesquisadores em Berkeley criaram um transistor com um terminal de 1 nm de largura usando nanotubos de carbono e dissulfeto de molibdênio,[73] mas, mais cedo ou mais tarde, dobrar o número de transistores por polegada quadrada será fisicamente impossível. Mesmo antes que isso aconteça, esses resultados podem se tornar comercialmente impossíveis. A Lei de Rock, um complemento à Lei de Moore, prevê que o custo para fabricar *chips* novos e menores dobra a cada quatro anos, pois as máquinas devem ser cada vez mais precisas e com taxas de erro cada vez menores. Segundo Peter Denning e Ted Lewis, a Lei de Rock implica que o tamanho

---

71. Fórum Econômico Mundial e INSEAD, 2015.
72. ITRS 2.0, 2015.
73. Yang, 2016.

do mercado para cada nova geração de *chips* deve ser pelo menos duas vezes maior que o do mercado existente para que as novas unidades fabris sejam economicamente viáveis.[74] Recentemente, o padrão de duplicação de densidade aumentou de dois anos para cerca de 2,5 anos, por conta da necessidade de maior investimento combinada com as mudanças extremas na complexidade de fabricação dos *chips*.[75]

Para que o crescimento exponencial da capacidade de processamento continue, será necessário um foco mais amplo na melhoria dos sistemas, em vez de simplesmente reduzir os transistores. Em 2016, o Instituto dos Engenheiros Elétricos e Eletrônicos (*Institute of Electrical and Electronics Engineers*, IEEE) reconheceu a necessidade de uma nova abordagem: por anos eles têm orientado os investimentos em *chips* por meio da publicação de relatórios sobre a redução dos transistores; no futuro, eles mudarão o foco para desenvolver um "Roteiro Internacional para Dispositivos e Sistemas" (*International Roadmap for Devices and Systems*) com o objetivo de "criar uma nova 'Lei de Moore' para o desempenho dos computadores e para acelerar a colocação no mercado de novas tecnologias inovadoras de computação".[76] Novas maneiras de aumentar o desempenho e a eficiência estão sendo buscadas pelo uso de novos materiais, novas arquiteturas e uma abordagem de sistemas utilizada para a computação. Isso significa que mais pessoas e organizações poderão se beneficiar da computação ubíqua e de baixo custo.

Um caminho para continuar aumentando o desempenho é passar a utilizar processadores mais especializados, como nos primórdios da computação, quando os *chips* possuíam projetos personalizados para fins específicos. Desde a década de 1970, a computação digital tem sido dominada por microprocessadores padronizados, produzidos em massa, de uso geral e programados para quase qualquer finalidade.[77] No entanto, para as funções com uso intenso de dados em que a mesma operação é executada repetidamente, as unidades padronizadas de processamento central se tornam relativamente ineficientes. Hoje, o segundo microprocessador mais comum, após a unidade central de processamento (CPU), é a unidade de

---

74. Denning e Lewis, 2016.
75. Lapedus, 2016.
76. IEEE, 2016.
77. Mais notavelmente, com a introdução do Intel 4004, em 1970, e do modelo 8008, em 1974.

processamento gráfico (GPU), um circuito especializado em lidar com a exibição de informações na tela — uma tarefa intensiva de criação e atualização rápidas de imagens tridimensionais.

A crescente importância e aplicabilidade do aprendizado de máquina (*machine learning*) criou a demanda por novos tipos de arquiteturas personalizadas de computação. A Google, uma das maiores compradoras de *chips* do mundo, projetou um grande número de unidades de processamento de tensor (TPU), circuitos integrados de aplicação específica, projetados para algoritmos de aprendizado profundo (*deep learning*).

Ela afirma que sua unidade de processamento de tensor alimenta seu programa AlphaGo, que, em 2016, derrotou o campeão mundial de Go, Lee Sedol, em uma série de cinco jogos. Novas estruturas de memória e processamento estão levando a uma nova classe de microprocessador, conhecida como "aceleradores de IA", com arquiteturas otimizadas para operações realizadas pelas redes neurais artificiais no centro de muitas abordagens de aprendizagem automática.

Esses microprocessadores oferecem vantagens na velocidade, no custo e na eficiência energética necessários para as aplicações em larga escala dos algoritmos de IA.[78]

Os caminhos para o aumento da oferta e do desempenho são, no entanto, apenas uma das estratégias para gerenciar os problemas que estamos enfrentando. Não precisamos apenas de maior capacidade, maior velocidade de computação ou mais transistores; precisamos ser capazes de resolver as demandas que estão surgindo a partir da proliferação de dispositivos e de dados. Precisamos ser capazes de usar recursos de computação em situações e contextos que sejam significativos e em tempo real. Por exemplo, aplicativos de nuvem podem funcionar em todo o mundo em segundos, mas, para que a IA consiga trabalhar em conjunto com as pessoas e servir às grandes necessidades, como a segurança pública ou os sistemas de tráfego, as computações que envolvam *exabytes* de dados precisarão funcionar em velocidades que chegam aos milissegundos ou microssegundos. Os componentes críticos dos problemas que estamos tentando resolver não estão relacionados ao volume, mas à velocidade, à latência e à energia.

---

78. A memória reRam em particular pode ser usada como parte de um algoritmo de aprendizagem profunda, com a substituição da necessidade de armazenamento e transferência das redes neurais, prometendo avanços que vão além da computação binária.

Na extremidade mais radical, no entanto, os avanços na física e na ciência dos materiais estão produzindo não só processadores especializados e mais eficientes com base em computadores digitais, mas novas formas de computação, sendo que a mais promissora e disruptiva é a computação quântica.

5.2. Computação quântica – disruptiva na teoria, um desafio na realidade

Assim que construirmos modelos estáveis e potentes de computadores quânticos, esta tecnologia terá o potencial de ser um dos exemplos mais diruptivos das tecnologias da Quarta Revolução Industrial. Entretanto, ainda temos um bom caminho para percorrer. Os computadores quânticos repensam a computação ao tirar proveito das estranhas leis da mecânica quântica. Em vez de usarem transistores projetados em torno de unidades binárias que representam 1 ou 0 (*bit*), que os computadores clássicos usam para armazenar e executar operações, os computadores quânticos empregam *bits* quânticos, ou *qubits*. Ao contrário dos *bits*, que somente podem ter os valores 1 ou 0, os *qubits* existem em sobreposição e têm a probabilidade de estar em qualquer um dos estados até serem mensurados; isso lhes permite simular vários estados simultaneamente.

Outra propriedade estranha da matéria ao nível quântico é o entrelaçamento; isso significa que vários *qubits* podem se conectar e, assim, a mensuração do estado quântico de um *qubit* oferece informações sobre os outros. Desse modo, os computadores quânticos podem empregar algoritmos quânticos que criam atalhos probabilísticos, proporcionando respostas aceitáveis para tipos difíceis de problemas matemáticos que somente poderiam ser resolvidos por computadores digitais clássicos após uma quantidade excessiva de tempo. Um exemplo: encontrar os fatores primos de números grandes. Muitas técnicas atuais de criptografia só funcionam porque os computadores clássicos não conseguem realizar esse cálculo de forma rápida. Outros exemplos incluem a resolução de problemas de otimização com um número considerável de variáveis, útil para uma grande variedade de desafios logísticos e sobre eficiência operacional, ou para a busca em gigantescos bancos de dados não estruturados.[79]

---

79. Para problemas com números grandes, ou mais do que um punhado de variáveis, os melhores computadores clássicos de hoje precisam de mais tempo do que o tempo de existência do univer-

Os computadores quânticos também podem modelar outros sistemas quânticos, o comportamento dos átomos e outras partículas, por exemplo, com muito mais precisão e em condições não usuais, como as condições encontradas dentro do Grande Colisor de Hádrons (LHC). Utilizando a simulação quântica, os computadores quânticos conseguirão realizar facilmente os cálculos das interações moleculares, por exemplo, que são impossíveis de ser feitos pelos computadores clássicos. Esses cálculos são fundamentais para a criação de materiais ainda mais inteligentes, dispositivos de energia limpa e novos remédios. Assim que concretizada, portanto, a computação quântica alimentará muitos sistemas e tecnologias fundamentais da Quarta Revolução Industrial.

Há, no entanto, uma importante ressalva. Apesar de os computadores quânticos já existirem em teoria há mais de trinta anos – desde que foram propostos por Richard Feynman, em 1982 – seu potencial mais disruptivo é apenas uma conjectura, pois construir um computador quântico universal continua a ser extremamente difícil em termos de engenharia. A criação e a manutenção de *qubits* exigem sistemas estáveis sob condições extremas – por exemplo, manter a temperatura dos componentes muito próxima do zero absoluto.[80]

Os melhores computadores quânticos atuais têm poucos *qubits* (o computador quântico da IBM tem 5 *qubits*) ou poucas utilidades (como a abordagem de recozimento quântico – *quantum annealing* – do D-Wave), a maioria deles possui potência limitada ou o seu limite está nos tipos de problemas que conseguem resolver. Ainda assim, o progresso está ocorrendo de forma suficientemente rápida para demonstrar o potencial prático dos computadores quânticos. O aspecto teórico também continua a avançar, com novas ideias sendo propostas para algoritmos quânticos e dentro do campo emergente da aprendizagem automática quântica.

Quando os aspectos físicos da engenharia da computação quântica forem resolvidos, surgirão novos desafios, entre os quais os mais importantes serão os de confiança e segurança. Os atuais computadores clássicos precisariam de mais de 13 bilhões de anos para quebrar um código

---

so para encontrar uma resposta. Computadores quânticos podem utilizar a natureza probabilística da superposição para simular vários estados ao mesmo tempo, proporcionando assim um atalho para a melhor, ou aproximadamente melhor, resposta a um problema que, atualmente, é impossível de ser resolvido por computadores digitais.

80. Zero absoluto é a menor temperatura teoricamente possível, equivalente a -273,15°C.

de 2.048 bits com segurança garantida pelo protocolo *Transport Layer Security*, usado por nossos navegadores da web para se conectar às nossas contas bancárias ou de e-mail pela internet. Mas um computador com portas lógicas quânticas, utilizando o algoritmo do matemático Peter Shor, que foi desenvolvido em 1994, seria capaz de fazer esse tipo de cálculo de forma rápida o suficiente para tornar inúteis muitas abordagens atuais de criptografia.[81] Precisamos repensar os padrões usados atualmente para proteger nossas transações *on-line* e outros meios de manter as informações seguras. Isso exigiria que desenvolvêssemos ainda mais as atuais abordagens para evitar que os códigos sejam decifrados por computadores quânticos e buscar formas de aproveitar os efeitos quânticos para criar novos modelos de criptografia quântica.

É improvável que a computação quântica torne os computadores clássicos irrelevantes. A exploração dos efeitos quânticos oferece menos vantagens significativas para grande parte das necessidades de processamento do dia a dia do mundo do que em áreas especializadas da matemática e da química. Além disso, nossa compreensão atual sobre física ainda não nos permite imaginar que os computadores quânticos um dia serão mais baratos ou menores que os computadores clássicos. Mesmo com todo o seu potencial impacto transformador, é possível que o aproveitamento da estranheza dos efeitos quânticos seja mantido como uma área especializada e mais cara da computação, pelo menos até a Quinta Revolução Industrial.

5.3. Os impactos mais amplos dos computadores cada vez menores e mais rápidos

Conforme Mark Weiser escreveu em 1991, "as tecnologias mais profundas são aquelas que se tornam invisíveis. Elas se constroem no tecido da vida cotidiana até se tornar indistinguíveis dessa trama".[82] Pela marcha democratizante da Lei de Moore, os computadores digitais estão perdendo seu status de objetos discretos: os computadores, hoje, são muito mais do que apenas uma parte importante dos novos carros, aparelhos eletrônicos e da maioria dos aparelhos domésticos. Eles estão agora integrados

---

81. Peter Shor, professor de matemática no MIT, desenvolveu o algoritmo de Shor – um algoritmo quântico para fatorar de forma exponencialmente mais rápida que o melhor algoritmo atual que possa ser executado em um computador clássico.
82. Weiser, 1991.

aos produtos têxteis e ao vestuário e passaram a ser incorporados à infraestrutura que nos rodeia – as estradas, a iluminação de rua, as pontes e os edifícios.[83] Nós vivemos em um mundo construído por computadores. Graças aos novos sensores e algoritmos de aprendizado automático, podemos acessar os computadores por meio de canais inovadores. Os recursos de comando de voz e a linguagem natural nos libertam de telas e teclados. Sensores que capturam a linguagem corporal e os gestos das mãos e dos olhos permitem que os computadores leiam as intenções conscientes e inconscientes para controlar os computadores e outros dispositivos, como cadeiras de rodas e próteses. Em abril de 2017, o Facebook anunciou que uma equipe de 60 pesquisadores, incluindo especialistas em neuroprostética e aprendizado automático, está trabalhando para permitir que seus utilizadores ditem comandos ou mensagens a um computador usando somente o pensamento.[84] Essas técnicas recursivas para ter acesso a computadores oferecerão novas maneiras de trabalhar em multitarefa ou processar as informações do mundo à nossa volta.

Os computadores também estão se tornando fisicamente parte de nós. Dispositivos vestíveis externos, como os *smartwatches*, fones de ouvido inteligentes e óculos de realidade aumentada (RA) estão sendo substituídos por *microchips* implantáveis que ultrapassam a barreira da pele do nosso corpo, criando possibilidades intrigantes que variam de sistemas integrados de tratamento a oportunidades de aperfeiçoamento humano.

A computação biológica poderia, em breve, permitir que substituíssemos os *microchips* especializados por organismos feitos sob medida, um aspecto-chave de uma nova forma cultural de expressão e de consumo, chamada *biohacking*. Pesquisadores do MIT demonstraram que os sensores, interruptores de memória e circuitos podem ser codificados nas bactérias comuns do intestino humano, indicando que nossos biomas poderiam, por exemplo, ser propositadamente produzidos para detectar e tratar as doenças inflamatórias intestinais ou câncer de cólon.[85]

No entanto, esses benefícios potenciais possuem desafios e riscos. O aumento de possibilidades do fluxo bidirecional de informações entre nós e nosso ambiente realça o desafio da expansão contínua da largura de banda, bem como dos avanços em relação à tecnologia de compressão.

---

83. Ver, por exemplo, Frost Gorder, 2016.
84. Solon, 2017.
85. Knight, 2015.

As grandes quantidades de dados criadas em um mundo digitalmente orientado exigem novas abordagens que ofereçam um armazenamento de longo prazo para grandes volumes. O uso do DNA para armazenar informações é uma das soluções apresentadas. Em 2012, George Church, de Harvard, demonstrou a possibilidade de armazenar dados no DNA a um volume 100.000 vezes maior que o das melhores opções de memória *flash* disponíveis.

Além disso, o experimento se mostrou estável em várias faixas de temperatura: de acordo com Church, "é possível largá-lo em qualquer lugar, no deserto ou no seu quintal, e ele vai continuar ali pelos próximos 400.000 anos".[86]

Em alguns aspectos, particularmente sob condições extremas, a computação ubíqua poderia tornar o mundo mais frágil. Confiar em sistemas que exigem computadores sempre ligados aumenta o risco de que a falta de energia crie graves problemas. Pior ainda, quanto menor for nossa familiaridade com os sistemas manuais de emergência, mais negativas serão as consequências dessas crises. Há cada vez mais certeza de que a computação ubíqua também causará impactos sociais. Atualmente, os computadores menores e mais rápidos já mudaram o comportamento humano: a mera presença de um telefone celular em cima da mesa, por exemplo, significa que as pessoas estão menos propensas a ligar-se ao parceiro de conversação ou a lembrar-se dos detalhes de sua interação.[87] O uso das mídias sociais também está correlacionado ao declínio da empatia entre os jovens.

As externalidades ambientais se tornarão um problema maior à medida que as tecnologias da computação se disseminarem. Os centros de dados das economias desenvolvidas já representam cerca de 2% do uso da eletricidade. Nos Estados Unidos, esse consumo equivale a 70 bilhões de quilowatts-hora, mais do que a Áustria toda consome em um ano. À medida que os pesquisadores e as empresas desenvolvem os novos materiais que sustentarão as futuras ondas de inovação em computação, nós devemos, como administradores do planeta, nos comprometer com mecanismos de mercado que apoiem o aumento da sustentabilidade e da eficiência energética dos métodos de computação e do *hardware*. Conforme

---

86. Church armazenou 70 bilhões de cópias de um único livro dentro de *microchips* de DNA em uma densidade de 5,5 *petabits* por milímetro cúbico. Ver Cameron e Mowatt, 2012.
87. Conforme discutido em Schwab, 2016.

são desenvolvidos novos tipos de processadores, a sustentabilidade dos recursos deve ser um objetivo central.

Com a sustentabilidade em mente, é importante pensar nas limitações dos sistemas que estamos construindo atualmente. Embora "a nuvem" tenha menos de uma década de idade para a utilização ampla dos consumidores, a trajetória em direção a centros maiores e mais eficientes de dados centralizados, bem como as preocupações relativas à segurança e à privacidade, indica que precisamos pensar de forma mais criativa sobre como e onde armazenamos nossos dados e os custos associados a isso. Caso o uso importante de certos dados precise de avaliação e tomada de decisão em tempo real, a computação *mesh* (ou em malha) – computação distribuída por vários dispositivos em uma rede – pode se mostrar uma solução mais ágil. Enquanto os centros de dados são capazes de preservar os arquivos, a computação *mesh* pode levar as pesquisas analíticas (*analytics*) e a rápida tomada de decisão para mais perto da ação, sem incorrer em custos com o redimensionamento dos centros cada vez que os níveis de eficiência tiverem de ser aumentados.

Outro aspecto importante é a igualdade de acesso. A fronteira entre o desenvolvimento e a adoção da nova computação geralmente aparece nas economias desenvolvidas que possuem mercados consumidores ricos, abundante capital humano e a capacidade de elevar o investimento para o desenvolvimento tecnológico. No entanto, para garantir que a Quarta Revolução Industrial consiga beneficiar o maior número de pessoas possível, é necessário o desenvolvimento de tecnologias acessíveis de computação, bem como aquelas que funcionam bem em uma ampla gama de ambientes, incluindo lugares onde a energia é intermitente, as mudanças de temperatura são significativas e mesmo onde a radiação é uma ameaça.[88] Um exemplo é o *Raspberry Pi*, um computador de baixo custo e de alto desempenho projetado para tornar a computação mais relevante e acessível para as pessoas ao redor do mundo. Mais de 12 milhões de dispositivos já foram vendidos desde o seu lançamento, em 2012.[89]

---

88. Memórias magnéticas de acesso randômico via torque por transferência de *spin* (STT-MRAM) é uma tecnologia inovadora de memória que usa o *spin* do elétron em vez de transistores para o armazenamento de informações. Ela pode resistir à alta radiação, operar em condições extremas de temperatura e ser inviolável, tornando-a adequada para o espaço, o controle industrial e outras aplicações em ambientes severos. Airbus e BMW usaram essa memória.
89. Raspberry Pi Foundation, 2016.

Projetar computadores que podem ser usados em uma vasta gama de condições é apenas uma pequena parte do desafio maior, a saber, o estabelecimento da distribuição dos benefícios que fluem das novas tecnologias da computação. Os benefícios das tecnologias inovadoras tendem a ser acumulados por seus pioneiros. Para assegurar que as populações econômica, social e fisicamente vulneráveis possam acessar as novas ferramentas conforme elas forem surgindo, serão necessários esforços especiais. Devemos abordar esse aspecto para que essas populações possam compartilhar dos benefícios econômicos criados pelas novas tecnologias de uso geral. Não é apenas uma questão de justiça fiscal, mas também de política de concorrência e direitos do consumidor: o pioneirismo em relação aos avanços em tecnologias da computação poderá viabilizar que "superplataformas" exerçam um poder descomunal sobre suas cadeias de valor. Por exemplo, a capacidade de usar processadores especializados e acessar grandes quantidades de dados permite a discriminação de preços entre os consumidores e, em última análise, a retirada dos concorrentes desfavorecidos do mercado.[90]

Finalmente, conforme enfatizado no prefácio, a confiança nas instituições e na tecnologia está ameaçada. À medida que os computadores se tornam indistinguíveis na paisagem cotidiana de cada vez mais pessoas em todo o mundo, garantir essas abordagens e proteger a privacidade são vitais para a restauração da confiança entre cidadãos, governos e corporações.

CINCO IDEIAS-CHAVE

1. A Lei de Moore (a redução do tamanho e dos custos dos transistores) está próxima de seus limites físicos (dimensões atômicas), enquanto a Lei de Dennard (o aumento da velocidade e a diminuição do consumo de energia dos transistores) já não é mais válida. A ciência dos materiais está se esforçando para encontrar soluções, mas o simples processamento linear está próximo de seus limites físicos e precisará ser aumentado por novas formas de computação.

---

90. Ezrachi e Stucke, 2017.

2. Os grandes problemas enfrentados pelas necessidades computacionais vão além da capacidade de processamento (número de transistores); eles estão relacionados à velocidade, latência e energia, que exigem novas maneiras de pensar a computação – daí a atratividade das possíveis alternativas: computação quântica, fotônica e computação *mesh*.
3. A proliferação de computadores menores e mais rápidos sinaliza que os dispositivos estão saturando nossos ambientes urbanos, bens de consumo, casas e até mesmo o nosso corpo. Conectados à internet, esses dispositivos se tornarão parte de uma rede global (ver Capítulo 7: A internet das coisas).
4. Os centros de dados estão se tornando espaços centralizados para nossos dados e atualmente fornecem acesso a dados arquivados e à capacidade de processamento. No futuro, nossas necessidades por uma computação ágil poderão exigir uma computação distribuída que seja mais acessível localmente por meio de dispositivos que assegurem a relevância da velocidade e do tempo. Isso pode significar uma grande mudança sobre onde se encontra a capacidade computacional e como ela é utilizada.
5. O maior desafio para as novas tecnologias da computação é a manutenção de um olhar mais amplo sobre como elas impactarão nossas sociedades e comunidades. A acessibilidade, a inclusão e as preocupações sobre segurança, privacidade e autoridade precisarão ser tão analisadas quanto as próprias tecnologias.

CAPÍTULO 6
Blockchain e tecnologias de registros distribuídos*

> Satoshi Nakamoto, a pessoa ou pessoas que, em outubro de 2008, publicaram um artigo que detalhava os fundamentos da tecnologia dos registros distribuídos, talvez um dia se torne um nome familiar; e sua fama talvez ultrapasse o mundo dos entendidos em tecnologia. Sua publicação anônima sobre uma tecnologia de pagamento profundamente transformadora baseada no blockchain, *uma combinação inovadora entre matemática, criptografia, ciência da computação e teoria dos jogos, foi o primeiro passo para a ascensão das moedas digitais e para a criação de todos os novos sistemas de armazenamento e troca de valores tanto em nossa economia digital quanto na economia real.*[91]
>
> *Na década de 2030, versões das tecnologias de registros distribuídos ou "blockchains" poderão mudar tudo, desde transações financeiras* on-line *até a forma como votamos e como dizemos onde os bens são produzidos. Imagine o impacto de quase 10% do PIB mundial armazenado e negociado em moedas que não pertencem a nenhum dos Estados-Nação ou, ainda, a cobrança automatizada, transparente e em tempo real de impostos em todos os níveis da economia. A implementação generalizada da tecnologia do blockchain poderia muito bem ser um ponto de mudança da história, mas a tecnologia em si e a capacidade das*

---

*. Escrito em colaboração com Jesse McWaters, Liderança de Projeto, Inovação Disruptiva em Serviços Financeiros, do Fórum Econômico Mundial; Carsten Stöcker, promotor da inovação na Machine Economy e diretor da Lighthouse, innogy SE, na Alemanha; Burkhard Blechschmidt, diretor do CIO Advisory, Cognizant, na Alemanha; e o Conselho do Futuro Global sobre o Futuro do *Blockchain*.

91. *Blockchain* se refere a registros distribuídos e contratos inteligentes protegidos por criptografia, bem como a uma variedade de tecnologias da internet mais descentralizada e criptografada.

organizações para adotá-la estão em seus estágios iniciais. Os desentendimentos sobre a estrutura das redes de blockchain, o fato de que as transações podem ir contra as regulamentações de transmissão de dados nacionais e muitas outras questões se interpõem no caminho da realização de seus benefícios. A governança coletiva, o engajamento das partes interessadas e a resolução de uma série de desafios "off-line" de coordenação são as principais prioridades para que essa tecnologia revolucionária concretize seu potencial de redefinição tanto das transações quanto da confiança.

6.1. Uma arquitetura de confiança

Conforme indica a frase "tecnologias de registros distribuídos", no coração da tecnologia do *blockchain* está a capacidade de criar e trocar registros digitais exclusivos sem a necessidade da existência de uma parte confiável e centralizada. Ao utilizar uma combinação inteligente entre criptografia e redes ponto a ponto (P2P), a tecnologia garante que as informações armazenadas e compartilhadas entre um grupo de pessoas são precisas e transparentes – somando-se a várias outras vantagens, como a capacidade de visualizar os estados anteriores de um registro e a oportunidade de criar registros programáveis – chamados "contratos inteligentes".

Isso é revolucionário por quatro motivos. Primeiro, porque a tecnologia do *blockchain* ajuda a superar a faca de dois gumes da economia digital – o fato de que os objetos digitais podem ser copiados de forma exata e transmitidos quase sem custo marginal simultaneamente para várias pessoas. Isso é valioso para a partilha de informação, mas é problemático quando se está transmitindo algo de valor único ou de proveniência garantida – seja uma unidade da moeda digital, um documento que contenha informações indispensáveis ou talvez uma obra de arte em um contexto em que saber quem detém o original é importante. Os *blockchains* permitem a criação e a transferência de objetos digitais verificados como exclusivos sem o risco da existência de cópias falsas ou da ocorrência de duplo envio, criando o que tem sido chamado de "a internet do valor".[92]

O segundo aspecto revolucionário é que as tecnologias de registros distribuídos garantem transparência, verificação e "imutabilidade" sem a

---

[92] Tapscott, 2016, p. 24.

necessidade de precisar confiar em uma terceira parte única e centralizada. Isso é importante porque há muitas situações em que é extremamente difícil confiar nela, estar de acordo com ela ou arranjá-la, para realizar o registro dos detalhes das transações ou assegurar a origem ou a posse de um bem valioso.

O terceiro atributo importante é que os registros distribuídos permitem ações programáveis – transações que podem ser executadas (e então rastreadas e verificadas) sem a intervenção humana. Essa capacidade vai muito além da negociação algorítmica de ações ou das transferências *on-line* automatizadas. Os contratos inteligentes de um *blockchain* podem ser projetados para transferir quaisquer informações ou bens sob qualquer conjunto específico de circunstâncias, desde um contrato de seguro que paga quando os níveis de precipitação excedem certo valor até a distribuição automática de *royalties* ou prêmios para diferentes partes por seus diferentes tipos de trabalho em um projeto. É importante esclarecer que o código que executa o contrato inteligente está armazenado no *blockchain*, está disponível para inspeção e funciona para todos sem atrasos.

O quarto motivo é que os registros digitais podem ser inclusivos por design. Por natureza, as transações do *blockchain* são simultaneamente transparentes, seguras e rastreáveis. Se desejado, podem também ser anônimas. Pelo menos para o usuário, fazer uma transação requer pouca largura de banda e apenas um *software* básico, armazenamento e conectividade. Isso significa que os indivíduos e os pequenos contribuintes que normalmente seriam excluídos dos mercados podem se tornar *players* do mercado, como produtores, acionistas, beneficiários ou consumidores de qualquer bem capaz de ser rastreado e negociado em formato digital.[93]

Por essas características, o *blockchain* oferece ao mundo uma oportunidade sem precedentes de distribuir os frutos da atividade econômica com menor risco de captura ou da imposição de custos ocultos originados de intermediários centralizados, monopolistas ou *rent-seeking*. A utilização de registros distribuídos poderia permitir que os indivíduos recuperassem um

---

93. É fácil supor que os custos de transação são próximos de zero em um sistema distribuído porque não há necessidade de um intermediário centralizado. Na realidade, os custos de transação dependem da maneira como o *blockchain* é verificado e podem ser muito maiores do que os de um serviço centralizado. Em 11 de junho de 2017, os custos de transação mais rápidos e baratos do *bitcoin* totalizaram US$ 2,61 para o tamanho médio de transação de meros 226 bytes. Nesse nível de custos de transação, o *bitcoin* não é adequado para as microtransações (Bitcoin Fees, 2017).

pouco do valor criado por seus dados pessoais, ou pelo menos garantir maior transparência e segurança em um mundo onde os dados das pessoas são ao mesmo tempo um bem significativo e um risco potencial.

6.2. Navegando pelo oeste selvagem do *blockchain*

Primavera De Filippi, professora associada do Centro Berkman para a Internet e a Sociedade, nos EUA, compara a atual forma do *blockchain* à internet do início de 1990, quando tecnólogos e empresas não tinham nenhuma ideia de seu potencial e valor, ou qualquer entendimento de suas muitas utilidades. Para De Filippi, o papel mais transformador do *blockchain* é seu uso como uma ferramenta contra a exploração, com a capacidade de influenciar um novo contrato social, adaptado às sociedades e economias cada vez mais dependentes e envoltas por tecnologia.

No entanto, apesar de suas vantagens e da propaganda exagerada que cerca o valor das criptomoedas, o *blockchain* não é nem uma panaceia, nem algo desprovido de problemas significativos. Alguns desses problemas podem ser vistos nas experiências com o *bitcoin*, a maior criptomoeda e a primeira e mais famosa utilização do *blockchain*. Assim como o *bitcoin* cresce e aumenta suas dimensões, o mesmo acontece com as demandas da rede, o que tem levado a desacordos entre os participantes para saber se mudam alguns aspectos do *blockchain* do *bitcoin* (como o tamanho do "bloco" padrão) para aumentar a eficiência das operações. Sem nenhuma forma de governo central, a cadeia sequencial de *bitcoin* poderia se bifurcar – com diferentes grupos de participantes adotando caminhos alternativos, dependendo de seus interesses.

A criação de um *blockchain* requer a superação de importantes desafios de coordenação. Conforme apontado por Behlendorf, um *blockchain* funcional ainda requer um grupo inicial de diversas partes interessadas que acreditem que seus interesses estão mais bem servidos por registros distribuídos do que por outra alternativa, incluindo a de não realizar nenhuma transação.[94] Isso significa concordar com um grande número de abordagens técnicas e comprometer recursos com o objetivo de passar a usar uma nova tecnologia e uma nova forma de trabalhar.

---

94. Entrevista do Fórum Econômico Mundial com Brian Behlendorf, por telefone, em 26 de maio de 2017.

Em que momento os *blockchains* são úteis?

De acordo com Brian Behlendorf, diretor executivo do projeto Hyperledger, os registros distribuídos poderiam ser particularmente úteis quando:
- Houver demanda ou potencial não satisfeito para a ocorrência de uma transação entre duas ou mais partes;
- A realização desse tipo de operação for ineficiente ou impossível, talvez porque:
  - Muitas partes diferentes não conseguem concordar com uma terceira nem ter confiança nela para que aja como intermediária eficiente e centralizada na negociação;
  - O monopólio, a busca de renda (*rent-seeking*), a corrupção, a falta de transparência ou a ineficiência institucional fazem com que os custos de transação sejam significativos e/ou a incerteza esteja distribuída por todo o sistema;
  - Indivíduos ou grupos são excluídos de uma plataforma existente por causa do custo de verificação ou de gerenciamento de sua participação;
  - O ativo que está sendo transacionado pode ser facilmente forjado ou duplicado, de tal forma que os participantes não confiem uns nos outros em relação a trapaças;

Construir um sistema funcional de *blockchain* para usos específicos não é simples. Antes de indivíduos ou organizações começarem a realizar transações por meio de registros distribuídos, os potenciais participantes devem concordar com uma série de questões, incluindo, mas não se limitando a:
- Os parâmetros do valor – qual é a unidade de valor utilizada nos registros?
- A arquitetura técnica – um *blockchain* privado está pegando carona em um *blockchain* público? Por quais meios o registro valida as transações de forma segura? Como e com qual taxa os novos *tokens* de valor são gerados?
- Como os participantes validam as "condições iniciais" do *blockchain*?

> – Quando as transações digitais se referem a objetos físicos, como esses objetos são identificados, rotulados e conectados aos *tokens* digitais com segurança?

O problema de coordenação é agravado em cenários em que os registros distribuídos passam a ser amplamente adotados; naturalmente seria desejável que os *blockchains* fossem interoperáveis por todas as redes, então seria possível ligar as transações em criptomoeda de uma rede de carbono aos registros de transações florestais. Mas isso exigiria a existência de padrões entre várias plataformas – normas que não existem atualmente.

Os registros distribuídos também podem ter externalidades ambientais. A maneira mais comum de um *blockchain* alcançar seu objetivo de imutabilidade é conhecida como "prova de trabalho", que ocorre quando os participantes da rede competem; em troca da possibilidade de uma recompensa, eles gastam grandes quantidades de esforço computacional e, portanto, eletricidade, para validar com segurança as transações. Por esse modelo – que é empregado tanto pelo *bitcoin* quanto pelas criptomoedas Ethereum –[*], um número maior de transações necessita de maior quantidade de energia elétrica para que elas possam ser verificadas; assim, maior será seu impacto ambiental – esse é outro exemplo de um custo de transação nem tão oculto assim em uma tecnologia da Quarta Revolução Industrial.[95]

Há também o fato de que as redes seguras, anônimas, e programáveis poderiam reduzir o custo da atividade criminosa. Os mesmos protocolos que permitem que os contratos inteligentes protejam os interesses dos indivíduos por meio da criptografia também permitem que grupos realizem atividades ilícitas, como o comércio ilegal de drogas, o tráfico humano, fraudes e muito mais.[96] Outra questão é a acessibilidade da tecnologia em

---

[*]. *Ethereum* é uma plataforma de *software* aberto (*open source*) onde são desenvolvidas as aplicações de tecnologia *blockchain*. Assim, o *bitcoin* é um exemplo de criptomoeda, e criptomoeda é um exemplo de uma aplicação em tecnologia *blockchain* desenvolvida sobre o *Ethereum*. (N.R.T.)

95. Um modelo alternativo é a "prova de participação" (*proof-of-stake*), um modelo que a *blockchain* Ethereum pretende adotar no futuro. A prova de participação não se baseia em mineradores gastando grandes quantidades de energia para adicionar informações de forma segura à cadeia (*chain*). Em vez disso, ela distribui a criação de um bloco probabilisticamente entre "validadores", enquanto constrói penalidades para qualquer um que tente trapacear ou falsificar os blocos.

96. É interessante notar que a imutabilidade dos registros distribuídos sugere que o uso criminoso deles pode fornecer às autoridades formas adicionais para monitorar e recolher provas para a acusação penal. O caso do FBI contra Ross Ulbricht (sentenciado à prisão perpétua por seu site Silk Road, que reunia vendedores e compradores de produtos e serviços ilegais) recebeu o auxílio dos

si. Enquanto as "carteiras" de *bitcoin* estão ficando mais fáceis de ser acessadas e utilizadas, existem poucos incentivos em massa ou generalizados para que indivíduos e organizações aceitem os custos de transição para as plataformas capazes de utilizar o *blockchain*. A falta de uma grande quantidade de plataformas e aplicativos intuitivos – embora eles não estejam longe de surgir – é outra barreira.

Uma tecnologia de confiança

Historicamente, a confiança era acrescentada aos produtos ou transações conforme eles caminhavam pela cadeia de valor de sua fabricação. Registros físicos ou eletrônicos rastreavam todos os objetos para provar sua origem, seu destino, quantidade e história.

A produção, o rastreamento e a verificação de todas essas informações impõem um enorme ônus, tributando tempo e esforço dos bancos, contadores, advogados, auditores e inspetores de qualidade. Informações importantes – inacessíveis ou até mesmo intencionalmente ocultas – podem ser perdidas.

Com o desenrolar da Quarta Revolução Industrial, o *blockchain* (tornando nebulosa a fronteira entre os mundos físico e digital) surge para permitir que as memórias dos produtos digitais sigam os objetos físicos e os orientem por toda a cadeia de valor. Quando combinado com rótulos criptograficamente seguros, o *blockchain* criará identificações (IDs) verdadeiramente únicas e registros imutáveis, facilitando e tornando menos dispendiosas as transações verificáveis entre fornecedores e clientes.

A "confiança distribuída" do *blockchain* permitirá a criação de novos modelos comerciais de manufatura, tais como:
– Mercados seguros para que os designers publiquem seu trabalho, e sejam pagos por ele, sob a forma de arquivos protegidos que contenham os projetos de fabricação;
– Mercados de memórias de produtos digitais, permitindo que os fabricantes reduzam o custo de controle de qualidade, conformidade normativa, garantia ou *recall*;

---

registros públicos do *blockchain*, US$ 18 milhões em transações com *bitcoin* que foram rastreados até seu *laptop* (Greenberg, 2016).

- Serviços de dados usando *blockchains* para vender ideias orientadas a dados em áreas como design de produtos, *marketing*, orquestração da cadeia de valor ou manufatura;
- Empresas sem bens que dependem da fabricação realizada por terceiros poderão realizar a verificação do trabalho deles por meio de dados (arquivados em *blockchains*) transparentes e confiáveis relativos à cadeia de valor.

Neste novo mundo, os potenciais vencedores serão:
- Provedores de produtos e serviços em áreas geográficas com leis gerais e de propriedade intelectual fracas, pois os *blockchains* facilitam a proteção de seus dados e transações financeiras, mesmo na ausência de instituições governamentais fortes;
- Designers de produtos menores, fornecedores de matérias-primas e prestadores de serviços que, em outros cenários, pagariam muito caro ou levariam muito tempo para garantir a confiança de contrapartes maiores e geograficamente dispersas;
- Agregadores e vendedores de dados protegidos por *blockchain* de fabricação ou operações que podem ajudar a maximizar o valor dos produtos produzidos dentro das cadeias de valor do *blockchain*;
- Prestadores de serviços (por *blockchain*) para fábricas descentralizadas e autônomas; esses serviços podem incluir a manufatura, fabricação e transporte de robôs;
- Microfabricantes especializados em produtos de valor elevado fabricados sob encomenda (*make-to-order*);

Entre os possíveis perdedores estariam:
- Qualquer *player* da cadeia de valor com maiores custos ocultos e ineficiências ou qualidade inferior, cujos pesados e opacos mecanismos tradicionais de confiança possam ser substituídos pelo *blockchain*;
- Intermediários de provedores de serviços de internet (BSPs) que fornecem serviços de "correspondência" ou de "mercado", como agregadores de comércio eletrônico;

- Trabalhadores menos qualificados, tanto os da linha de montagem quanto auxiliares de escritório, conforme o *blockchain* e as novas tecnologias – por exemplo, a impressão 3D e a robótica avançada – automatizam a montagem e o rastreamento de rotina de produtos e contratos;
- Trabalhadores mais bem qualificados – como gerentes de vendas, contabilistas, gestores de garantias e advogados –, conforme a tecnologia do *blockchain* automatiza os complexos processos de negociação, acompanhamento e verificação;
- Instituições financeiras, de auditoria e afins, conforme os pagamentos, a gestão de riscos e a garantia da qualidade mudam para o *blockchain*;

Como consequência, a interseção entre a confiança distribuída do *blockchain* e uma variedade de tecnologias da Quarta Revolução Industrial causará transformações radicais a ecossistemas inteiros.

Com a tecnologia ainda em evolução, os usuários pioneiros do *blockchain* enfrentam desafios em áreas como a integração de sistemas, *cases* de negócios, normas e conformidade regulatória. Muitos estão desenvolvendo parcerias intersetoriais e construindo ecossistemas, demonstrando "liderança aplicada em ecossistemas" para informar a inovação econômica e de baixo risco.

Em razão da natureza permanente e transparente dos registros do *blockchain*, eles seriam adequados para a criação de identidades digitais seguras que poderiam revolucionar tudo, desde os registros de saúde, até a forma de votação e os serviços públicos. Entretanto, segundo Catherine Mulligan, co-diretora do Centro de Pesquisa de Criptomoedas e Engenharia (Centre for Cryptocurrency Research and Engineering) do Imperial College de Londres, deveríamos fazer uma pausa para pensar nos *riscos* antes de entrarmos de cabeça nessa tecnologia: as informações contidas em um livro inegável de registros podem ser bastante mal e indevidamente utilizadas por um governo malévolo com acesso às chaves privadas.[97]

---

97. Entrevista do Fórum Econômico Mundial com Catherine Mulligan, por telefone, em 9 de junho de 2017.

Talvez mais desafiador, conceitualmente, seja a perda da autoridade central. Esse desafio é mais do que institucional. É profundamente psicológico e está conectado aos sistemas da ordem humana. Descentralizar a confiança, com a dependência de um complexo conjunto de algoritmos, é tão radical quanto deixar de lado a dedução humana como a fonte definitiva de conhecimento e substituí-la pela dependência dos instrumentos científicos modernos. Demorou séculos para que as sociedades se adaptassem a esses últimos, embora os incentivos econômicos possam catalisar o uso dos algoritmos. Em última análise, com o *blockchain*, a confiança passará das mãos de políticos e indivíduos, instituições reconhecíveis, para as de matemáticos e da infraestrutura. Isso gera desafios existenciais, políticos e tecnológicos.

6.3. Uma tecnologia construída para mais do que apenas negócios

Os países africanos produtores de diamantes se reuniram em Kimberley, na África do Sul, em maio de 2000 para impedir a proliferação dos diamantes de sangue.

Eles atingiram seu objetivo por meio de extensos acordos e pela implementação de políticas rígidas e certificações dos membros participantes, exigindo que as nações estabelecessem leis e instituições para oferecer auxílio ao processo. Em 2015, no entanto, a Everledger, uma *startup* com base em Londres, foi fundada com a ideia de apoiar o processo de Kimberley, lutando contra a fraude na cadeia de valor dos diamantes por meio de uma combinação de sistema computacional de visão e *blockchain*.

Alguns dos usos mais revolucionários e valiosos do *blockchain* estão no mundo físico. Seu potencial para resolver todas as questões de acompanhamento da cadeia de valor, desde peixes em risco de extinção até a arte erudita, faz com que a utilização dos registros distribuídos pareça muito atraente. Por exemplo, o *blockchain* poderia potencialmente destruir o mercado global de falsificação, estimado em um total de 2,5% do comércio mundial.[98] Associar objetos físicos a um registro digital resolve o último problema, isto é, a rotulagem segura. As combinações inovadoras do sistema computacional de visão, da biometria, da impressão em 3D e

---

98. OECD e EUIPO, 2016.

da nanotecnologia prometem opções de rotulagem e rastreamento, isto é, uma cadeia de valor segura e transparente que pode estar ao nosso alcance, particularmente para as indústrias de mercadorias de alto valor.

Enquanto o *blockchain* dá pequenos passos no mundo físico, ele está dando passos largos em seu hábitat digital nativo. Como base para o *bitcoin* e outras criptomoedas, o *blockchain* habilitou bilhões de dólares em moeda e câmbio, embora não sem alguns ajustes de seu valor volátil. Em junho de 2017, haviam ocorrido mais de US$ 700 bilhões em transações por meio do *bitcoin* usado com o *blockchain*. As aplicações do *blockchain* têm um grande mercado no setor financeiro, com muitas perspectivas de aplicações rentáveis, bem como a oportunidade de ampliar a inclusão financeira, oferecendo às pessoas acesso aos mercados financeiros e serviços sem a necessidade de um banco. Nesse setor, os recentes problemas enfrentados na aplicação a bens físicos limitam-se à usabilidade e à acessibilidade de aplicativos e clientes, bem como à estabilidade das próprias plataformas.

Grande parte do impacto do *blockchain* surgirá da capacidade combinatória da Quarta Revolução Industrial. Conforme sugerido pela anterior discussão sobre a cadeia de valor, a combinação do *blockchain* com a internet das coisas (IoT) possui perspectivas animadoras. Os mercados estão sendo projetados com serviços de ponta a ponta (*end-to-end*) completamente garantidos por meio do *blockchain*, desde a prova de viabilidade da produção e acordos contratuais até a transferências de arquivos e financiamentos comerciais. Isso está ocorrendo com todos os *players* e consórcios associados. Com serviços como esses e com os preços dos componentes de verificação do mundo real (câmeras, impressoras, leitores de sensores etc.) caindo constantemente, podemos ver a existência desses mercados em um futuro próximo.

Enquanto as criptomoedas, fundos, câmbios e gerenciamento de ativos continuam sendo uma parte significativa dos *players* no ecossistema dos registros distribuídos, tem ocorrido bastante atividade na gestão de identidades, assuntos de governo e tecnologia jurídica, energia, logística e até mesmo *tokens* que recompensam fluxos de atenção para fins publicitários.[99]

Para a maioria das empresas, os impactos do *blockchain* são desejáveis: acesso a novos mercados, transações seguras e programáveis e menos

---

99. Ruppert, 2016.

atenção a tarefas rotineiras de supervisão e auditoria. Para a sociedade, os resultados são heterogêneos. Como disse Peter Smith, CEO da Blockchain, nos EUA, "O *blockchain* pode beneficiar indivíduos, oferecendo-lhes formas colaborativas mais seguras para a geração e transferência de valor. Mas implementá-lo em todas as indústrias pode levar à perda de milhões de postos de trabalho, pois os intermediários que hoje se posicionam entre as transações se tornarão obsoletos".[100] Em uma economia dinâmica, o benefício líquido poderá obviamente ser positivo: o *blockchain* poderia desencadear um mundo de microtransações e oportunidades para criar valor que mais do que compensariam a perda dos intermediários. Além disso, em um futuro no qual uma quantidade crescente de trabalho é realizada por robôs e algoritmos, os registros distribuídos poderiam se tornar a base para que os sistemas de proteção social fossem radicalmente revistos.

Dado o impacto potencial da tecnologia do *blockchain*, a pesagem dos *trade-offs* e a determinação da ação reguladora devem ser um assunto para o diálogo multilateral. Enquanto a tecnologia ainda é jovem e o mercado relativamente pequeno, a regulamentação pesada ou prematura pode atrapalhar seu potencial. No entanto, vários riscos e desafios precisam ser abordados. Essas questões críticas serão provavelmente temas para os próximos anos:

– Existe uma significante ambiguidade jurídica em relação às transações com base no *blockchain*, particularmente na estrutura de responsabilidades e nos mecanismos de recursos em caso de conflitos e problemas inesperados, como interrupções dos serviços, ou ações não intencionais, como transações com erro de digitação;[101]
– A implantação de uma nova infraestrutura com base no *blockchain* exigirá estruturas eficazes de governança. Os aplicativos para fins financeiros, economia real e fins humanitários destacarão diferentes preocupações sobre a implementação da tecnologia. A substituição da infraestrutura de dados exigirá que os reguladores passem a considerar a maneira como a adoção do *blockchain* impactará os riscos

---

100. Entrevista do Fórum Econômico Mundial com Peter Smith em Londres, em 27 de setembro de 2016.
101. Um erro de dedo gordo (*fat-finger*) é um erro de entrada via teclado decorrente de uma digitação desajeitada ou incorreta que ocorre quando o dedo bate na tecla errada ou em duas teclas ao mesmo tempo. O erro de entrada também inclui a colocação de ordens de compra ou venda no mercado financeiro pelo preço errado ou pela ação incorreta.

atuais e, também, a pensar sobre as consequências não intencionais de seu regulamento em todo o sistema;
- Ainda não existem padrões que facilitem a interoperabilidade técnica e de dados entre as várias tecnologias ou implementações de *blockchain*. Se isso não for corrigido, o risco continuará sendo a incapacidade do *blockchain* de cumprir sua promessa de substituição dos silos de dados e melhora da eficiência operacional;
- Para aplicativos no mundo físico, os problemas mais recentes exigem soluções complicadas para viabilizar a verificação de bens e serviços. Isso estimula a intrusão e a corrupção, neutralizando a finalidade do uso do *blockchain* para a verificação da cadeia de valor. Líderes do setor, com o apoio local e de reguladores, podem ajudar a encontrar soluções para esses desafios únicos e contextuais;
- A regulamentação nacional dos dados pode entrar em conflito com a necessária transmissão de dados que é parte do processo do *blockchain*. Esses dados poderiam afetar os pagamentos ou os dados não financeiros, tais como as diversas informações relacionadas aos negócios ou informações pessoais restritas, como dados de saúde. A identificação dessas áreas e o trabalho para encontrar soluções adequadas serão um desafio, dada a natureza descentralizadora do *blockchain*.

CINCO IDEIAS-CHAVE

1. A tecnologia do *blockchain* é uma forma de contabilidade digital e partilhada que torna possível compartilhar registros digitais e informações de forma segura e com a confiabilidade da não existência de várias cópias desses registros exclusivos, preservando assim o valor do objeto digital ou das informações.
2. A tecnologia do *blockchain* é uma força descentralizadora, porque nenhuma autoridade central é responsável pela manutenção do sistema. Em vez disso, incentivos colaborativos exigem que as diversas partes ajam de boa-fé e tornem matematicamente improvável que o sistema seja *hackeado*.

3. A tecnologia do *blockchain* é útil para a criação de criptomoedas, identidades digitais, rastreamento de objetos físicos com o uso de criptografia e identificadores digitais e outras áreas em que a origem dos objetos físicos ou virtuais precisa ser autenticada. A possibilidade de verificação desses bens permite formas completamente novas de nos relacionarmos com os dados que criamos como usuários de dispositivos, serviços e aplicativos digitais.
4. As tecnologias do *blockchain* podem ajudar a distribuir benefícios para aqueles que são tradicionalmente excluídos das recompensas econômicas, como os indivíduos e pequenos grupos que precisariam criar consórcios para conseguir participar de processos comerciais maiores.
5. Alguns obstáculos que precisam ser superados são as ambiguidades legais, a infraestrutura relacionada ao *blockchain*, a falta de normas, problemas recentes para os bens físicos e problemas relacionados à regulamentação de dados nacionais e transnacionais. Por exemplo, as criptomoedas ainda estão em seus estágios iniciais e há externalidades não resolvidas, como seu impacto ambiental, sua utilização por organizações criminosas e a resolução de litígios em geral.

CAPÍTULO 7
A internet das coisas*

Na próxima década, mais de 80 bilhões de dispositivos conectados ao redor do mundo estarão em constante comunicação com as pessoas e uns com os outros. Essa vasta rede de interações, análises e resultados remodelará a forma como os objetos são produzidos, preverá nossas necessidades e fornecerá novas perspectivas sobre o mundo. Ao mesmo tempo, os registros distribuídos desafiarão nossa forma de criar, mensurar e distribuir dados e valor. Graças à onipresença dos sensores, o mundo também sofrerá outras transformações. Os supermercados, por exemplo, não mais terão caixas e os restaurantes de fast-food *terão menos da metade dos funcionários que tinham dez anos antes. À medida que os modelos de negócios aproveitam a internet das coisas (IoT) para otimizar suas operações e criar uma "economia de atração" (*pull economy*), o mundo que nos rodeia preverá nossas necessidades pela análise de nossos padrões de comportamento. Nesse futuro, nos tornaremos mais conscientes do valor dos nossos dados e mais preocupados com nossa segurança digital; os fluxos de dados se tornarão imensos e as ameaças à segurança cibernética serão manchetes diárias.*

Ainda assim, há muito potencial para o bem. A IoT está ajudando a controlar os níveis de água nos países em desenvolvimento e pode dar vida a tecnologias médicas por satélite em áreas remotas. O crime público talvez diminua por conta da convergência de sensores, câmeras, IA e softwares *de reconhecimento facial. A confiança nos sistemas tecnológicos talvez aumente à proporção que a IoT ajuda a democratizar e centralizar a produção econômica, proporcionando novas e criativas oportunidades a muitas pessoas ao redor do globo. No entanto, para fornecer o valor esperado para a sociedade e a indústria, a IoT tem de lidar com a falta*

---

*. Escrito em colaboração com Derek O'Halloran, codiretor de Economia Digital e Sociedade, Fórum Econômico Mundial; e Richard Soley, presidente e CEO do Object Management Group, nos EUA.

de protocolos de segurança, com limites da largura de banda, obstáculos relativos à aceitação cultural e à falta de acordos sobre como analisar o valor dos dados e as oportunidades de colaboração. Isso está longe de ser um fato consumado. Precisaremos de um esforço coletivo e de governança cooperativa para que esses investimentos ofereçam retorno.

7.1. Envolvendo o mundo

A IoT é um elemento central da infraestrutura da Quarta Revolução Industrial. Trata de uma gama de sensores inteligentes conectados que coletam, processam e transformam os dados de acordo com a necessidade; os dados são, então, enviados para outros dispositivos ou indivíduos para atender aos objetivos de um sistema ou usuário. A IHS, uma empresa londrina de análise de dados (*analytics*) do mercado, prevê que o número de dispositivos com IoT cresça de estimados 15,4 bilhões de dispositivos, em 2015, para 75,4 bilhões, em 2025.[102] Esse aumento de cinco vezes acionará uma conectividade mais profunda em todas as áreas da vida, interligará as economias globais de maneiras inovadoras e provavelmente abrangerá uma florescente economia de máquina para máquina.

Os impactos serão grandes e sujeitarão as indústrias de serviços e manufaturas atuais ao mesmo tipo de agitação sofrido pela indústria da mídia entre 1995 e 2015. Princípios de jurisdição e leis complexas de tráfego de dados precisam ser resolvidos para que seja possível, como objetivo final, liberar grandes quantidades de valor, acumulados primeiro nas fábricas e no setor manufatureiro, onde a eficiência operacional é uma solução rápida e compreendida e onde é significativo o potencial para a melhor utilização e produtividade dos bens. Estima-se que o valor dessas mudanças represente até 11% da economia mundial.[103] Um trabalho realizado pelo Fórum Econômico Mundial e pela Accenture revela que a maior parte desse valor será gerada por meio de aplicativos industriais, tornando mínima a participação do consumidor nos negócios e impactos socioeconômicos; é possível que até US$ 14 trilhões sejam adicionados à economia global em 2030, a partir da promoção de 12 dos 17 Objetivos de Desenvolvimento Sustentável da ONU (Figura 11).[104]

---

102. Columbus, 2016.
103. McKinsey Global Institute, 2015a.
104. Fórum Econômico Mundial e Accenture, 2016.

CAPÍTULO 7 – A INTERNET DAS COISAS | 149

Figura 11: A internet das coisas oferece um impacto econômico potencial de US$ 4 trilhões a US$ 11 trilhões por ano em 2025

Nove configurações nas quais o valor pode aumentar	Dimensão em 2025 ($ trilhões)*
Fábricas Ex.: gestão de operações, manutenção preditiva	1,2-3,7
Cidades Ex.: segurança e saúde, controle de tráfego, recursos de gestão pública	0,9-1,7
Humana Ex.: monitoramento e gerenciamento de doenças, melhoria do bem-estar	0,2-1,6
Varejo Ex.: saída automática, otimização do *layout*, gestão de relacionamento inteligente com clientes	0,4-1,2
Lado de fora Ex.: roteamento logístico, veículos autônomos, navegação	0,6-0,9
Locais de trabalho Ex.: gestão de operações, manutenção de equipamentos, saúde e segurança	0,2-0,9
Veículos Ex.: manutenção baseada em condição, seguro reduzido	0,2-0,7
Casas Ex.: gestão de energia e segurança, automação de tarefas	0,2-0,3
Escritórios Ex.: redesenho organizacional e monitoramento do trabalhador, RA para treinamento	0,1-0,2

Total: $ 4 trilhões-$ 11 trilhões

■ Estimativa baixa
■ Estimativa alta

* Ajustado ao valor de 2015 do dólar americano; apenas para grandes aplicações; inclui o excedente do consumidor. A soma não é exata, pois os números foram arredondados.

Fonte: McKinsey Global Institute, 2015a.

É possível chegar a esse valor por conta de três capacidades centrais da IoT. Primeiro, ela permite que dados abundantes sejam combinados com análises (*analytics*) inteligentes, as quais oferecem novas fontes de dados contextuais que refletem os eventos em um ambiente mais geral. Ela também oferece dados de desempenho dos dispositivos, ajudando as empresas e os indivíduos a prever o desempenho dos bens e onde existem oportunidades para aumento de valor. Ela também entregará dados de impacto ao usuário, mostrando os efeitos de como, quando e por que as pessoas realizam ações. Esse recurso remodelará o que sabemos e priorizamos sobre como tomar decisões.

A segunda capacidade central origina-se da comunicação e coordenação desses dispositivos, que levam ao aprimoramento da eficiência e da produtividade.

A automação integral (ponta a ponta ou *end-to-end*) e as novas formas de colaboração entre homens e máquinas agilizarão as tarefas rotineiras e aprimorarão a capacidade dos indivíduos de usar a criatividade e as habilidades de resolução de problemas em desafios de maior valor. A capacidade de expandir a partir de uma mentalidade administrativa e orientada para tarefas pode criar mais perspectivas sintéticas conforme as pessoas forem se acostumando a considerar as entradas periféricas na elaboração dos produtos, serviços e ideias.

A terceira capacidade é a criação de objetos inteligentes e interativos que oferecem novos canais para entregar valor aos cidadãos. Como uma rede compartilhada de sensores e dispositivos, existem oportunidades colaborativas para outras tecnologias compartilhadas, como a IA em nuvem, o *blockchain*, a fabricação de aditivos, os *drones*, a produção de energia e muito mais. Com essas novas tecnologias convergentes, a descentralização da criação e do intercâmbio de valor imitará a infraestrutura que as tornaram possíveis, e os resultados dessa reformatação econômica poderão nos surpreender. Por essa razão, a IoT, em última análise, desafiará as instituições e os modelos conceituais existentes sobre as formas de pensar a natureza dos produtos, serviços e dados; e sobre as formas de pensar a definição do valor deles de uma maneira que funcione para os negócios.

Assim, essas três capacidades criarão o impulso para as mudanças dos modelos de negócios e para as mudanças estruturais em um grande número de indústrias, incluindo a manufatureira, a indústria de petróleo e gás, a agricultura, a mineração, o transporte e os serviços de saúde. Como discutido no relatório do Fórum Econômico Mundial, *Industrial Internet of Things: Unleashing the Potential of Connected Products and Services* (*A internet das coisas industrial: A liberação do poder dos produtos e serviços conectados*), seu caminho começa com a melhora na eficiência operacional das empresas e progride com a criação de novos produtos e serviços. Isso leva a uma "economia de resultados", seguida por uma "economia autônoma de atração" (Figura 12, p. 152).[105] Esse processo também será aplicável aos sensores do ambiente, o que ajudará a criar um gerenciamento proativo dos recursos. Por exemplo, questões que envolvem todo o sistema, tais como o uso e a emissão de energia, podem ser otimizadas por meio de incentivos enviados aos cidadãos em tempo real para que modelem o comportamento para um roteamento do tráfego e consumo de energia ideais.

A difusão da IoT requer o desenvolvimento e a implantação de quatro camadas: a primeira é formada pelos dispositivos que percebem o ambiente, comunicam-se e (em alguns casos) executam uma ação, como movimentar um objeto ou abrir uma porta, por exemplo; a segunda é a infraestrutura de comunicações que conecta todos esses dispositivos; a terceira, um sistema seguro de gestão de dados que reúne e distribui os dados gerados pelos dispositivos para que possam ser usados pela quarta camada: os aplicativos que processam os dados e entregam os pacotes de serviços para atender às necessidades das organizações ou indivíduos.

A gestão de dados e as camadas de aplicativos são frequentemente negligenciadas. Mas elas são muito importantes, pois há fluxo de valor quando os dados são transformados em insumos valiosos ou ideias possíveis de serem realizadas, e não quando os objetos estão conectados. Uma análise McKinsey demonstra que a plataforma de petróleo média tem 30 mil sensores, mas apenas 1% dos dados são analisados e utilizados.[106] Do mesmo modo, muitas outras indústrias sofrem de um excesso de dados e uma escassez de mecanismos criativos para examiná-los. Inexperientes com tantos dados, muitas empresas se esforçam para saber o que deveriam procurar neles ou até mesmo que perguntas fazer que não seja apenas sobre a expansão linear das métricas anteriores.

---

105. Fórum Econômico Mundial, 2015, p. 8.
106. McKinsey Global Institute, 2015b.

Figura 12: A adoção e o impacto da internet industrial

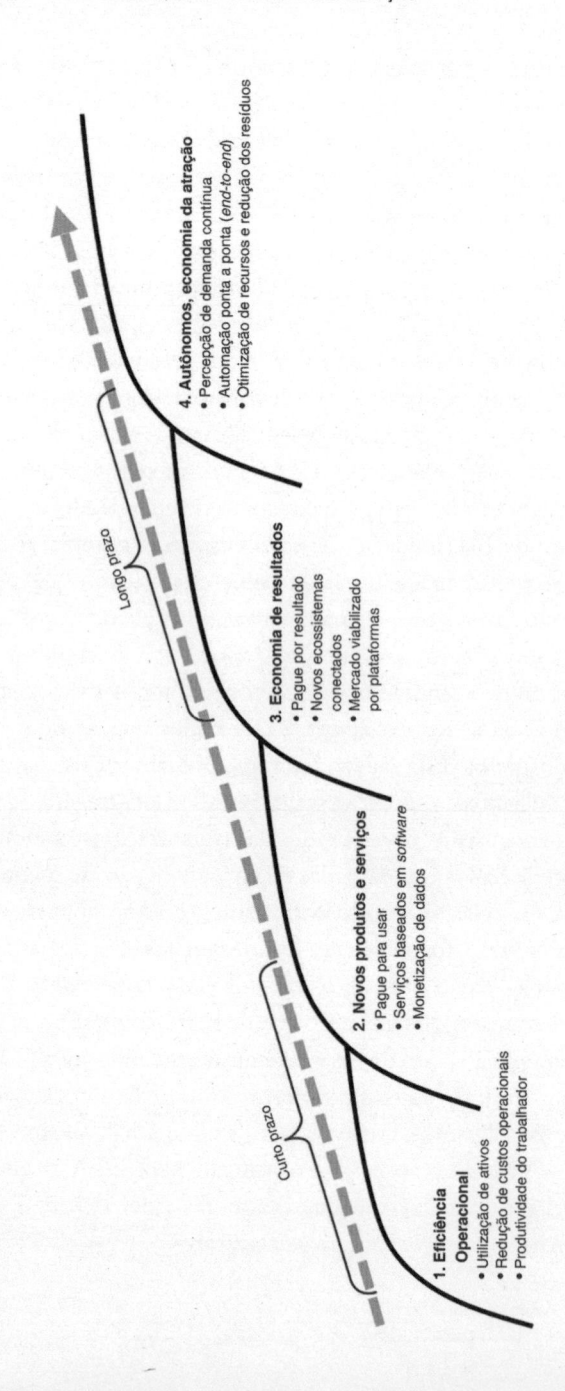

1. Eficiência Operacional
- Utilização de ativos
- Redução de custos operacionais
- Produtividade do trabalhador

Curto prazo

2. Novos produtos e serviços
- Pague para usar
- Serviços baseados em *software*
- Monetização de dados

3. Economia de resultados
- Pague por resultado
- Novos ecossistemas conectados
- Mercado viabilizado por plataformas

Longo prazo

4. Autônomos, economia da atração
- Percepção de demanda contínua
- Automação ponta a ponta (*end-to-end*)
- Otimização de recursos e redução dos resíduos

Fonte: Fórum Econômico Mundial, 2015.

Com novos dispositivos, identidades, bens e serviços ligados em rede e oferecidos pela Quarta Revolução Industrial, as empresas e os consumidores talvez tenham de aprender novas formas de remunerar uns aos outros pelo uso dos dados, bem como aprender a desagregar os componentes de valor por meio de transações e colaborações. Nesse novo arranjo, mesmo que as negociações sejam difíceis, os consumidores podem tornar-se parceiros. Certamente surgirão desafios jurídicos, e as partes interessadas da sociedade serão responsáveis pela defesa dos direitos dos consumidores e pelo espaço para privacidade nesse futuro profundamente conectado. Se o meio é a mensagem, então a IoT, como a World Wide Web, é um prenúncio de mudanças que vão muito além do mundo dos negócios.

Uma revolução, não uma evolução: a promessa, o desafio e oportunidade da IoT

Por Richard Soley, presidente e CEO do Object Management Group, nos EUA

Ao escrever sobre as novas rupturas tecnológicas nos últimos quarenta anos, não consigo mais contar o número de vezes em que eu disse "uma evolução, não uma revolução".

Sistemas avançados, computação compartilhada, tecnologia de objetos, modelagem gráfica, modelagem semântica – todos apresentaram desafios, mas, mais importante que isso, oportunidades. Mas os "velhos" modelos de computação não mudaram – as arquiteturas eram bastante semelhantes, os aprimoramentos dos *softwares* foram graduais, e, enquanto o investimento valia a pena, o resultado total era medido em dezenas de pontos percentuais. Uma evolução, não uma revolução.

Desta vez é diferente. Enquanto os componentes da IoT ainda estão em transição, eles podem não ser particularmente novos, mas os resultados são claramente diferentes, tanto do ponto de vista qualitativo quanto do quantitativo. Em sua essência, a IoT resume-se na reunião de milhares ou milhões de dados discretos do sensor, na integração e na análise preditiva desses dados em tempo real e, então, na prestação de auxílio decisório aos tomadores de decisão ou no controle direto dos atores do mundo real. Na presença de comunicações ubíquas (via internet em todo o mundo) com capacidade computacional e armazenamento notáveis e baratos (novamente via internet e pela computação em nuvem), combinadas com os avanços da análise em tempo real de enormes quantidades de dados (os chamados *big data*), o impossível se torna possível – e gera a revolução.

É uma pena que quase toda a discussão da revolução da IoT gire em torno de geladeiras e lâmpadas – tecnologias de consumo. Enquanto esperamos essas mudanças acontecerem (e elas, mais do que nunca, evidenciarão a falta de confiança, privacidade e segurança na internet), ignoramos uma oportunidade muito maior – a "internetização" da indústria, uma revolução igual em impacto à eletrificação da indústria, ocorrida há um século. Como a eletrificação, a aplicação da IoT à indústria não se realizará apenas na manufatura e na produção (embora tenha surgido primeiro nessas áreas); pelo contrário, é fácil ver como a IoT impactará todas as principais indústrias: serviços de saúde; sistemas financeiros; transporte; produção, transmissão e distribuição de energia; agricultura; serviços de cidade inteligente... a lista é interminável. Em vez de dar atenção, como o fazem muitos conferencistas, ao número de dispositivos que estarão conectados à internet, é muito mais valioso entender o que esses dispositivos conectados farão.

Em particular, há modelos de negócios completamente novos a serem descobertos:

– O mais óbvio, muitas vezes chamado de "economia de resultado", é a transição para a compra de resultados por hora, ou por metro, ou por litro – em vez da compra de maquinário para entregar o mesmo resultado. Há décadas, as companhias aéreas deixaram de possuir aviões e passaram a arrendá-los; elas também estão começando a arrendar motores a jato e a deixar os cuidados e a manutenção dessas enormes, mas delicadas, peças nas mãos daqueles que melhor as conhecem – os fabricantes. As empresas aéreas obtêm maior eficiência e despachabilidade para os motores; os fabricantes de motores a jato ganham um novo fluxo de receitas de serviço. Ao manterem o equipamento conectado (e seu enorme fluxo de dados de desempenho junto com o fluxo de outros motores iguais em outros lugares), elas podem oferecer de forma concomitante um serviço melhor, maior eficiência e preços mais baixos. Melhor, mais rápido, mais barato – escolha os três desta vez.

– Oportunidades completamente novas e inesperadas são descobertas nos lugares mais estranhos quando fluxos de dados que estavam desconectados são conectados. Em um sistema distrital de gestão de ambulâncias, descobriu-se um padrão de uso do equipamento por meio do qual os motoristas poderiam otimizar as rotas e minimizar o tempo de acesso aos serviços e de retorno ao hospital; o que, ao mesmo tempo, deixava os motoristas mais felizes com o tempo livre entre as chamadas de emergência. Vidas também podem ter sido salvas. Mas ninguém conseguia enxergar essa oportunidade antes de os dados de localização das ambulâncias serem conectados aos dados das chamadas de emergência e aos dados geográficos de cafeterias. Há surpresas por todos os lados.

Os vencedores desse mundo serão:
– Aqueles que tentarem superar mais cedo os desafios da coleta, análise e gerenciamento de dados. Em todos os projetos reais ou testes de IoT que vimos, ocorreram resultados positivos inesperados e impossíveis de ser previstos;
– Aqueles que conectarem em tempo real fluxos de dados aparentemente independentes para que possam encontrar oportunidades e correlações inesperadas. O custo de entrada é bastante baixo quando a capacidade computacional é abundante e barata; vale a pena procurar oportunidades;
– Principalmente aqueles que estão percebendo a ocorrência de disrupções em suas indústrias e resolverem fazer parte dessa disrupção, em vez de esperar por ela – algo potencialmente catastrófico. As grandes disrupções já estão acontecendo na sociedade, nos transportes e na manufatura.

> Os perdedores desse novo e revolucionário mundo serão aqueles que ficarem parados esperando pela disrupção, não conseguirem ver os novos modelos de negócios emergentes e ignorarem o progresso. Desta vez, as grandes mudanças não ocorrerão no mundo das tecnologias da informação e das comunicações (TIC) – ocorrerão nos setores que dependem das TIC. Atualmente, isso inclui todos os setores.

7.2. Desafios, riscos e perigos

Para que a IoT cumpra sua promessa, vários desafios precisam ser superados.

As barreiras mais comumente identificadas para a adoção da IoT industrial pelas empresas são a falta de normas, isto é, a falta de interoperabilidade e as questões de segurança (Figura 13). Sem que haja algo semelhante ao *World Wide Web Consortium* (W3C) para definir padrões e protocolos, o potencial da IoT ficará ameaçado. Barreiras menos óbvias, embora igualmente desafiadoras, referem-se a como as empresas gerenciarão os novos modelos de negócios criados em torno da análise de dados (*analytics*) e serviços ligados aos bens conectados à internet.

Existem vários riscos associados aos sistemas da IoT que afetam não apenas as empresas que empregam os sistemas, mas os usuários e o público. Por exemplo, um risco ocorre quando indivíduos e empresas se tornam dependentes dos sistemas da IoT de forma a incentivar a perda de importantes habilidades, bem como a incentivar o surgimento de novas fragilidades sempre que as condições de conectividade e de energia não estão presentes. Sistemas mais complexos e fortemente acoplados estão mais expostos aos "acidentes normais".[107]

A segurança cibernética é um risco considerável. Os riscos de *hacking* aplicam-se às empresas e às partes interessadas ligadas à transferência de dados entre dispositivos e redes. A Pesquisa sobre a Internet Industrial do Fórum Econômico Mundial revelou que 76% das empresas entrevistadas

---
107. Descrito em Perrow, 1984.

CAPÍTULO 7 – A INTERNET DAS COISAS | 157

Figura 13: Principais barreiras para a adoção da internet industrial

Barreira	Total	América do Norte (n = 43)	Europa (n = 30)
Falta de interoperabilidade ou normas	65%	60%	67%
Preocupações de segurança	64%	72%	60%
Retorno sobre investimento incerto (ex.: insuficientes casos de negócios)	53%	53%	50%
Equipamentos antigos (ex.: nenhuma conectividade ou sensores incorporados)	38%	47%	33%
Imaturidade da tecnologia (ex.: análises em grande escala)	24%	21%	27%
Preocupações com a privacidade	19%	14%	20%
Falta de trabalhadores qualificados (ex.: cientistas de dados)	15%	12%	20%
Preocupações da sociedade (ex.: transformações econômicas)	3%	5%	3%

Fonte: Fórum Econômico Mundial, 2015.

acreditam que a probabilidade de tais ataques contra seus sistemas de IoT é "muito ou extremamente alta".[108]

Ainda mais preocupante, talvez, seja o fato de a IoT não ser apenas o alvo dos ataques cibernéticos, mas também poder ser usada para realizar os ataques. Alguns dos maiores ataques cibernéticos já registrados ocorreram em 2016 e envolveram a invasão de dispositivos de IoT, como câmeras de segurança e outros monitores, que enviavam dados de tráfego para paralisar os sites.[109]

Na IoT, o desafio da segurança cibernética, portanto, requer o gerenciamento de riscos múltiplos, incluindo deixar de utilizar os dispositivos inseguros para atacar terceiros; impedir que indivíduos ou sistemas inteligentes obtenham o controle de dispositivos ou sistemas com a intenção de intimidar, roubar, prejudicar ou pedir resgate; e garantir a estabilidade dos serviços públicos e privados essenciais. As questões de segurança também estão ligadas às preocupações com a privacidade e às comunicações transnacionais de dados.

Essa necessidade exigirá que as autoridades políticas de diferentes jurisdições encontrem um equilíbrio entre a proteção dos produtos e a capacitação das empresas. Os procedimentos e protocolos de compartilhamento e armazenamento de dados serão um tema importante para que os fluxos de dados globais possam criar o espectro completo do potencial da IoT.

Assim como a ascensão dos registros distribuídos seguros, tal como o *blockchain*, as inovações na arquitetura da IoT oferecem oportunidades para encontrar esse equilíbrio de novas maneiras. Por exemplo, a Sensity Systems (uma empresa da Verizon) trabalhou com a Genetec para projetar sistemas de segurança para cidades inteligentes com o objetivo de gerenciar a segurança e questões de privacidade. Seus dispositivos de IoT conseguiram atingir esses objetivos por meio do processamento de dados realizado "nas extremidades" da rede (isto é, próximo da fonte de dados). Isso significa que foi firmado um compromisso. Dados de vídeo sensíveis permanecem no dispositivo, a menos que os algoritmos do lado do dispositivo detectem uma ameaça no sinal de vídeo. Caso contrário, o vídeo é enviado mediante autorização para agentes de segurança. Esse tipo de compromisso diminui a necessidade de largura de

---

108. Fórum Econômico Mundial, 2015.
109. Brown, 2016.

banda, evitando-se a vulnerabilidade de muitos dados armazenados em um ponto central.

Tal como ocorre em outras tecnologias emergentes – como a IA, a robótica e o *blockchain* –, uma preocupação crítica envolve o impacto social sobre o emprego e as competências. Em particular, o potencial de disrupção da IoT transformará as organizações e as indústrias. Em combinação com a IA e a robótica, a IoT poderá reduzir a procura por trabalhos manuais e rotineiros, bem como aumentar o controle sobre os trabalhadores (Figura 14, p. 160). Essa redução, porém, criará o aumento da demanda por habilidades criativas e resolução de problemas ligadas a programação, design e manutenção. As discussões éticas e sociais da IoT deverão estar focadas em uma força de trabalho digital-humana, empoderada e integrada, com entrega de valor por meio dos acréscimos, e não por meio de substituições. Curiosamente, cada uma dessas tecnologias, sozinha, pode reduzir as oportunidades de emprego, mas juntas elas podem viabilizar oportunidades novas e prósperas para os indivíduos. O futuro revelará a verdade.

A IoT integrar-se-á de forma mais profunda em nossa simbiose com a infraestrutura digital, os produtos e as comunicações que intermedeiam nossa vida.

Ela envolverá o ambiente físico e encontrará um caminho pelas profundas fendas das interações sociais, afetando também as relações entre grupos de partes interessadas. Ela se tornará indispensável e, ainda assim, como as tecnologias de telefones celulares atuais, criará demandas a cada um dos grupos de partes interessadas. Algumas dessas demandas são:

– Em muitos cenários de negócios que utilizam a IoT, os dados serão multiúso, ou seja, poderão proporcionar valor a muitas partes em uma variedade de contextos. Questões contextuais sobre quem possui os dados, quem lucra com seu uso e como avaliá-los corretamente precisarão de alguma forma de resolução, dependendo dos modelos de negócios utilizados;

– Em alguns cenários de IoT, os resultados potenciais de uso de dados podem ter benefícios sociais e ambientais, como a redução do lixo ou o uso de energia. No entanto, em alguns cenários, os benefícios ideais para a sociedade não equivalem aos benefícios mais altos para as empresas. As autoridades políticas e as partes interessadas da sociedade precisam considerar a forma como devemos avaliar a utilização da infraestrutura e as comunicações de máquina a máquina nas áreas em que a produtividade não é o maior ou o mais importante resultado;

160 | SEÇÃO 2 – TECNOLOGIAS, OPORTUNIDADES E DISRUPÇÃO

Figura 14: Impacto da internet industrial na força de trabalho

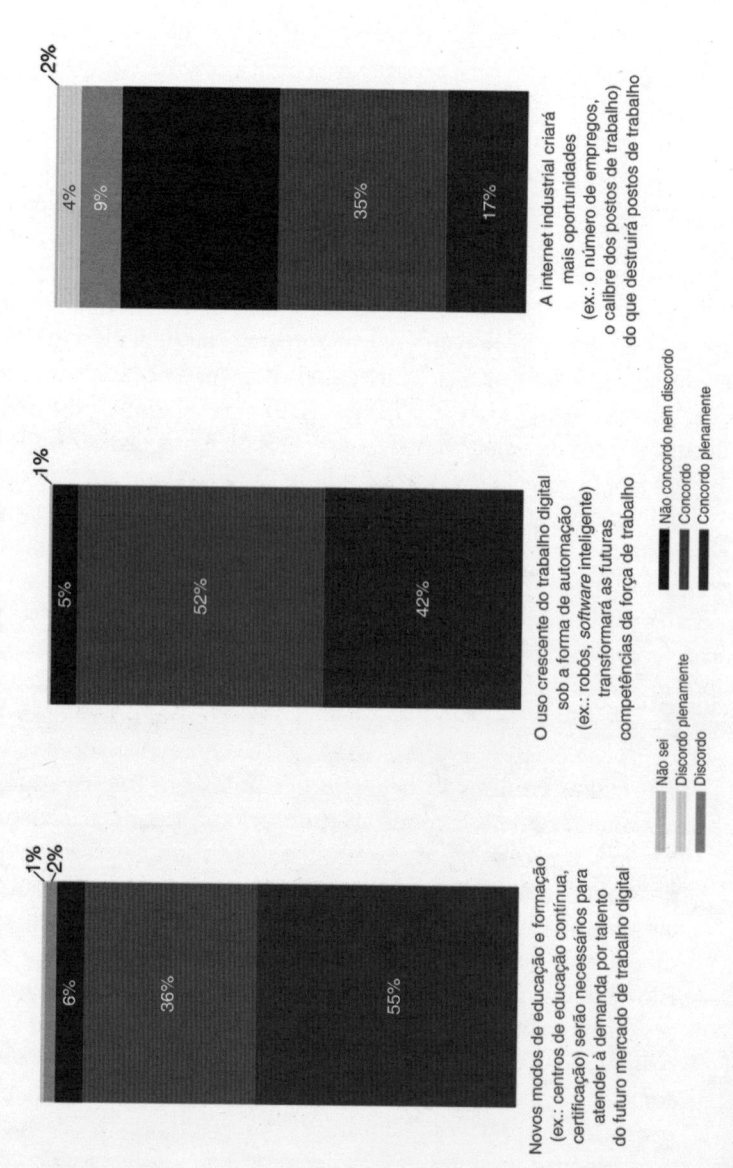

2% / 4% / 9% / 35% / 17%	1% / 5% / 52% / 42%	1% / 2% / 6% / 36% / 55%
A internet industrial criará mais oportunidades (ex.: o número de empregos, o calibre dos postos de trabalho) do que destruirá postos de trabalho	O uso crescente do trabalho digital sob a forma de automação (ex.: robôs, software inteligente) transformará as futuras competências da força de trabalho	Novos modos de educação e formação (ex.: centros de educação continua, certificação) serão necessários para atender à demanda por talento do futuro mercado de trabalho digital

Legenda:
- Não sei
- Discordo plenamente
- Discordo
- Não concordo nem discordo
- Concordo
- Concordo plenamente

Fonte: Fórum Econômico Mundial, 2015.

- Para reduzir os conflitos *ex post*, as empresas precisarão aprender a abordar as oportunidades colaborativas (por exemplo, usando dados de aplicações móveis para a determinação de prêmios de seguros) e esclarecer os *cases* de negócios. O valor criado desta forma em um sistema distribuído por meio da partilha de dados exigirá a divisão do valor criado e seu rateamento entre os devidos integrantes. *Frameworks* e melhores práticas que objetivem resultados justos são tópicos que devem incluir as partes interessadas da sociedade;
- A tecnologia, especialmente a internet, teve um enorme impacto na vida social, nas oportunidades econômicas, nos salários, na disponibilidade de conhecimento, comunicações e muito mais. A vida tecnológica acelerou-se na era das redes sociais. Existem preocupações de que essa vida se torne ainda mais exigente com novas pressões tecnológicas entranhadas. As partes interessadas serão provavelmente confrontadas com questões semelhantes àquelas postas pelos usuários da internet – deve ser um bem público? quem tem acesso? como criar práticas justas que não explorem as pessoas? Essas são questões que devem ser abordadas;
- A IoT poderá criar volatilidade em uma parcela significativa da economia do mundo, assim como a internet fez em relação aos meios de comunicação e às indústrias de entretenimento e viagens. As autoridades políticas e as empresas precisarão ter estratégias para gerenciar as consequências econômicas. Aprender com as melhores práticas das transições industriais anteriores exigirá a colaboração das partes interessadas da indústria e do governo.

CINCO IDEIAS-CHAVE

1. A IoT consiste em uma gama de sensores inteligentes e conectados que reúnem e comunicam dados para outros dispositivos ou indivíduos pela internet, com diversas finalidades. A IoT aprimorará as interações entre humanos e máquinas, e a economia de dados entre máquinas crescerá até ficar maior que a economia entre humanos. Dezenas de bilhões de dispositivos serão adicionados à IoT na próxima dé-

cada e, por meio de aplicações industriais, sua interação poderá adicionar até US$ 14 trilhões à economia global em 2030.
2. A distribuição de sensores e dispositivos apresenta desafios transnacionais em relação aos dados, como a privacidade, a propriedade, a disponibilidade, entre outros. O estabelecimento de políticas e regulamentos sobre os fluxos de dados globais da IoT será um grande desafio da Quarta Revolução Industrial.
3. A IoT vai muito além dos aparelhos inteligentes conectados à internet e dos serviços que eles fornecem. O valor real do desenvolvimento da IoT reside na coleta, análise e gestão de dados, no encontro de oportunidades e correlações inesperadas e na antecipação das tendências de disrupção.
4. A utilização de sensores para a obtenção de dados quase em tempo real poderia ajudar a criar uma economia de atração (*pull economy*) com espirais de resultados positivos, devido à otimização e aos incentivos aos comportamentos de consumidores e cidadãos. Isso significa que a IoT pode ser muito importante na abordagem de problemas sistêmicos, tais como o uso eficiente da energia, os sistemas de tráfego, as emissões globais, entre outros.
5. A IoT envolve o impacto social do emprego e das competências quando combinada com a IA e a robótica, uma vez que reduz a necessidade de trabalhos manuais ou rotineiros. No entanto, costuma-se imaginar que os principais riscos dos sistemas de IoT são aqueles relacionados à segurança cibernética, em razão da falta de dispositivos seguros e da falta de padrões definidos para a transferência de dados entre países.

SUPLEMENTO ESPECIAL
Ênfase na ética digital*

Dados, algoritmos e suas ciências, tecnologias, usos e aplicações oferecem grandes oportunidades de melhorar a vida privada e pública, bem como nossos ambientes. Infelizmente, essas oportunidades surgem em conjunto com importantes desafios éticos. Três elementos são particularmente relevantes: o uso extensivo de grande volume de dados; a crescente dependência dos algoritmos para a execução de tarefas, configuração de escolhas e tomada de decisões; e a redução gradual do envolvimento humano – ou mesmo a fiscalização – sobre muitos processos automáticos. Juntos, eles colocam questões prementes de equidade, responsabilidade, igualdade e respeito aos direitos humanos, entre outras. Esses desafios éticos podem ser contornados. Podemos e devemos tirar vantagem da grande oportunidade que temos de promover o desenvolvimento e os aplicativos de soluções digitais, garantindo o respeito aos direitos humanos e aos valores que sustentam sociedades da informação abertas, pluralistas e tolerantes.

O equilíbrio sólido e justo não será uma tarefa fácil ou simples. Mas a alternativa, isto é, o fracasso na promoção da ética da ciência e da tecnologia do nosso ambiente informacional, teria consequências lamentáveis. Por um lado, não dar atenção às questões éticas pode trazer impactos negativos e rejeição social, como ocorreu, por exemplo, na Inglaterra, com o fracasso do programa de dados do Serviço Nacional de Saúde (NHS). Por outro lado, a ênfase exagerada na proteção dos direitos individuais e

---

*. Contribuição de Luciano Floridi, professor de filosofia e ética da informação da Universidade de Oxford e diretor do Digital Ethics Lab, do Oxford Internet Institute, no Reino Unido; e Mariarosaria Taddeo, pesquisadora da Universidade de Oxford, no Reino Unido.

valores éticos no contexto errado pode conduzir a regulamentos demasiadamente rígidos. Isso, por sua vez, pode prejudicar as chances de aproveitamento da utilidade social e humana das soluções digitais. As emendas da Comissão das Liberdades Cívicas, da Justiça e dos Assuntos Internos (Libe) do Parlamento Europeu, inicialmente propostas para o Regulamento Geral de Proteção de Dados da União Europeia, oferecem um exemplo concreto. Para evitar ambos os extremos, recomenda-se a adoção de uma escala de quatro estágios: verificar a viabilidade técnica, a sustentabilidade ambiental, a aceitação social e a preferência humana como características orientadoras necessárias para quaisquer projetos digitais, mesmo para aqueles que tenham um impacto remoto na vida humana e no nosso planeta. Isso garante a minimização dos riscos e que as oportunidades não sejam perdidas.

Como alcançar essa abordagem equilibrada? Nas últimas décadas, passamos a entender que não é uma tecnologia específica (computadores, comprimidos, telefones móveis, protocolos de internet, aplicativos da *web*, plataformas *on-line*, computação em nuvem, e assim por diante) o foco correto de nossas estratégias éticas. São os dados que qualquer tecnologia digital manipula. É por isso que rótulos como "ética da internet", "roboética" ou "ética da máquina" não são bons, anacronicamente remetendo a uma época em que "ética do computador" parecia nos oferecer a perspectiva correta. Antes de nos ocuparmos com qualquer tecnologia digital específica, os problemas éticos – como privacidade, anonimato, transparência, confiança e responsabilidade – estão ligados ao ciclo de vida dos dados, desde sua coleta e curadoria até sua manipulação e uso. É por isso que precisamos de uma ética dos dados, para navegarmos entre o risco de rejeição social e as regulamentações excessivamente estritas, para chegarmos a soluções que maximizem o valor ético dos dados e algoritmos em benefício de nossas sociedades, de todos nós e de nossos ambientes.

A ética digital é o ramo da ética que estuda e avalia problemas morais relacionados a dados, algoritmos e práticas correspondentes. Seu objetivo é formular e apoiar moralmente as boas soluções (por exemplo, certas condutas ou valores corretos) por meio do desenvolvimento de três linhas de pesquisa: a ética dos dados, a ética dos algoritmos e a ética das práticas.

A ética dos dados em sentido estrito considera a geração, o registro, a curadoria, o processamento, a disseminação, o compartilhamento e o uso de dados. Ela se preocupa com problemas morais decorrentes da coleta, análise e aplicação de grandes conjuntos de dados. Os problemas vão desde o uso do grande volume de dados em pesquisas biomédicas e nas ciências sociais até a descrição, a publicidade e a filantropia de dados, bem como os dados abertos em projetos governamentais. Uma grande preocupação é a possível reidentificação dos indivíduos por meio da extração, conexão e fusão de dados e a reutilização de grandes conjuntos de dados.

Há também um risco distinto para a "privacidade do grupo", quando a identificação de perfis de indivíduos, independentemente da não identificação de cada um deles, pode levar a sérios problemas éticos, desde a discriminação do grupo (por exemplo, preconceito de idade, de etnia, de sexo) até formas de violência direcionadas a grupos específicos.

Confiança e transparência também são temas cruciais na ética digital, em conexão com uma reconhecida falta de conscientização pública sobre os benefícios, riscos, oportunidades e desafios associados à ciência e à tecnologia dos dados.

A ética dos algoritmos centra-se no *software*, na IA, nos agentes artificiais, na aprendizagem automática e nos robôs. Ela aborda questões postas pela crescente complexidade e autonomia dos algoritmos em sentido amplo. Os algoritmos criam desafios éticos sob a forma de rotinas de IA e agentes inteligentes, como robôs da internet. Isso é especialmente relevante no caso de aplicativos de aprendizagem automática. Os desafios cruciais incluem a responsabilidade moral e prestação de contas de usuários, designers e cientistas de dados no que diz respeito às consequências imprevistas e indesejáveis, bem como às oportunidades perdidas. Não é de surpreender que o projeto ético e a auditoria dos requisitos dos algoritmos e a avaliação dos resultados potenciais e indesejáveis (por exemplo, a discriminação ou a promoção de conteúdo antissocial) tenham atraído inúmeras pesquisas.

Finalmente, a ética das práticas está interessada em inovação responsável, programação, *hacking*, códigos profissionais e deontologia[*]. Ela aborda as questões prementes sobre as competências e obrigações das pessoas

---

[*]. A deontologia é uma parte da filosofia contemporânea, que cuida dos deveres e da moral de nossas escolhas. (N.R.T.)

e organizações que estão no comando dos processos, estratégias e políticas de dados, incluindo os cientistas de dados. Seu objetivo é definir uma estrutura ética para os códigos profissionais em relação à inovação, ao desenvolvimento e ao uso responsáveis para garantir que as práticas éticas promovam simultaneamente o progresso da ciência e das tecnologias de dados e a proteção dos direitos de indivíduos e grupos. Três questões são importantes nessa linha de análise: consentimento, privacidade do usuário e uso secundário.

Essas linhas distintas de pesquisa – a ética dos dados, dos algoritmos e das práticas – estão intimamente relacionadas. Elas fazem parte dos conceitos que definem o espaço tridimensional em que os problemas éticos podem ser identificados e delineados. Por exemplo, as análises com foco na privacidade dos dados também abordarão questões relativas ao consentimento, à fiscalização dos algoritmos e às responsabilidades profissionais. Da mesma forma, a auditoria ética dos algoritmos muitas vezes envolve análises das responsabilidades de seus designers, desenvolvedores, usuários e adotantes.

A ética dos dados deve abordar todo o espaço conceitual e, portanto, as três linhas de pesquisa – afinal, a maioria dos problemas não repousa sobre um único eixo –, embora o foco e as prioridades possam mudar dependendo da questão. Por esse motivo, a ética dos dados precisa ser desenvolvida desde o início como uma macroética, ou seja, como uma "geometria" global do espaço ético, evitando abordagens estreitas e *ad hoc* para versar sobre o conjunto diversificado de implicações éticas provocadas pela revolução das informações dentro de um quadro coerente, globalizante, inclusivo e multilateral.

SUPLEMENTO ESPECIAL
Riscos cibernéticos*

Dez anos atrás, seria muito difícil encontrar uma diretoria discutindo proativamente os riscos cibernéticos, a menos que as organizações tivessem sido recentemente vítimas de algum ataque bem-sucedido e conhecido. Uma pesquisa de 2008 realizada pela Cylab, da Universidade Carnegie Mellon, constatou que, nos EUA, 77% dos membros da diretoria raramente ou nunca haviam recebido relatórios da gerência sênior em matéria de privacidade e riscos de segurança. Ademais, em relação à revisão dos recursos, funções ou políticas de nível superior de segurança cibernética, mais de 80% dos membros da diretoria informaram que tais questões eram discutidas raramente ou nunca.[110]

Já em 2015, uma pesquisa da NYSE com duzentos diretores constatou que as questões de segurança cibernética constavam com mais regularidade nas agendas da diretoria, após uma série de graves violações em matéria de segurança. Dos diretores respondentes, 80% afirmaram que discutiam os riscos cibernéticos na maioria ou em todas as reuniões; os três tópicos mais importantes eram os danos à marca, espionagem corporativa e os custos das violações.[111]

Os governos também se tornaram altamente sensíveis aos riscos de ataques criminosos ou maliciosos aos sistemas digitais. Depois de oito países da OCDE, entre 2009 e 2011, terem desenvolvido políticas gover-

---
*. Escrito em colaboração com Jean-Luc, diretor do Centro Cibernético Global, Fórum Econômico Mundial; Ushang Damachi, Liderança de Projeto, Criminalidade e Segurança Pública Global, Fórum Econômico Mundial; e Nicholas Davis, diretor de Sociedade e Inovação, Fórum Econômico Mundial.
110. Westby e Richard, 2008.
111. NYSE Governance Services, 2015.

namentais específicas para os riscos cibernéticos, a OCDE relatou, em 2012, que a diretiva de segurança cibernética estava se tornando "uma prioridade da política nacional, apoiada por uma liderança mais forte".[112] O reconhecimento governamental dos riscos cibernéticos tornou-se ainda mais forte desde então, tendo em vista as crescentes preocupações em torno da proteção de importantes infraestruturas nacionais e da proteção contra a influência de agentes estrangeiros em processos democráticos. Em um contexto de regulamentação mais restritiva em relação às atividades da sociedade civil e aos ambientes políticos polarizados, as organizações da sociedade civil estão prestando cada vez mais atenção à sua exposição a ataques cibernéticos.

No entanto, a pesquisa do Fórum Econômico Mundial mostra que, enquanto a conscientização dos riscos cibernéticos aumentou, muitas organizações acreditam que se encontram muito longe de estar adequadamente equipadas com as ferramentas para gerenciar os riscos cibernéticos e que as principais práticas desse domínio "ainda não se tornaram parte do conjunto-padrão de competências da diretoria".[113]

Completar essa lacuna entre a conscientização e a capacidade de responder é uma tarefa extremamente importante – para os indivíduos e para as empresas, governos e organizações da sociedade civil.

Os riscos cibernéticos estão aumentando rapidamente enquanto três tendências interconectadas expandem o escopo do domínio digital. Em primeiro lugar, o número de pessoas que usam a internet ao redor do mundo aumentou quase 1.000% desde 2000.[114] Entre 2018 e 2020, serão adicionados outros 300 milhões de usuários.[115] Uma tendência ainda mais importante talvez seja o número de dispositivos que estão sendo conectados à internet: estima-se que 20 bilhões de telefones, computadores, sensores e outros dispositivos estavam ligados a redes digitais globais em 2017, e a IHS Markit avalia que haverá mais 10 bilhões deles até 2020. Em terceiro lugar, conforme mais pessoas usam os sistemas digitais de forma mais intensa, a quantidade de dados em formato digital produzidos, transformados e transmitidos está aumentando exponencialmente – a IDC, uma empresa de inteligência de mercado, prevê um aumento de dez vezes

---

112. OECD, 2012.
113. Fórum Econômico Mundial, 2017.
114. Miniwatts Marketing, 2017.
115. eMarketer, 2017.

da "esfera global de dados" entre 2017 e 2025, uma taxa de crescimento anual de 30%.[116]

Mais usuários, mais objetos e mais dados resultam em maior dependência dos sistemas digitais. Com efeito, tal como a IDC, os dados digitais e as operações estão rapidamente deixando de ser questões de fundo para ser "vitais... essenciais para nossa sociedade e nossa vida individual". Garantir que esses sistemas sejam capazes de realizar suas funções da forma prevista é, portanto, uma tarefa de crescente importância e dificuldade.

Para lidar de maneira eficaz com os riscos cibernéticos, sugerimos quatro estratégias, que tanto são mudanças na maneira de perceber o desafio quanto áreas nas quais investir.

1. Redefinição do objetivo: da segurança cibernética à resiliência cibernética

Primeiramente e acima de tudo, as organizações e indivíduos precisam pensar além da proteção do perímetro dos sistemas de TI, que é o que o conceito de "segurança cibernética" tende a invocar. Devemos mudar as mentalidades para abranger a interdependência e a resiliência, a fim de estarmos preparados para as diversas formas pelas quais os riscos cibernéticos podem surgir e afetar as operações. Nesse contexto, a resiliência cibernética pode ser pensada como a capacidade dos sistemas e organizações de suportar eventos cibernéticos, medidos pela combinação do tempo entre falhas com o tempo de recuperação.[117]

Como indica o quadro na Figura 15 (p. 170), os riscos cibernéticos colocam bens e valores em risco e resultam da interseção entre ameaças e vulnerabilidades. A resiliência cibernética é, assim, uma questão estratégica, que precisa ser incorporada a modelos de negócios abrangentes e em todas as operações.

A resiliência cibernética também amplia o horizonte temporal, aumentando o tempo de preparo para a inevitabilidade de ataques cibernéticos. Trocar a abordagem baseada em perímetro exige uma reflexão cuidadosa e antecipada sobre as ações que devem ser tomadas antes, durante e depois de um ataque cibernético, particularmente quem deve ser informado dentro e fora de uma empresa.

---

116. Reinsel, Gantz e Rydning, 2017.
117. Fórum Econômico Mundial, 2012.

Figura 15: Estrutura do risco cibernético

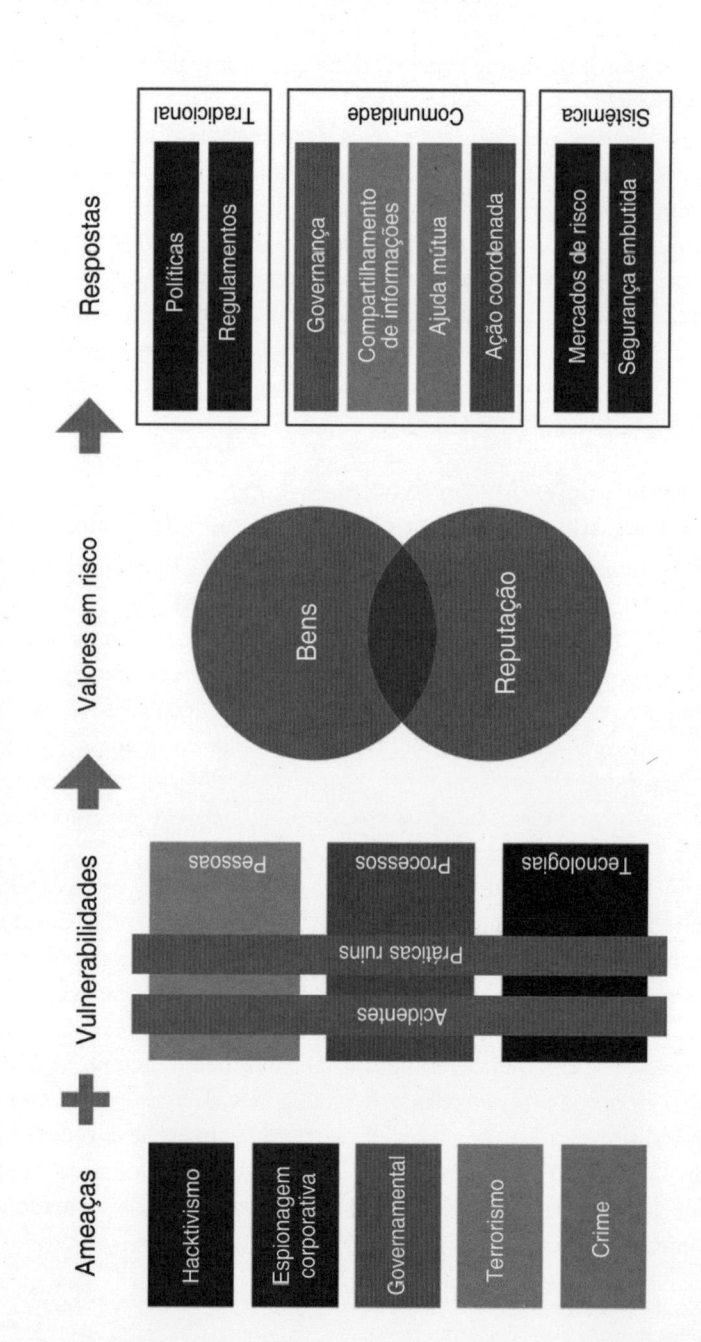

Ameaças:
- Hacktivismo
- Espionagem corporativa
- Governamental
- Terrorismo
- Crime

Vulnerabilidades:
- Pessoas
- Processos
- Tecnologias
- Práticas ruins
- Acidentes

Valores em risco:
- Bens
- Reputação

Respostas:
- Tradicional: Políticas, Regulamentos
- Comunidade: Governança, Compartilhamento de informações, Ajuda mútua, Ação coordenada
- Sistêmica: Mercados de risco, Segurança embutida

Fonte: Fórum Econômico Mundial.

Quando o foco está nos sistemas que se relacionam aos dados (e não nas operações digitais), as organizações e os indivíduos precisam ser resilientes a pelo menos três riscos cibernéticos: a confidencialidade dos dados, sua integridade e sua constante disponibilidade para garantir a continuidade dos negócios. Enquanto o vazamento de informações privadas, como resultado das violações dos dados, é o tipo de risco cibernético mais discutido, os ataques que negam a disponibilidade dos sistemas ou dos dados ao usuário por meio da exclusão ou do pedido de resgate – como o WannaCry, que, em maio de 2017, prejudicou grande parte do sistema de saúde do Reino Unido – são cada vez mais comuns. Preocupação semelhante é gerada pela perspectiva dos dados ou sistemas mais abrangentes que têm sido comprometidos e alterados.

As coisas ficam ainda mais complicadas quando consideramos a integração dos dados às operações digitais e aos sistemas conectados digitalmente que executam serviços físicos ou que gerenciam a infraestrutura. Nesses casos, as organizações devem também lutar contra a ameaça de perder o controle das funções essenciais do sistema, que podem ser fatais, como demonstrado em 2015 pelos *hackers* que conseguiram controlar remotamente a transmissão e os freios de um Jeep Cherokee.[118] Outro desafio é o fato de que os sistemas conectados podem criar novos canais de invasão em outras partes de um negócio ou operação. Um desses casos foi a invasão realizada em 2013 ao sistema de pagamento da Target, uma empresa estadunidense de varejo; o ataque foi atribuído ao roubo de credenciais de colaboradores externos que gerenciavam os sistemas de aquecimento e de ar condicionado da empresa.[119]

2. Redefinição do adversário: de *hacker* a organização criminosa

A representação mais comum na cultura popular – e, portanto, nos modelos mentais da maioria das pessoas – de uma pessoa tentando acessar um sistema seguro costuma envolver um único *hacker* hostil interessado em glória ou vingança. No entanto, essa imagem pode criar dúvidas na mente das pessoas sobre a verdadeira ameaça dos riscos cibernéticos atuais.

---
118. Greenberg, 2015.
119. KrebsonSecurity, 2014.

Não obstante a existência de *hackers* talentosos e solitários, os riscos cibernéticos mais comuns e preocupantes são aqueles criados por indivíduos talentosos que operam em organizações criminosas estruturadas, que possivelmente possuem uma equipe de pesquisa e orçamentos operacionais muito maiores que os recursos de defesa de seus alvos. Além disso, essas organizações tendem a centrar-se sobre as recompensas financeiras da falha de segurança – desde o pedido de resgate até a venda dos dados furtados, a garantia de acesso ao sistema por outras pessoas em troca de uma taxa ou o uso do sistema para executar outras ações benéficas para os invasores ou seus clientes.

Portanto, é importante mudar a imagem comum que temos da origem das ameaças cibernéticas: o adversário está bem financiado, é sistemático, motivado, inovador e persistente.

3. Repensar os vetores de ataque: da exploração de falhas técnicas ao comportamento humano

Lado a lado com a imagem do "*hacker* solitário" está a crença de que são necessárias habilidades técnicas para burlar a segurança do sistema remotamente, o que dá a impressão de que a principal linha de defesa para os riscos cibernéticos encontra-se nos departamentos de TI e na implementação por eles de barreiras técnicas, como *firewalls* e sistemas de senhas fortes.

No entanto, a maneira mais fácil de obter acesso a sistemas seguros é simplesmente solicitá-lo. Estima-se que 97% dos ataques de *malware* tentam enganar os usuários para que deem acesso aos seus sistemas e apenas 3% tentam explorar alguma falha técnica. Mais de 84% dos *hackers* dependem dessas estratégias de engenharia social como sua principal estratégia para acessar outros sistemas.[120] O fato de que a maioria dos ataques operam dessa forma contribui para que muitos deles tenham passado despercebidos por longos períodos. Chris Pogue, diretor de segurança da informação na empresa Nuix, afirma que a violação de dados leva em média de 250 a 300 dias para ser detectada.[121]

---

120. Nuix, 2017.
121. Ibid.

Dado o fato de que tanto as ameaças quanto as vulnerabilidades existem dentro e fora das organizações, a gestão de riscos cibernéticos torna-se, portanto, tarefa e responsabilidade de todos os membros da equipe. Por sua vez, as estratégias de resposta estão mudando para o rumo da capacitação dos colaboradores sobre como evitar *phishing* e outros ataques de engenharia social, implementando a segurança de terminais para limitar o acesso, além de sistemas que detectam e colocam em quarentena atividades anormais do usuário e da rede.

4. A resiliência cibernética como uma atividade comum: dos riscos individuais aos coletivos nos setores industriais e nas organizações

A resiliência é influenciada por efeitos que ocorrem no nível dos sistemas, além de ser uma propriedade de indivíduos ou de organizações. Conforme o mundo se torna mais interconectado, os riscos cibernéticos se tornam verdadeiramente sistêmicos. Não é apenas a possibilidade de contágio entre empresas e nações que cria o risco sistêmico, mas a dependência conjunta, do mundo todo, de serviços globais essenciais e compartilhados que sustentam o transporte, as finanças, a segurança e o comércio global.

Por outro lado, há uma oportunidade significativa para utilizarmos uma abordagem mais multilateral e em toda a comunidade para aumentar a capacidade de resistência aos riscos cibernéticos. As trocas mais regulares de informações essenciais sobre as atividades e ataques cibernéticos entre as indústrias e setores, bem como entre governo, indústria e sociedade civil, permitiriam a intervenção antecipada a um ataque, bem como a capacidade de reduzir o risco de contágio. Investimentos conjuntos em competências cibernéticas também poderiam ajudar setores inteiros, dada a escassez de empregados especializados, capazes de oferecer competências estratégicas e operacionais relevantes para a resiliência cibernética.

Atualmente, existem esforços que apoiam debates internacionais e multilaterais sobre a resiliência cibernética; um deles é o Global Cyber Centre, do Fórum Econômico, uma plataforma público-privada com base em Genebra que visa a fortalecer a resiliência cibernética ao redor do mundo. Outros exemplos incluem o Complexo Global da Interpol para a inovação em Singapura, que começou seus trabalhos para a criação de uma plataforma para o compartilhamento de informações; a Força-Tarefa de

Ação Conjunta contra o Crime Cibernético da Europol e as iniciativas nacionais incluem a Parceria de Compartilhamento de Informações sobre Segurança Cibernética (CiSP, na sigla em inglês) do Reino Unido, que trabalha para criar uma conscientização sobre as informações e ameaças cibernéticas para as empresas do Reino Unido. No entanto, trabalhar em setores e países requer que a desconfiança inerente entre os agentes públicos e privados seja superada, bem como entre Estados soberanos que estão relutantes em compartilhar detalhes de suas capacidades cibernéticas defensivas e ofensivas.

Essas barreiras precisam ser superadas. A ameaça dos riscos cibernéticos em um mundo dependente de sistemas digitais vitais requer investimento e ação em todos os níveis – da educação individual e dos novos comportamentos, passando pelo investimento organizacional e pelas novas responsabilidades para as diretorias, até a cooperação nacional e internacional junto com modelos mais ágeis de governança.

REFORMA
DO MUNDO
FÍSICO

CAPÍTULO 8
Inteligência artificial e robótica*

A inteligência artificial (IA) já está reinventando a economia digital e, em breve, reconfigurará a economia física. Os objetivos do início do século XXI para a IA incluem ajudar as máquinas autônomas a navegarem pelo mundo físico e ajudar os seres humanos e os computadores a se inter-relacionarem. *No futuro, os sistemas de IA poderão gerenciar os desafios sistêmicos, como as emissões globais de CO_2, por exemplo, ou as funções de controle do tráfego aéreo global, abordando questões complexas em escalas que vão muito além da capacidade humana. Os especialistas preveem que até mesmo aqueles cenários de ficção científica em que há sistemas operacionais inteligentes ou assistentes digitais empáticos podem se tornar realidade. Um dia, talvez, os robôs poderão realizar muitos deveres básicos de policiamento. A IA já está monitorando os dados das redes de sensores e os fluxos de vídeos, e, assim, é capaz de alertar os agentes de segurança para padrões suspeitos. Enquanto isso, a polícia implantou robôs de busca e resgate e também já os usou para matar um atirador armado.*[122]

A IA transformará profundamente o mundo, mas essas mudanças também têm seus riscos. Por exemplo, robôs controlados por IA terão dificuldade para prever o impacto da reorganização de competências e empregos, criando tensões pesadas na sociedade.

Além disso, o funcionamento dos algoritmos do aprendizado automático ainda é muito obscuro para a maioria das pessoas, e esses mecanismos podem refletir preconceitos socialmente indesejáveis que precisarão ser corrigidos. As previsões

---

*. Escrito em colaboração com Stuart Russell, professor de ciência da computação da Universidade da Califórnia, Berkeley, nos EUA; e Conselhos do Futuro Global do Fórum Econômico Mundial sobre o Futuro da Inteligência Artificial e Robótica.
122. Thielman, 2016.

de longo prazo dizem que não devemos subestimar as ameaças existenciais se o alinhamento entre os valores da IA e os valores humanos fracassar. Elas também advertem sobre os riscos de segurança cibernética que poderão ocorrer se os criminosos conseguirem hackear ou confundir os aplicativos de IA. Os pesquisadores, portanto, estão atualmente nos chamando para a discussão de quadros éticos e de valores que orientem o desenvolvimento e a implementação da IA e da robótica. Independentemente do futuro a nós reservado, a IA estará conosco e a relação que construirmos a partir de agora com ela terá consequências duradouras.

8.1. Integração da IA em um mundo humano

Nenhuma combinação de tecnologias capturou tanto a imaginação do público como a IA e a robótica. Uma conferência na Faculdade de Dartmouth abriu terreno para a IA em 1956, e o primeiro robô industrial chegou em 1961. Em uma década, a cultura popular já havia imaginado um número sem fim de engenhocas e seres que facilitariam nossa vida – como Rosie, o robô, a auxiliar doméstica dos Jetsons –, bem como cenários tecnológicos assustadores que representariam novas ameaças – como o assustadoramente desobediente HAL 9000 do filme de Stanley Kubrick, *2001: uma odisseia no espaço*.

Hoje, a IA está melhorando rapidamente o desempenho de suas funções cognitivas, as quais associamos apenas aos seres humanos, a saber, a aprendizagem geral e o raciocínio de alto nível. As técnicas de aprendizagem automática estão derrotando os humanos em jogos que, anteriormente, imaginávamos precisar da intuição humana para ser jogados. Os computadores provavelmente já passaram em uma versão simples do teste de Turing, o qual examina se uma máquina pode ser indistinguível de um ser humano: em 2014, um robô de conversação (*chatbot*), disfarçado como um garoto de 13 anos chamado Eugene Goostman, convenceu mais de 30% de seus interlocutores que era uma pessoa real.[123]

Os avanços na ciência dos materiais e a tecnologia dos sensores melhoraram a percepção, a locomoção e a cognição das máquinas. Os robôs voadores, também conhecidos como *drones*, e os robôs industriais, como aqueles que montam peças de carros sem a ajuda de seres humanos, usam

---

123. Sample e Hern, 2014.

a IA para executar funções de interação e navegações complexas. Robôs que dirigem sozinhos, também conhecido como veículos autônomos, superaram desafios anteriormente inatacáveis, como navegar pelo sistema rodoviário com caminhões sem motorista.[124] Os robôs humanoides também estão atuando como assistentes pessoais e companheiros, preenchendo a lacuna entre ficção científica e realidade.

Ao redor do mundo, mais programas de pós-graduação estão se dedicando à engenharia robótica e à pesquisa da IA.[125] Ao realizar introspecções a partir de conjuntos de dados muito grandes para a síntese humana, os aplicativos com IA estão lidando com problemas como a modelagem do clima e os cenários nucleares; além disso, estão gerenciando redes de sensores em grande escala. Eles também estão recolhendo informações novas, financeiramente significativas, dos dados publicamente disponíveis. Por exemplo, a Orbital Insight aplicou a aprendizagem automática à cobertura dos satélites de baixa resolução Landsat, dos Estados Unidos, e Sentinel, da União Europeia. Isso lhes permite identificar objetos com maior precisão e velocidade e fornecer informações sobre temas como o comércio, as emissões, a infraestrutura e os indicadores oceânicos – todos com claro valor para a indústria, a sociedade e o governo. Os aplicativos de IA não estão apenas informando as decisões, mas construindo-as: alguns acreditam que a IA se tornará um lugar-comum na gestão dos fundos multimercado, e ao menos uma empresa de investimento já tem um diretor de IA.[126]

À medida que a tomada de decisão dos aplicativos de IA se aperfeiçoa, melhor os robôs regidos por essas decisões trabalharão ao lado de seres humanos, e vice-versa. Para que o robô Rosie se torne realidade, as máquinas precisam aprender a partir da observação e, então, decifrar os valores humanos. Conforme os robôs aprendem a realizar um serviço, dar aulas, pilotar aviões, fazer cirurgias e conduzir operações de busca e salvamento, as questões de confiança se tornam primordiais. Conforme vamos nos acostumando à IA em nossa vida cotidiana, essa interação poderá se tornar uma camada mediadora para interpretarmos o mundo ao nosso redor, da mesma forma que um piloto confia em seus instrumentos durante condições meteorológicas adversas. Na extremidade do espectro, mas

---

124. Petersen, 2016.
125. AI International, 2017.
126. Metz, 2016.

Figura 16: Competição pela IA: maiores

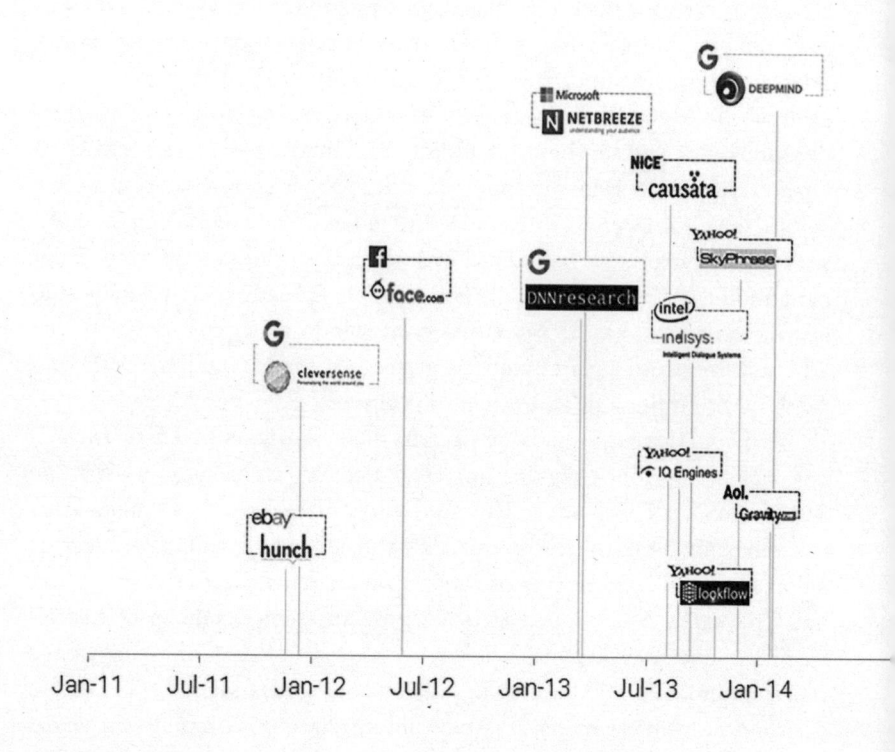

Fonte: CB Insights, 2017.

CAPÍTULO 8 – INTELIGÊNCIA ARTIFICIAL E ROBÓTICA | 181

adquirentes em inteligência artificial, 2011-2016

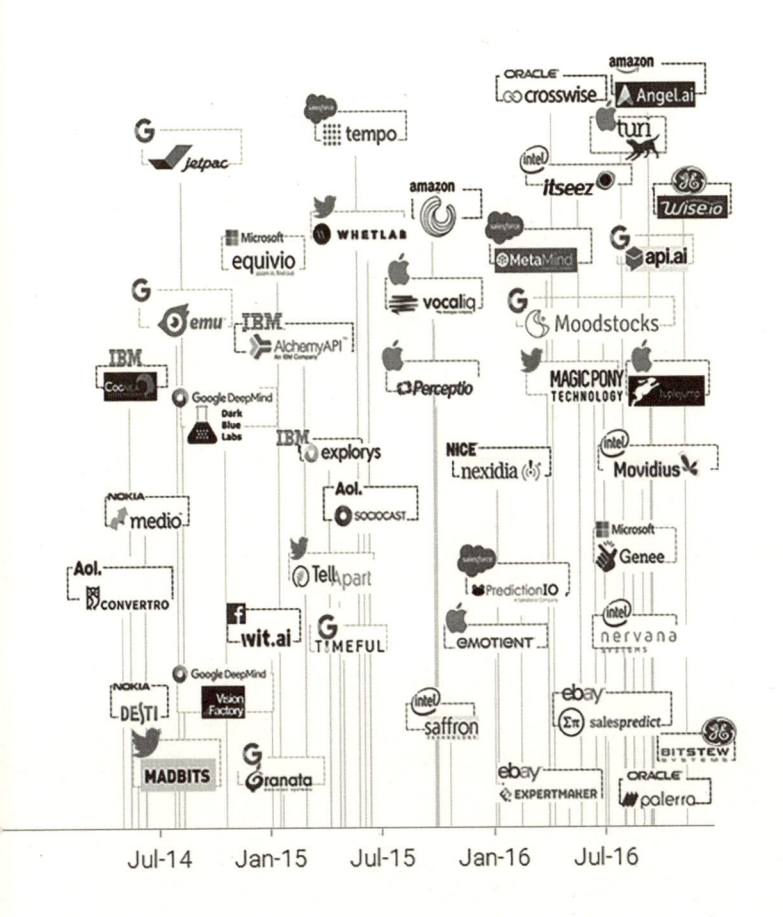

de forma alguma irreal ou inviável, uma preocupação clara é o potencial para que a IA, juntamente com os aplicativos de robótica, seja transformada em arma pelos Estados-membros e agentes individuais; vários grupos internacionais estudam atualmente os limites práticos e éticos de tal desenvolvimento. Em seu caminho atual, a combinação da IA e da robótica migrará para as posições de poder, responsabilidade e prestação de contas, e exigirá, portanto, uma ampla governança.

Reconhecendo que a IA causará grandes impactos disruptivos na sociedade, no planeta e na economia, algumas das principais corporações da área – Microsoft, Amazon, Facebook, IBM, Google e DeepMind – se juntaram em uma "parceria em IA para beneficiar as pessoas e a sociedade".

O objetivo da parceria é "estudar e formular as melhores práticas sobre tecnologias de IA para aumentar a compreensão do público sobre a IA e para servir como uma plataforma aberta para a discussão e o compromisso relacionado à IA e sua influência sobre as pessoas e a sociedade".[127] Na verdade, a criação de equipes e divisões de ética dentro das empresas começou a ganhar impulso, conforme evidenciado pela empresa DeepMind.[128] Esse movimento astuto pretende convencer o público de que a indústria conhece sua responsabilidade. As companhias estão tentando demonstrar essa responsabilidade com os bilhões de dólares que investiram e as centenas de empresas que adquiriram ao longo dos últimos cinco anos (Figura 16, p. 180), abraçando as preocupações de pensadores como Stuart Russell sobre as implicações de uma IA cada vez mais inteligente.[129]

Uma inteligência artificial inteligente

Por Stuart Russell, professor de ciência da computação da Universidade da Califórnia, em Berkeley, nos Estados Unidos

A pesquisa em IA está progredindo rapidamente, com a chegada de novos recursos em velocidades cada vez maiores, levando a novos aumentos nos investimentos em P&D. Poucos pesquisado-

---

127. Partnership on AI, 2017.
128. DeepMind Ethics & Society, 2017.
129. CB Insights, 2017.

res da área acreditam que existam limites intrínsecos à inteligência da máquina, e menos ainda defendem a autoimposição de limites. Assim, é prudente antecipar a possibilidade de que as máquinas excedam as capacidades humanas, da mesma forma como fez Alan Turing em 1951: "Se uma máquina puder pensar, ela poderá pensar de forma mais inteligente do que nós... Esse novo perigo... certamente é algo que pode nos deixar ansiosos".[130]

Até agora, a abordagem mais comum para a criação de máquinas inteligentes é provê-las com os nossos objetivos desejados e com algoritmos para que possam encontrar formas de alcançar esses objetivos. (Como alternativa, nós poderíamos pré-programar comportamentos, mas, para isso, os humanos teriam de realizar todo o trabalho mental, que perde de vista o foco da IA e, além disso, é algo simplesmente impossível, mesmo para tarefas simples como jogar xadrez.) Infelizmente, como descobriu o Rei Midas contra si mesmo, não sabemos especificar nossos objetivos de forma tão completa e bem calibrada a ponto de impossibilitar que uma máquina encontre uma maneira indesejável de alcançá-los. Esse é o problema do alinhamento de valores: se uma máquina suficientemente capaz recebe objetivos que estão desalinhados com nossos objetivos verdadeiros – até mesmo no sentido de ser simplesmente incompletos –, então é como se estivéssemos jogando xadrez com a máquina, tendo o mundo como tabuleiro e a humanidade como peças. Turing sugeriu "desligar a eletricidade em momentos estratégicos" como uma possível solução, mas uma máquina superinteligente terá provavelmente tomado medidas para impedir que isso aconteça – não por um instinto qualquer de sobrevivência, mas porque a morte a impediria de alcançar os objetivos definidos.

Devemos presumir que um sistema suficientemente capaz resolverá qualquer problema de decisão que lhe for entregue; o truque é definir o problema de tal forma a ser comprovadamente benéfica a solução que a máquina encontrar. Isso soa como uma contradição,

---

130. Turing, 1951.

mas na verdade é possível. A ideia principal é que o objetivo da máquina é maximizar o verdadeiro objetivo humano, mas ela não o conhece inicialmente. É precisamente essa incerteza que evita a busca obstinada e potencialmente catastrófica de um objetivo parcial ou errôneo. A incerteza inicial da máquina pode ser resolvida gradualmente, observando as ações humanas, que revelam informações sobre os verdadeiros objetivos subjacentes. Em alguns casos, pelo menos, o ser humano está provavelmente melhor com a máquina do que sem ela. É até mesmo possível convencer uma máquina a permitir que a desliguemos (talvez Turing estivesse certo, afinal): um ser humano racional somente a desligaria se ela estivesse prestes a realizar algo prejudicial ao verdadeiro objetivo do ser humano – que também é, por definição, o objetivo da máquina, então ela ganharia ao ser desligada nesse caso.

Essas ideias oferecem esperança para o possível desenvolvimento de uma disciplina de engenharia que gire em torno de sistemas comprovadamente benéficos, permitindo um caminho seguro para a IA. É desnecessário dizer que existem complicações: os seres humanos são maldosos, irracionais, incoerentes, fracos, computacionalmente limitados e heterogêneos, e todos esses elementos conspiram para que o aprendizado sobre os valores humanos a partir do comportamento humano seja uma empreitada difícil. Por outro lado, os desenvolvimentos de curto prazo, como assistentes pessoais inteligentes e robôs domésticos, oferecem um incentivo muito forte para a compreensão do alinhamento de valores: assistentes que reservam quartos de US$ 20.000 por noite para os empregados e robôs que cozinham o gato para o jantar da família não se mostrarão populares.

8.2. Em breve, a IA estará aprendendo enquanto trabalha

A IA tem seus obstáculos. Os atuais indicadores foram definidos pelo reconhecimento de padrões por força bruta e, assim, ligeiras alterações aos sinais de entrada podem destruir os modelos do aprendizado automático. É possível que as abordagens atuais não tenham estruturas suficientemente sólidas para conseguir enfrentar os maiores desafios da IA, como resolver o problema do "senso comum" ou replicar a consciência situacional. Os pesquisadores querem que as máquinas realizem a ação apropriada com base no contexto situacional e generalizem o comportamento sem ter de treiná-la por meio de vastos conjuntos de dados, mas isso ainda não é possível.

As novas tecnologias, como a computação quântica, podem ser capazes de mudar a forma como os aplicativos de IA interrogam os problemas e aprendem com os circuitos de *feedback*, talvez imitando a apreciação cognitiva humana em relação ao mundo. Se assim for, elas poderiam trazer benefícios econômicos ao erodir o erro humano e assumir tarefas sintéticas que levam à fadiga.

Mesmo sem esses avanços, o progresso é rápido e as expectativas são grandes. Estamos desenvolvendo robôs que serão enviados para Marte, robôs para ajudar os enfermeiros e até mesmo para construírem-se a si mesmos.[131] Enxames de minúsculos robôs, controlados na nuvem por IA, um dia poderão alimentar dados por meio de aplicativos de IA para servidores centralizados capazes de realizar tarefas de coordenação e implantação de recursos. A IA já está avançando em profissões baseadas no conhecimento, como o direito, a medicina, a contabilidade e o jornalismo. Mesmo que ela não substitua completamente advogados ou médicos, os aplicativos de IA que podem sintetizar e analisar estudos de caso e diagnósticos de imagens vão mudar essas profissões. Enquanto a IA está ocupada com seu próprio aprimoramento, os gastos da indústria de robótica deverão ultrapassar US$ 135 bilhões em 2019, quase o dobro do valor de 2015.[132] Os veículos não somente perderão seus motoristas, mas os próprios veículos poderão ser construídos por robôs, especialmente porque a indústria automotiva é a principal compradora de robôs automatizados (Figura 17, p. 186).[133]

Em muitas áreas da economia, a crescente automação pode criar novos tipos de postos de trabalho, enquanto outros se tornarão obsoletos. O transporte automatizado por caminhão, por exemplo, poderá trazer perdas de emprego a toda a indústria de logística.[134]

---

131. Murphy, 2016; Conner-Simons, 2016; Hardesty, 2013.
132. Vanian, 2016.
133. Pittman, 2016.
134. Petersen, 2016; Wakefield, 2016a; Agence France-Presse, 2016.

Figura 17: Número de robôs industriais multiúso (todos os tipos) por 10 mil funcionários na indústria automotiva e em todas as outras, 2014

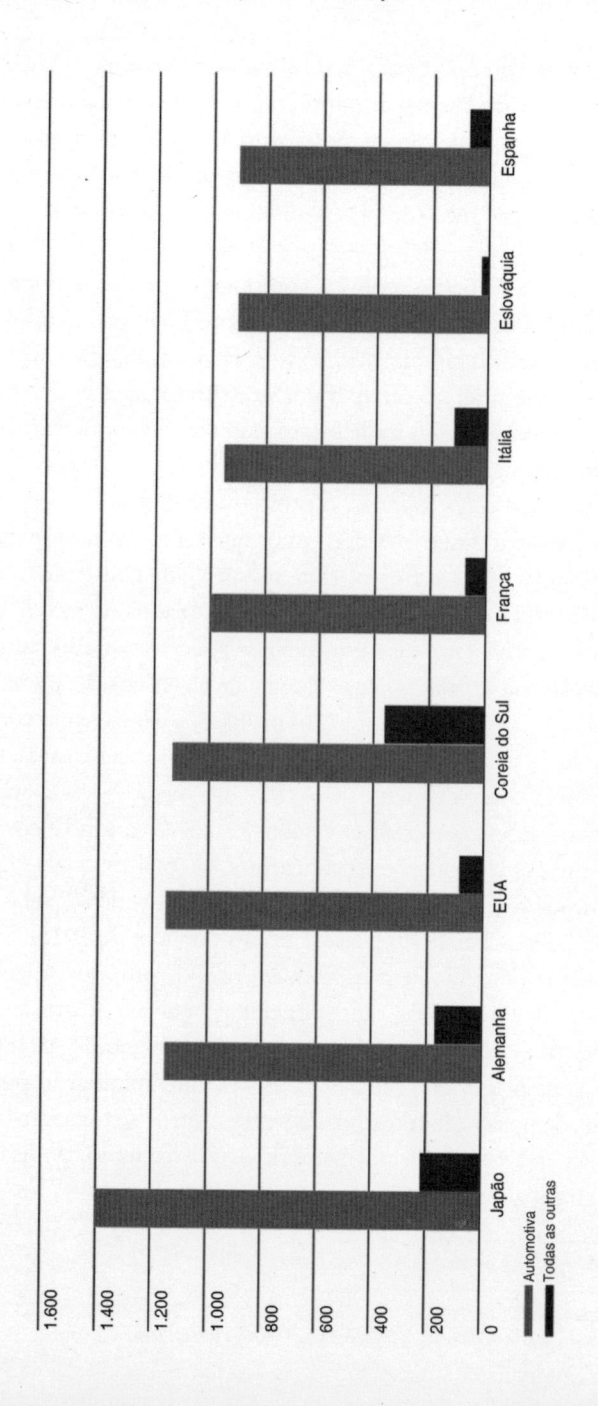

Automotiva
Todas as outras

Fonte: Pittman, 2016.

Espera-se que o impacto da IA e da robótica nos mercados de trabalho aumente tanto em regiões desenvolvidas quanto nas áreas em desenvolvimento. Nos EUA, as estimativas variam entre 10% para quase 50% de empregos em risco de informatização.[135, 136] Na China, as fábricas da Foxconn substituíram 60 mil trabalhadores por robôs ao longo de dois anos.[137] A automação pode minar a industrialização nos países em desenvolvimento ao acabar com a vantagem do custo do trabalho que antes possuíam: a produção, que havia sido levada para o exterior pelos países desenvolvidos, está, agora, voltando.[138]

As consequências para a economia global são imensas e imprevisíveis. Os economistas estão ocupados modelando as potenciais economias automatizadas do pós-trabalho e os educadores estão prevendo os conjuntos de competências que a mão de obra de amanhã precisará ter.[139] A necessidade de colaboração e cooperação *multistakeholder* (multilateral) nunca foi tão grande; as autoridades políticas, empresários e líderes da sociedade civil precisarão encontrar compromissos entre desejos econômicos e sociais para atingir esse objetivo. Os líderes e as autoridades políticas também precisarão abordar as vulnerabilidades da segurança da IA. Enquanto oferecem inúmeras oportunidades para a sociedade, os aplicativos especializados da IA também são vulneráveis e podem ser enganados, *hackeados* ou confundidos. Serão necessários esforços para garantir que as decisões tomadas por máquinas sejam programadas de forma segura, resistentes à sabotagem ou exploração por meio de ataques cibernéticos.

Subjacente a esse problema crítico existe outro com implicações mais amplas: as maneiras como os algoritmos do aprendizado automático tomarão decisões ainda permanecem obscuras para seus criadores humanos, o que levanta questões sobre a aceitabilidade da delegação de autoridade a eles. No mundo humano, explicação e confiança estão profundamente ligadas. Mesmo que, por exemplo, a IA consiga prever melhor que os humanos quais prisioneiros serão reincidentes ou quais mutuários deixarão de pagar seu empréstimo, talvez nos sintamos desconfortáveis em permitir que máquinas tomem essas decisões, caso elas não consigam expli-

---

135. McKinsey & Company, 2017.
136. Frey e Osborne, 2013.
137. Wakefield, 2016a.
138. Cohen et al., 2016.
139. LaGrandeur e Hughes (Eds.), 2017; Fórum Econômico Mundial, 2016; OECD, 2016.

car seu raciocínio. Isso é especialmente verdadeiro quando os algoritmos mostram preconceito ao analisar conjuntos de dados que refletem o preconceito humano. Eles podem detectar padrões úteis, mas, sem entender a máquina, podemos achar que as decisões são falhas. Os maiores problemas que as partes interessadas devem considerar incluem:

- Normas éticas: é necessária a criação de princípios e diretrizes relativos aos padrões éticos e expectativas normativas dos processos autônomos e máquinas. Vários órgãos e grupos, tal como o UK Engineering and Physical Sciences Research Council (Conselho de Pesquisa de Engenharia e Ciências Físicas) (EPSRC), propuseram "princípios de robótica", mas não existe um conjunto abrangente, ou global, de normas;[140]
- IA e governança robótica: a falta de conhecimentos gerais sobre pesquisa em IA e aplicativos cria um desafio de previsão para as autoridades políticas. Além disso, é difícil determinar quais instituições devem tomar decisões sobre as políticas de IA. O reconhecimento desses fatores cria espaços para procedimentos inovadores de governança e a potencial criação de novos tipos de comissões, agências ou grupos consultivos, cuja autoridade deverá ainda ser cimentada;
- Resolução de conflitos: atualmente, não existem estruturas estabelecidas ou melhores práticas para resolver os conflitos associados aos sistemas e aplicações da IA. Várias dificuldades relacionadas à antecipação dos potenciais conflitos complicam o desenvolvimento dessas estruturas. Por exemplo, as pesquisas em IA não são regulamentadas – mesmo que os produtos que utilizam os aplicativos de IA o sejam –, de forma que o ônus regulatório é posto no nível dos produtos.

Quão profundamente a IA estará integrada à economia, ao mercado de trabalho e a outras áreas desafiadoras, como nosso corpo, é um assunto que está ainda em seus estágios iniciais. Pensar no futuro e montar uma grande variedade de perspectivas sobre o impacto da IA e da robótica são essenciais para podermos antecipar os resultados potenciais e incentivar diversos pontos de vista.

---

140. EPSRC, 2017.

Dez coisas que atualmente todo mundo deve saber sobre a IA

1. A IA muda ao longo do tempo. A atual IA refere-se mais frequentemente à aprendizagem automática – abordagens de *softwares* que vão desde os modelos de regressão linear até as árvores de decisão, as redes Bayesianas, as redes neurais artificiais e os algoritmos evolutivos. Na década de 1960, a mobilidade robótica foi um marco da IA. Hoje, a derrota dos mestres mundiais de Go é a maior e mais recente conquista. Nossa percepção do que é inteligência artificial e o que ela pode fazer muda cada vez que um grande marco é ultrapassado.
2. A inteligência artificial geral não existe, mas nós já estamos cercados pela inteligência artificial estreita. Os sistemas atuais de IA estão melhorando rapidamente em tarefas específicas e bem definidas, mas ainda lhes faltam um contexto mais amplo e o senso comum que os seres humanos dão por garantido. Enquanto isso, o algoritmo de busca da Google, as capacidades de conversa da Siri da Apple e a forma como seu *smartphone* prevê a próxima palavra que você vai digitar são todas tarefas específicas da IA estreita. Outras importantes aplicações da IA, mas menos visíveis, incluem os anúncios *on-line* que serão exibidos, o apoio à segurança cibernética, o controle de robôs industriais, os veículos autônomos, a realização de resumos de textos e o diagnóstico de certas doenças.
3. IA, robôs e seres humanos funcionam melhor quando trabalham juntos. Jogadores humanos de xadrez em colaboração com os programas de xadrez com IA vencem consistentemente outros seres humanos e outros computadores que jogam por conta própria.[141] Robôs inteligentes também se

---

141. Baraniuk, 2015.

beneficiam da colaboração com os seres humanos – o programa CoBot, da Carnegie Mellon, usa robôs colaborativos para guiar os visitantes até as reuniões e executar tarefas como buscar documentos. Os CoBots pedem ajuda de forma proativa aos humanos para fazer coisas como pegar objetos, chamar um elevador ou encontrar o caminho de casa quando se perderem.

4. Os sistemas de IA precisam da nossa ajuda para o estabelecimento de metas. Talvez estejamos nos preocupando em demasia com a perspectiva de uma "superinteligência artificial" em um futuro próximo, mas, se não tomarmos cuidado quando estivermos orientando os sistemas de IA para objetivos específicos, não há dúvida de que poderão haver consequências nocivas ou indesejadas. Conforme afirmado por Stuart Russell em outra parte deste capítulo, a chave do sucesso está em treinarmos a IA para observar pessoas e alinhar seus objetivos com os valores e objetivos humanos.

5. Muitos dos atuais sistemas de IA funcionam como caixas-pretas. Nós ainda não entendemos completamente como alguns dos algoritmos mais populares de aprendizagem automática – como as redes neurais artificiais e as abordagens de aprendizagem profundo – chegam a suas conclusões. É tecnicamente possível analisar seus processos, mas a IA provavelmente modificará essa abordagem em sua próxima decisão. Isso significa que é difícil verificar os resultados e, de certa forma, limita a capacidade dos seres humanos de aprender com as máquinas no momento em que elas tomam decisões independentes.

6. Atualmente, os recursos da IA são abertos e estão disponíveis. Grande parte do trabalho mais inovador em aprendizagem automática está sendo realizado pelos departamentos universitários de pesquisa e empresários ao redor do mundo. Uma parte significativa desse conhecimento é aberto (*open source*), e por boas razões; sem transparência, não será fácil isolarmos problemas e realizarmos os ajustes críticos.

Em apenas alguns minutos é possível encontrar um *bot* com IA, baseado em nuvem, que possa nos ajudar com o processamento personalizado da linguagem natural ou reconhecimento de imagem.
7. O uso da IA requer que os indivíduos deixem seus dados em ordem. Enquanto vários sistemas de IA ajudam as pessoas a entender os dados existentes fora de suas organizações, para que se possa aplicar a aprendizagem automática aos próprios dados privados é preciso garantir que eles estejam adequadamente organizados e protegidos. Para muitas organizações, o gerenciamento de dados é um dos maiores desafios. Felizmente, alguns sistemas de IA estão sendo desenvolvidos para ajudar a pesquisar e descobrir dados nos sistemas e servidores da empresa, bem como organizá-los para atingir este pré-requisito.
8. Até mesmo os sistemas de IA mais inteligentes podem ser tendenciosos e falhos. A precisão e a utilidade de quaisquer algoritmos dependem de como eles foram projetados e da natureza dos dados por meio dos quais foram treinados. Há inúmeros casos de algoritmos poderosos que exibem algum tipo de preconceito ou que produzem respostas altamente imprecisas graças à má especificação ou à falta de representatividade dos dados de treinamento.
9. A IA e a robótica vão transformar as tarefas em vez de tornar os seres humanos obsoletos. Com exceções notáveis (como os entregadores e os caixas), uma porcentagem muito pequena de ocupações é totalmente automatizável. Em vez disso, como mostrou a análise realizada pela AlphaBeta, o maior impacto da IA e da robótica sobre o futuro do trabalho será a automação de uma gama de tarefas repetitivas ou técnicas, liberando o tempo das pessoas para trabalhos mais interpessoais e criativos.
10. Os impactos da IA e da robótica dependem de como nós os adotaremos. A forma que os sistemas de IA e de robótica são aplicados pelas organizações para os problemas da vida

real é o principal fator de seu impacto. Isso significa que, conforme os sistemas robóticos e de IA forem se tornando mais poderosos e capazes, o processo de tomada de decisão das diretorias e gerências para determinar onde e quando usá-los também ganhará maior importância.

CINCO IDEIAS-CHAVE

1. A IA melhorou rapidamente nos últimos anos devido a técnicas de aprendizagem automática que tiram proveito do aumento da disponibilidade de dados, sensores e capacidade de processamento. A aprendizagem automática atingiu um nível em que é capaz de imitar muito bem a interação humana (ou se sair muito melhor que os humanos) em cenários restritos, envolvendo áreas como jogabilidade, consultas no atendimento ao cliente, diagnóstico médico e navegação de veículos autônomos.
2. O potencial da robótica aumentou na última década à medida que a IA começou a alimentar novos sistemas físicos. Humanos e máquinas, trabalhando juntos, provavelmente começarão a assumir e reduzir o número de funções tradicionalmente executadas por pessoas especializadas ou qualificadas, como médicos, advogados, pilotos e motoristas de caminhão. Isso está criando preocupações sobre o papel do conhecimento especializado das pessoas e até onde a inteligência e o discernimento humano serão necessários para muitas tarefas que poderiam ser executadas por sistemas automatizados.
3. Para obterem conhecimentos dos grandes *caches* de dados gratuitos (os dados dos satélites, por exemplo) as empresas estão colocando a IA para trabalhar, e os empresários inovadores começaram a criar novas fontes de valor a partir desses dados. A IA, como geradora de novos conhecimentos a par-

tir de dados livremente disponíveis, é uma nova e importante colaboradora para o conhecimento econômico e científico e poderá ser muito útil para a elaboração de políticas relacionadas a áreas como monitoramento e proteção ambiental.

4. As preocupações éticas relativas à IA e à robótica são uma prioridade particularmente alta para muitas pessoas e organizações, poia a IA é capaz de causar impactos em todos os lugares, no mercado de trabalho, na condução de veículos, nas decisões sobre crédito etc. Essas preocupações éticas estão muitas vezes relacionadas às questões de transparência, responsabilidade e tipos de preconceito embutidos nos algoritmos que propulsionam a IA.

5. IA e robótica exigirão uma governança colaborativa, pois as questões que envolvem resolução de conflitos, padrões éticos, regulamentação de dados e elaboração de políticas se tornarão prioridades em todo o mundo. Por exemplo, robôs controlados por IA, tais como armas letais autônomas, constituem uma profunda preocupação ética para as organizações internacionais, que veem seu potencial para provocar danos tanto em zonas de conflito global como em cenários internos.

CAPÍTULO 9
Materiais modernos*

Na Quarta Revolução Industrial, os materiais são os tijolos da inovação. Durante os próximos vinte anos, a capacidade de manipular os fundamentos materiais de muitas tecnologias, desde seu nível atômico, poderá ajudar a resolver alguns dos desafios mais assustadores do mundo. Os ciclos virtuosos de feedback *das inovações criadas pela aplicação da ciência dos materiais possibilitaram a miniaturização das tecnologias da computação, que, por sua vez, estão ajudando os cientistas em várias áreas com o objetivo de desenvolver novos produtos, que vão desde organismos sintéticos até baterias de grafeno.*

A ciência dos materiais poderá criar sensores que transformam a perda de calor em eletricidade, nanorobôs que aplicam remédios de reparação celular, e resolver inúmeros outros desafios somente por meio de avaliações criteriosas e investimentos com objetivos de longo prazo. Assim como as nanotecnologias e os novos materiais podem ser usados para o bem, os nanopoluentes podem causar danos ecológicos devastadores, nanosensores podem oferecer graves riscos à privacidade e à segurança e as novas capacidades marciais podem ser usadas para intensificar as armas explosivas e químicas. Estruturas comuns de governança, bem como uma maior investigação sobre as implicações ecológicas dos materiais, serão necessárias para que as indústrias, as sociedades e o meio ambiente possam maximizar os benefícios da manipulação do mundo físico e minimizar os danos imprevistos.

---

*. Contribuição de Alán Aspuru-Guzik, professor do departamento de química e biologia química da Universidade de Harvard, nos EUA; Bernard Meyerson, diretor de inovação da IBM Corporation, nos EUA, e do Conselho do Futuro Global do Fórum Econômico Mundial sobre o Futuro dos Materiais Modernos.

9.1. Convergência, custos e prazos reduzidos

A ciência avançada dos materiais terá o maior (ou todo) impacto sobre todos os aspectos da Quarta Revolução Industrial (Figura 18). Eles são cruciais para as tecnologias e vão desde a geração, o transporte e o armazenamento de energia à filtragem da água e produtos eletrônicos de consumo. Podem não ser visíveis em todos os casos, mas eles literalmente criarão um diferente mundo material. Eles reordenarão as cadeias de valor, transformarão o ambiente e alterarão o consumo. As indústrias exigem que esses materiais satisfaçam requisitos de desempenho cada vez mais exigentes. Os processos de manufatura desses materiais devem ser sustentáveis e atender aos maiores desafios globais da civilização humana. Além disso, as ciências e tecnologias convergentes ajudarão a oferecer os melhores resultados possíveis dos materiais modernos e da nanotecnologia. Por exemplo, o desenvolvimento de plataformas de IA e robótica, combinado com o desenvolvimento de ecossistemas de *startups* maduras, poderão acelerar rapidamente as inovações nessa área.

O ideal seria que os componentes dos materiais modernos fossem originados de forma ecologicamente responsável, compostos de matérias-primas abundantes na terra e fabricados por meio de processos verdes bem integrados em uma economia circular. E também que apresentassem baixa toxicidade, causando danos mínimos ao ambiente. No entanto, os incentivos de mercado sozinhos – incluindo a demanda do consumidor e o risco à reputação – talvez não sejam suficientes para forçar os fabricantes dos novos materiais a aceitar a responsabilidade pelos impactos ambientais causados por eles.

Conforme os novos materiais são introduzidos no mercado, será necessário implementar estratégias eficazes para a sua reciclagem, reutilização e reaproveitamento. Além da pressão dos consumidores e dos riscos à reputação, a regulamentação do governo será fundamental para que os fabricantes se responsabilizem pelos impactos ambientais. Felizmente, para cumprir nossas metas de sustentabilidade, outras tecnologias da Quarta Revolução Industrial oferecem soluções inovadoras nessa área de governança. Por exemplo, a integração dos materiais com as tecnologias do *blockchain* poderia ajudar a implementar um banco de dados

Figura 18: Exemplos de produtos químicos e de materiais modernos usados em tecnologias-chave

		Taxas de crescimento das principais inovações	Exemplos de produtos relevantes da química e materiais modernos
MOBILIDADE	Veículos elétricos	Vendas anuais de veículos elétricos 2020: 4,9 milhões	Tecnologias de plásticos, materiais compostos e bateria
	Drones	Tamanho do mercado de *drones** 2015: US$ 10,1 bilhões 2020: US$ 14,9 bilhões	Tecnologias de plásticos, materiais compostos e bateria
DISPOSITIVOS MÓVEIS E INTELIGENTES	*Smartphones* e *tablets*	Dispositivos móveis em uso 2015: 8,6 bilhões 2020: 12,1 bilhões	Substrato, *backplane*, condutor transparente, filmes de barreira e fotossensíveis
	Telas flexíveis (ex.: dispositivos vestíveis, RV, TVs)	Mercado para telas AMOLED** 2016: US$ 2 bilhões 2020: US$ 18 bilhões	Substrato, *backplane*, condutor transparente, filmes de barreira e fotossensíveis
CONECTIVIDADE E COMPUTAÇÃO	Internet de alta velocidade	Velocidade de banda larga fixa 2015: 24,7 Mbps 2020: 47,7 Mbps	Clorossilano ultrapuro
	Circuitos integrados mais eficientes e menores	Tamanho da porta lógica 2015: 14 mm 2019: 7 mm	Dielétrica, sílica coloidal, resina fotossensível, melhorador de rendimento e removedor de frisos

* Setores de segurança nacional, de defesa e comercial
** LED orgânico de matriz ativa

Fonte: Fórum Econômico Mundial, 2017b.

global para manter registros de proveniência de compra e reciclagem de materiais confiáveis. Além disso, os bancos de dados podem promover a conectividade entre os agentes de diferentes indústrias para que possam adicionar valor e oportunidades de reciclabilidade aos resíduos dos outros.

Outra questão que requer atenção é a rentabilidade das novas tecnologias. Os requisitos de melhor desempenho e redução dos custos na fabricação dos materiais afetam o lucro final. Por exemplo, a humanidade nunca armazenou energia na escala necessária para os serviços em massa. Em razão da intermitência intrínseca das fontes de energia renováveis, será necessário armazenar terawatts de energia para que consigamos passar pela transição à energia renovável. A bateria de fluxo é uma das inovações que visam a reduzir os custos de armazenamento de energia em massa. Esses são candidatos promissores para o armazenamento de energia, mas o custo de eletrólitos e membranas de alto desempenho precisa ser reduzido em 50% para ser competitivo na maioria dos mercados de energia. Algumas baterias de fluxo, no entanto, envolvem metais de transição, tais como vanádio, que não são elementos suficientemente abundantes na terra para armazenar a energia necessária para um cenário generalizado de energia limpa.

A descoberta, o desenvolvimento e a implementação de novos materiais depende tradicionalmente de muito capital. Eles também costumam envolver longos prazos – uma nova tecnologia de materiais chega geralmente aos mercados somente após 10 a 20 anos de pesquisas básica e aplicada. Nesse caso, também, outras tecnologias da Quarta Revolução Industrial poderiam ajudar. As plataformas que usam a IA e os grandes bancos de dados materiais unidos à robótica prometem um processo globalizante e acelerado para a descoberta de materiais. A transferência de conhecimento por todos os setores da indústria é também outro desafio e oportunidade para promover a descoberta de materiais modernos. A transformação dos atuais processos de descoberta de materiais nessas plataformas integradas requer a colaboração entre governo, indústria e *startups*. O avanço da indústria precisa de pesquisas contínuas e investimentos a longo prazo, bem como diálogos entre todas as partes interessadas.

A expansão da aplicação dos materiais modernos

Por Bernard Meyerson,
diretor de inovação da IBM Corporation, nos EUA

Afirmar que os materiais modernos são coisas que fazem parte da vida é subestimar a realidade de forma extrema. Está historicamente claro que os avanços dos materiais foram transformacionais, conforme pode ser evidenciado pela nomenclatura utilizada para descrever seus períodos: Idade da Pedra, Idade do Bronze e Idade do Ferro. A própria evolução das ferramentas que foram possíveis em cada uma dessas "idades" revolucionou a vida no planeta, mas recentemente o ritmo dessa evolução se acelerou dramaticamente.

Para colocar as coisas em perspectiva, o avanço dos materiais em apenas um sistema, o dos semicondutores, revolucionou a sociedade moderna. A implantação generalizada de tecnologias da computação e da comunicação resultou, nas últimas quatro décadas, em um aumento superior a um milhão de vezes na capacidade da tecnologia de semicondutores. Em aproximadamente 40 anos, passamos do envio de homens à Lua, utilizando cerca de 4.000 *bytes* de memória de computador, para *smartphones* que, rotineiramente, acessam 64 bilhões de *bytes* de dados, impulsionados pelos enormes avanços na ciência dos materiais subjacentes. Um dos desafios é que esse tipo de tendência não dura para sempre, e as descontinuidades em tendências de longo prazo podem ser altamente disruptivas.

Os avanços constantes reduziram as dimensões dos materiais semicondutores utilizados nas camadas de transistores, que hoje têm a espessura de alguns poucos átomos. Nessas dimensões, os comportamentos da mecânica quântica passam a afetar os materiais, inutilizando-os para a próxima geração de aplicativos. Desse modo, um foco importante das indústrias impactadas é a P&D de materiais modernos em busca de caminhos alternativos para dar continuidade aos avanços. Reconhecendo a enormidade desse desafio, já é possível ver mudanças drásticas na origem dos novos progressos em tecnologia da informação e nas competências necessárias para essa busca.

Praticamente todos os desenvolvimentos de materiais modernos causam impactos na sociedade. Na verdade, os impactos sociais e interdependências desses esforços são bastante notáveis. Considere o desafio de fornecer água potável para uma sociedade global que aumentará em milhares de milhões de indivíduos nas próximas duas décadas. Tendo em vista que os reservatórios e aquíferos atuais estão esgotados, as fontes de água com uso intenso de energia, como a dessalinização, tornam-se meios vitais para complementar as fontes existentes. A purificação por osmose reversa, que está subjacente a esse processo, exigirá materiais membranosos cada vez mais eficientes para que essa opção possa ser adequadamente redimensionada.

No entanto, mesmo com as melhorias significativas nas membranas, esse esforço exigirá grandes quantidades de novos recursos energéticos. E, mais uma vez, os materiais modernos serão convocados para superar esse desafio.

A capacidade de gerar energia sem aumentar o aquecimento global requer avanços dramáticos em materiais associados à produção de energia. As energias renováveis via energia fotovoltaica, solar térmica, eólica e outras poderão se beneficiar dos avanços em seus respectivos sistemas de materiais. Ainda mais importante que isso talvez seja a capacidade de armazenar e liberar essa energia de forma eficiente por meio de materiais que melhoram muito as tecnologias das baterias, o que faz com que seja mais prático utilizar essas fontes renováveis para substituir a capacidade tradicional de geração de energia. Em uma veia paralela, os avanços das tecnologias que permitem o encapsulamento de combustível nuclear poderiam viabilizar reatores nucleares mais econômicos com a utilização de refrigeração a gás, que seria inerentemente segura por causa da contenção do combustível, e a opção de recorrer à refrigeração passiva por meio de ar no caso de falha.

Os desafios globais que enfrentamos como sociedade lidam com as demandas sempre crescentes por recursos naturais diante da diminuição de sua disponibilidade, o que exige que nós continuemos a inovar em diversas áreas técnicas e sociais, e oferece a possibilidade de atenuar as questões emergentes. Os avanços nos materiais são uma das opções mais promissoras em relação ao desenvolvimento de soluções para nossas questões mais prementes.

9.2. Inspiração, colaboração e investimento de capital

Os benefícios coletivos da ciência dos materiais e da nanotecnologia exigirão esforços colaborativos. A formação de uma força de trabalho multidisciplinar para a descoberta, a produção e a integração de materiais modernos exigirá o apoio da academia, do governo e da indústria. As coalizões internacionais em torno desses temas são essenciais para levar adiante o caso dos materiais modernos. Felizmente, já existem exemplos de esforços de colaboração nesse campo, por exemplo, projetos de pesquisa como a Iniciativa Genoma de Materiais (*Materials Genome Initiative*), bem como coalizões internacionais como a Missão Inovação (*Mission Inovation*), uma coalizão de 23 países que está desenvolvendo uma plataforma para a descoberta de materiais modernos de energia.

Para acelerar a descoberta e a implementação de novos materiais, a indústria química já está aceitando a sugestão de outros modelos de inovação. Por exemplo, na indústria de *software*, a combinação entre grandes operadores industriais com capital de risco sofisticado e os ecossistemas das *startups* tem canalizado um ciclo virtuoso de crescimento e desenvolvimento. O cenário das *startups* para novos materiais é menos vigoroso – mas isso pode mudar com incubadoras de materiais que oferecem incentivos e infraestruturas adequadas. Os investidores, cientes da natureza de longo prazo dessa área da ciência e da tecnologia, devem reconhecer esse potencial. Com o apoio certo, as empresas jovens poderiam coexistir com os grandes consórcios multinacionais, obedecendo às culturas de interação e aos mecanismos adequados.

Esse ambiente de desenvolvimento protegido pode levar a resultados de inovação mutuamente benéficos, ainda que disruptivos, criando materiais que funcionam como a base de novas tecnologias e indústrias. No futuro distante, quando as tecnologias como as viagens espaciais de longa distância e a fusão nuclear forem comuns, os materiais com exigências sem precedentes, resistência a altos níveis de radiação, por exemplo, serão os motivadores dessas aplicações. Nas colônias espaciais, por exemplo, a manufatura *in situ* (em seu local original) a partir de matérias-primas exigiria o desenvolvimento e a implantação de fábricas modulares miniaturizadas que serão tão transformadoras para a humanidade quanto o são as impressoras 3D atualmente.

Com o desenrolar da Quarta Revolução Industrial, nosso mundo continuará precisando de soluções para os problemas dos materiais e os problemas dos materiais terão soluções dadas por líderes colaborativos com perspectivas de longo prazo e mentes criativas, indivíduos que conseguem se concentrar na prioridade imponente da mitigação de riscos.

No início dos anos 2000, as nanotecnologias receberam muita atenção com foco nos riscos potenciais das nanopartículas dos nanopoluentes e da infame "gosma cinzenta" (*grey goo*). Desde então, houve o aumento do financiamento a diferentes organizações do governo (Figura 19). A atenção às preocupações da nanotecnologia e das partes interessadas levou a recomendações de políticas internacionais, por exemplo, as reuniões sobre políticas para as indústrias de cosméticos e alimentos realizadas pelo Conselho Internacional de Gestão do Risco (*International Risk Governance Council*, ou IRGC, na sigla em inglês).

Atualmente, no entanto, a discussão mais ampla inclui os novos riscos à privacidade oferecidos por nanorobôs e nanosensores que podem se infiltrar em áreas seguras, bem como os riscos à segurança oferecidos por nanomateriais que podem ser utilizados para criar explosivos e armas químicas. Adicione os danos irreversíveis à saúde humana e ao ambiente que podem ser causados por outros produtos feitos com materiais modificados e muitas preocupações passam a exigir nossa atenção.

No entanto, a variedade de áreas nas quais os materiais modernos e as nanotecnologias podem ser aplicados torna difícil a criação de um quadro de políticas do tipo "tamanho único". A dependência da indústria com relação aos materiais não deixa nenhuma alternativa senão abordar as questões relevantes. Entre as preocupações que as coligações de interessados devem considerar para gerenciar os riscos e inspirar a inovação em desenvolvimento de materiais estão:

— A falta de consenso sobre os problemas que podem ser resolvidos pela aplicação da tecnologia ou pelas estruturas de incentivos e mudanças de comportamento. Dado que as nações em diferentes fases da curva de desenvolvimento toleram riscos de forma desigual em

Figura 19: O financiamento dos EUA em iniciativa de nanotecnologia ultrapassou US$ 1 bilhão por mais de uma década

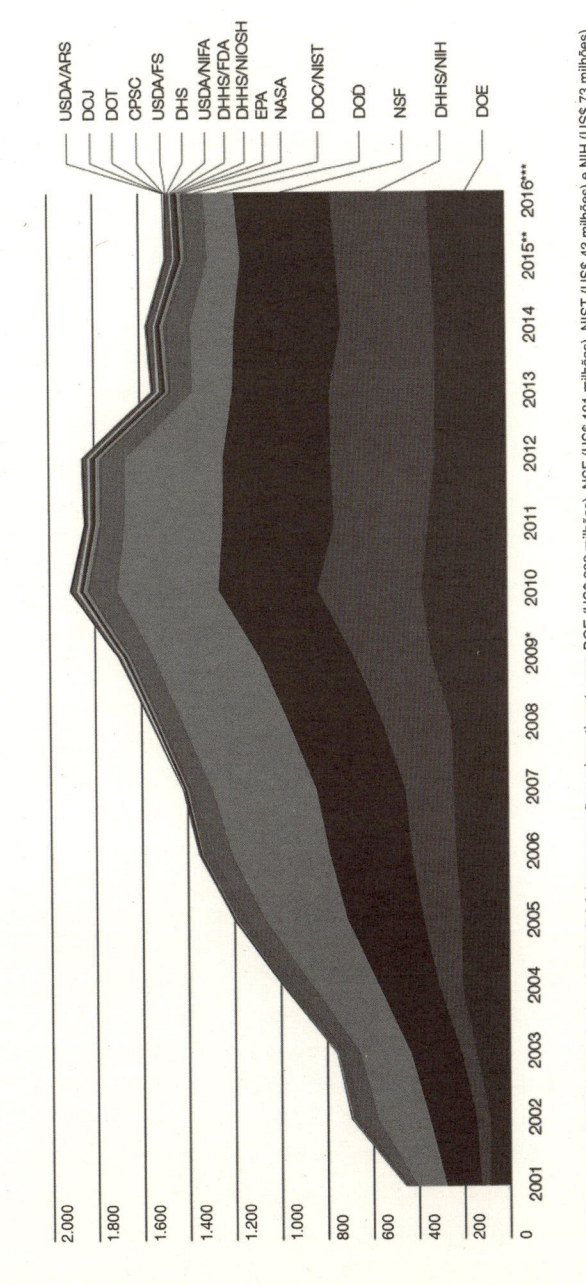

Séries (de cima para baixo): USDA/ARS, DOJ, DOT, CPSC, USDA/FS, DHS, USDA/NIFA, DHHS/FDA, DHHS/NIOSH, EPA, NASA, DOC/NIST, DOD, NSF, DHHS/NIH, DOE.

Eixo Y: 0, 200, 400, 600, 800, 1.000, 1.200, 1.400, 1.600, 1.800, 2.000.
Eixo X: 2001, 2002, 2003, 2004, 2005, 2006, 2007, 2008, 2009*, 2010, 2011, 2012, 2013, 2014, 2015**, 2016***.

* Os números de 2009 não incluem os fundos da lei de recuperação e reinvestimento para DOE (US$ 293 milhões), NSF (US$ 101 milhões), NIST (US$ 43 milhões) e NIH (US$ 73 milhões).
** Estimativa de 2015, baseada nos parâmetros divulgados de 2015; pode mudar conforme os planos operacionais são finalizados.
*** Orçamento de 2016.

Fonte: US National Nanotechnology Initiative, 2017.

busca de vantagens econômicas, é fundamental que as prioridades sejam alinhadas internacionalmente. Os interessados devem trabalhar juntos para estabelecer a comunicação internacional e a governança global;

- O conhecimento limitado sobre os efeitos ecológicos dos novos materiais e das nanotecnologias ou seu impacto sobre questões relacionadas à saúde apresenta problemas para a criação de condições padronizadas. Um maior número de investigações, estudos longitudinais e princípios institucionais que priorizam a saúde e a segurança das pessoas e do ambiente ajudaria a aplacar os receios quanto à aplicação potencialmente prejudicial das nanotecnologias;
- A propriedade intelectual é um obstáculo que impede os esforços para incentivar a partilha das informações, a qual proporciona uma melhor compreensão do que está ocorrendo naquela área. A falta de informações claras sobre o que é realizado dificulta a criação de políticas eficazes que dizem respeito à segurança e à mitigação dos riscos. A redução dos obstáculos legais para o compartilhamento teria o benefício adicional de ajudar a estimular a inovação;
- Conforme a viabilidade econômica para a produção em escala de materiais modernos e nanotecnologias vai se tornando um desafio, cresce o potencial de que as externalidades ambientais ou relacionadas à saúde afetarão as relações transnacionais. Para gerenciar a aplicação dessas tecnologias transformadoras, será necessária uma liderança internacional cooperativa e colaborativa.

CINCO IDEIAS-CHAVE

1. Os avanços na ciência de materiais estão renovando as capacidades das tecnologias que comandam o mundo e afetam nossa vida. Os componentes dos materiais modernos se tornarão partes das tecnologias em todos os setores, e sua obtenção deverá ocorrer de forma ecologicamente responsável. Os fabricantes precisarão aceitar a responsabilidade pelos impactos ambientais que causarem, em vez de atribuí-la à cadeia de valor.

2. O cronograma do desenvolvimento de materiais, desde os investimentos até sua chegada aos mercados, é geralmente bastante longo (na ordem de décadas) e requer o uso intenso de capital. Os investimentos para o desenvolvimento de bancos de dados e a integração da aprendizagem automática poderão ajudar a acelerar os prazos, mas a falta de planejamento de investimentos de longo prazo pode ameaçar o ciclo de inovação.
3. A convergência das tecnologias e as oportunidades de inovação resultantes vão requerer esforços de colaboração de especialistas, governo e indústria para fazer avançar as questões relacionadas aos materiais modernos. Por exemplo, a abertura de financiamento e o emprego de outras tecnologias, como a dos registros distribuídos, poderiam ajudar a criar e manter bancos de dados para a obtenção de materiais confiáveis e para melhorar os sistemas de origem.
4. Os riscos envolvidos com os materiais avançados e a nanotecnologia, junto com a necessidade de colaboração multilateral, destacam a variedade das questões envolvidas e mostram a improbabilidade de uma abordagem que sirva para todos como uma boa estratégia. A reação às nanotecnologias – investimento, supervisão e orientações políticas – é um bom estudo de caso para pensar em como a sociedade, os especialistas e os reguladores abordam desafios semelhantes.
5. As principais questões enfrentadas pelos materiais avançados incluem a falta de consenso sobre os problemas, o conhecimento limitado sobre seus efeitos ecológicos, as barreiras da propriedade intelectual, os riscos dos aplicativos transnacionais e os obstáculos da transferência de conhecimentos em grande escala.

CAPÍTULO 10
Fabricação de aditivos e impressão multidimensional*

Nas sociedades mais ricas de hoje, as pessoas buscam suas mercadorias e alimentos em todo o mundo por meio de cadeias de fornecimento físicas. A impressão em 3D poderia mudar tudo isso. No futuro, nós poderemos revitalizar a produção local de bens de consumo pessoal, como roupas, eletrônicos e ferramentas, bem como produtos industriais e peças de reposição. Muitos produtos com designs específicos em aspectos geográficos e culturais podem ser obtidos digitalmente em qualquer parte do mundo, mas a mercadoria em si poderá ser manufaturada em nossa própria cidade ou região. A cadeia de valor e o movimento físico das mercadorias poderão sofrer com isso, juntamente com as empresas e centros de logística que facilitaram o comércio global dos últimos séculos. Ao contrário das tecnologias das revoluções industriais anteriores, essa tecnologia tem o potencial para reduzir a troca de bens físicos e, ao mesmo tempo, acrescentar-nos capacidade produtiva.

As impressoras 3D ainda são um produto de nicho atualmente, mas elas estão avançando rapidamente para o mercado convencional. Ao passo que a largura de banda se expande, os regulamentos sobre os dados são atualizados e o problema da transmissão de arquivos pesados se torna menor, as impressoras passam a permitir novas possibilidades de design e de personalização dos produtos, desde artigos da moda até implantes médicos. Os produtos poderão virar receitas digitais, com vários fornecedores oferecendo versões concorrentes. No entanto, esse cenário de democratização radical da produção também cria riscos. No mínimo,

---

*. Contribuição de Phill Dickens, professor de tecnologia em fabricação da Universidade de Nottingham, no Reino Unido.

a tecnologia desafiaria o atual marco regulatório e minaria o modelo de industrialização dos países com baixa renda, dependentes do trabalho de baixo custo para o desenvolvimento econômico. No máximo, ela poderia destruir as cadeias de valor e transformar as prestadoras de serviços de internet em concorrentes diretas das companhias de transporte. Em ambos os casos, os avanços dessa tecnologia trarão sérios desafios e requisitarão toda a atenção dos governos e das indústrias.

10.1. Descentralização e disrupção da manufatura

Os termos "impressão em 3D" e "fabricação aditiva" (FA) descrevem qualquer processo de criação de um objeto físico pela adição contínua de camadas de material – em contraste com os processos de fabricação convencional, em que as formas físicas surgem por remoção de material, como na usinagem, ou pela alteração da forma de uma quantidade de material, como na moldagem por injeção de plásticos ou fundição de metais. Esses termos, no entanto, não captam totalmente as capacidades de ponta da tecnologia, como a impressão biológica de tecidos orgânicos ou a impressão em 4D, na qual os objetos, depois de ser produzidos, podem mudar de forma com o tempo.

Os processos de impressão em 3D já existem há mais de 25 anos. As impressoras atraíram mais atenção recentemente, no entanto, porque se tornaram menores, mais baratas, melhores e mais versáteis. Os produtos agora têm propriedades materiais muito complexas, acabamentos detalhados e usinagem de precisão. Apesar de muitos ainda associarem a impressão em 3D a pequenos objetos de plástico, nós agora podemos imprimir diversos materiais, como metal, cerâmica e concreto, bem como materiais modernos, incluindo o grafeno (fino, forte e flexível), o carboneto de tungstênio (que pode suportar enormes cargas, usado por moinhos ou brocas, por exemplo) e materiais ecológicos de base biológica (como alternativas para o plástico, bem como os alimentos, o macarrão por exemplo).[142] A impressão em 3D com diversos materiais já existe e provavelmente se tornará comum.

A impressão em 3D facilita a produção de volumes economicamente muito inferiores e leva a manufatura para mais perto do cliente, proporcionando maior rapidez na entrega e redução dos custos de transporte. Isso

---

142. De Wargny, 2016.

poderia inverter a tendência de separar o processamento e o consumo, que começou com a Primeira Revolução Industrial, quando a energia a vapor reduziu o custo do transporte de mercadorias. Continuou a ocorrer por meio dos avanços mais recentes em conteinerização e coordenação tecnológica, permitindo a terceirização internacional da produção em economias com muita mão de obra disponível – que, atualmente, são os países em desenvolvimento. Com suas trajetórias atuais de crescimento, a impressão em 3D poderia causar disrupção de todo o sistema de produção – fabricação, transporte, logística, infraestrutura, construção, varejo e empresas aeroespaciais –, com grandes impactos sobre governos, economias e mercados de trabalho em países desenvolvidos e em desenvolvimento.[143]

O progresso da impressão em 3D vai condizer com os avanços de outras tecnologias da Quarta Revolução Industrial. Ele permitirá cada vez mais a fabricação de componentes inteligentes sob medida para sistemas ciberfísicos, com a inteligência instalada nos sensores, atuadores e fontes de alimentação para gerar e coletar dados. Enquanto isso, as novas tecnologias da computação, a nanotecnologia, os materiais modernos e a biotecnologia contribuirão para o desenvolvimento das tecnologias de impressão, criando oportunidades para que os visionários determinem seu uso em futuras instalações manufatureiras.

A impressão em 3D ainda não faz parte do mercado convencional. Atualmente, ela representa apenas cerca de 0,04% da produção global e menos de 1% de todos os bens manufaturados nos Estados Unidos.[144] No entanto, a indústria está em rápido crescimento. De acordo com Gartner, meio milhão de impressoras 3D foram enviadas para todas as partes do mundo em 2016 – o dobro do total de 2015 – e, em 2020, esse número deverá saltar para 6,7 milhões.[145] A Wohlers estima uma taxa de crescimento anual de mais de 25% para o setor de fabricação de aditivos (FA).[146] De acordo com a PricewaterhouseCoopers, em 2016, 52% dos fabricantes dos EUA esperavam que a impressão em 3D seria usada para um alto volume de produção nos próximos três a cinco anos, e 22% previam um efeito disruptivo nas cadeias de valor para o mesmo período.[147] Isso signi-

---

143. Rehnberg e Ponte, 2016.
144. Wohlers Associates, 2016.
145. Gartner, 2016.
146. Wohlers Associates, 2016.
147. PwC, 2016.

fica que a trajetória de crescimento das impressoras 3D refletirá o padrão de crescimento arquetípico do tipo taco de hóquei, onde o crescimento horizontal se torna rapidamente vertical.[148]

10.2. Customização em massa – dos artigos de moda aos órgãos impressos

A impressão em 3D oferece uma liberdade de design sem precedentes, mas pode ser empregada em quase todos os pontos da cadeia de valor (Figura 20). Empresas como a Boeing e a GE estão fabricando novas peças que reduzem a necessidade de montagem. É possível construir peças mais leves, com a redução de materiais estranhos à composição e com tramas que podem ser usadas para reduzir o peso ou aumentar a transferência de calor. O controle de qualidade também está mudando. Em vez de realizar amostragem de grandes ciclos de produção, assim que cada camada é depositada, os sistemas de controle *on-line* monitoram o interior da peça, verificando forma, tolerância e propriedades do material. A manutenção da integridade e da segurança dos modelos digitais usados para a fabricação distribuída é extremamente importante.

A combinação entre baixos volumes e a liberdade de design faz com que seja mais viável a personalização do produto. Artigos de moda personalizados estão se tornando mais comuns, enquanto o uso médico personalizado da impressão em 3D inclui os implantes personalizados, aparelhos internos de audição e implantes ortopédicos. Com efeito, a impressão em 3D poderá revolucionar toda a indústria da saúde. Conforme a população envelhece e a tecnologia se torna disponível, podemos começar a ver a impressão de produtos farmacêuticos em casa. Já é possível imprimir comprimidos com vários ingredientes ativos que podem ser liberados em uma sequência e velocidade controladas.

Os governos e as empresas farmacêuticas precisarão considerar novas questões regulatórias e modelos de negócios.

A bioimpressão, isto é, a impressão dos tecidos vivos, também está avançando de forma contínua. No futuro, é possível que órgãos inteiros sejam impressos sob demanda. Isso trará questões éticas e sociais, pois, no início, tal tecnologia estará provavelmente acessível apenas para uma minoria abastada, ampliando as desigualdades em saúde e longevidade. Ain-

---

148. Wohlers Associates, 2016.

CAPÍTULO 10 – FABRICAÇÃO DE ADITIVOS E IMPRESSÃO MULTIDIMENSIONAL | 211

Figura 20: Onde a fabricação de aditivos é usada na produção

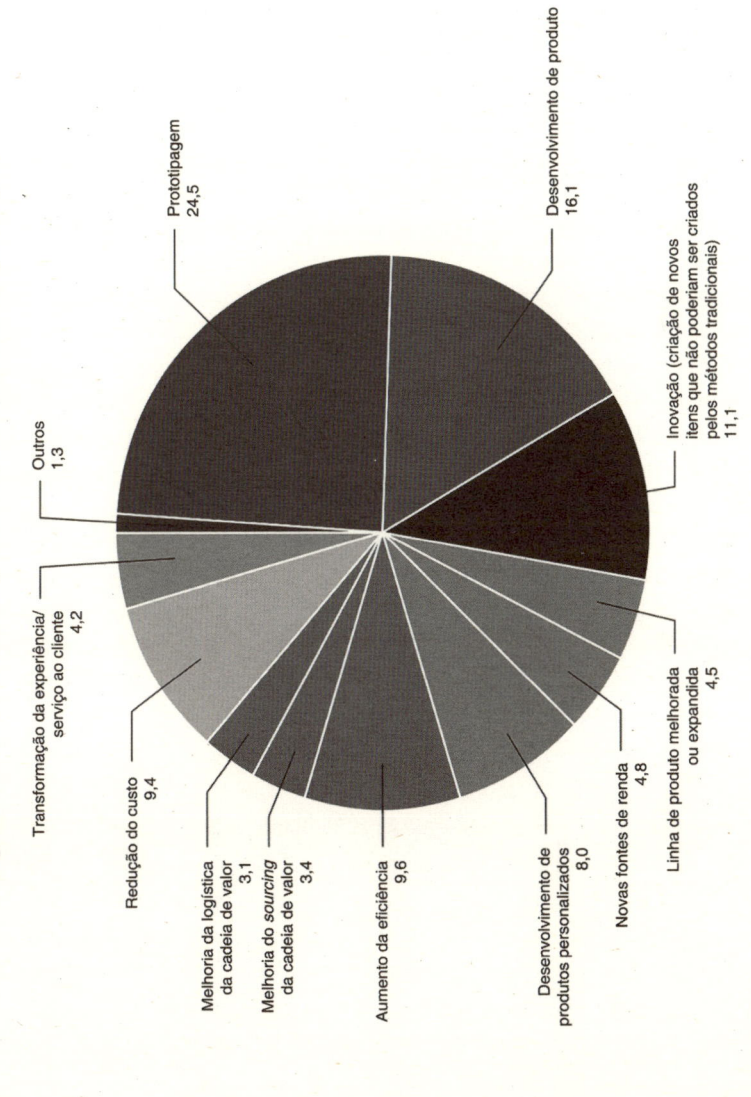

- Prototipagem 24,5
- Desenvolvimento de produto 16,1
- Inovação (criação de novos itens que não poderiam ser criados pelos métodos tradicionais) 11,1
- Linha de produto melhorada ou expandida 4,5
- Novas fontes de renda 4,8
- Desenvolvimento de produtos personalizados 8,0
- Aumento da eficiência 9,6
- Melhoria do *sourcing* da cadeia de valor 3,4
- Melhoria da logística da cadeia de valor 3,1
- Redução do custo 9,4
- Transformação da experiência/serviço ao cliente 4,2
- Outros 1,3

Fonte: Gartner, 2014.

da assim, a possibilidade de que consumidores ou criminosos hackeiem o genoma humano exigirá muita normatização e estudos. Quando o público passa a empunhar ferramentas analógicas com orientação digital para transformar o corpo humano em uma obra de arte, em uma máquina de produção ou até mesmo em uma arma, esse é um momento em que a sociedade começa a enfrentar problemas críticos relacionados à nossa biologia vista como objeto material.

10.3. Industrialização no século XXI

A impressão em 3D deverá transformar a produção e os sistemas de consumo, bem como as cadeias globais de valor. É uma tecnologia cujas empresas pioneiras estão sediadas no Hemisfério Norte, sendo que grande parte da produção é mantida nos próprios países. Em 2012, por exemplo, 40% dos sistemas de impressão em 3D estavam instalados na América do Norte, 30% na Europa, 26% na região Ásia-Pacífico e apenas 4% em outros locais.[149] Em alguns casos, os impactos da impressão em 3D podem ser relativamente modestos, complementando as atuais cadeias de valor ao usar a tecnologia em vários estágios da produção. Em outros casos, eles podem ser muito mais perturbadores, com produtos impressos em 3D substituindo completamente as funções de baixa qualificação, de intenso uso de mão de obra e baixo valor agregado.[150] Se isso resultar na repatriação (*reshoring*) em grande escala da produção nos países avançados, as economias em desenvolvimento poderiam considerar obsoletas as estratégias de industrialização baseadas na manufatura de baixo custo e com uso intenso de mão de obra, o que as deixaria com uma população cada vez maior de jovens desempregados.

Os atuais enquadramentos legais e regulamentares que apoiam a produção, distribuição e utilização de bens e serviços também devem ser revisitados. Por exemplo, se os produtos são impressos em 3D localmente por uma loja de impressão ou por um consumidor individual, quem será responsável por defeitos no produto: o fornecedor do modelo digital do produto, o fabricante da impressora 3D ou a pessoa que fez a impressão em 3D?[151] Quais regimes de propriedade intelectual devem reger a trans-

---

149. Wohlers Associates, 2014, p. 26.
150. Rehnberg e Ponte, 2016.
151. Parker, 2013.

ferência de propriedade e entre fronteiras dos dados necessários para a impressão de um produto? Como adaptar o sistema de tributos e tarifas? Uma última questão que exige uma análise política e de colaboração multilateral é a segurança. A capacidade de imprimir armas incentiva a proliferação, não o controle, porque indivíduos e atores não estatais podem facilmente distribuir os modelos digitais necessários para imprimir as armas em vez de vendê-las. No momento, os entusiastas já podem imprimir armas, mas, assim que a tecnologia se tornar mais sofisticada, eles poderão adicionar materiais complexos às armas impressas, incluindo produtos químicos, células e tecidos biológicos.

Condições para a maturação de uma indústria de fabricação aditiva

Contribuição de Phill Dickens, professor de tecnologia em fabricação da Universidade de Nottingham, no Reino Unido

As barreiras para explorar as tecnologias de fabricação aditiva são muitas. Elas são comuns em todo o mundo e exigem estratégias e políticas conscientes. Esse trabalho já começou no Reino Unido.

A estratégia para a fabricação aditiva que está sendo desenvolvida no Reino Unido identificou sete barreiras comuns em todo o mundo:

Tema	Resumo das barreiras comumente percebidas
Materiais	Entendimento das propriedades em diferentes processos/máquinas/aplicativos, garantia de qualidade, custos, disponibilidade (restrições à propriedade intelectual, fornecedores independentes), uso de materiais mistos, reciclagem, biocompatibilidade
Design	Necessidade de orientação e programas de educação de design para FA, melhor compreensão do design para FA, restrições, disponibilidade de designers qualificados em FA, segurança de dados do projeto

Competências e formação	Falta de competências adequadas (design, produção, materiais, testes), impedimento da adoção, requalificação da atual força de trabalho *vs.* formação da próxima geração, educação dos consumidores, conscientização nas escolas
Custo, investimento e financiamento	Financiamento para aumentar a conscientização e a redução do risco de adoção (testes, redimensionamento, compra de máquina) – especialmente em pequenas e médias empresas, compreensão dos custos totais (incluindo pós-processamento, testes), o custo dos materiais
Normas e regulamentos	Falta de normas (percebidas ou reais) – todos os setores/setores específicos (especialmente aéreo/ saúde/automotivo), para processos/materiais/ *software*/produtos/aplicativos
Mensuração, inspeção e testes	Necessidade de bibliotecas de dados, normas para testes (gerais e setoriais), materiais/*in-process*/ processo/partes finais, testes para volumes mais elevados, testagem não destrutiva, garantia de qualidade através de bloqueio; cf. acesso aberto aos dados
IP/proteção/ segredo	Equilíbrio da necessidade de abertura para compartilhar conhecimento com a necessidade de proteção comercial para capturar o valor dos investimentos, execução dos direitos de propriedade intelectual

O problema das competências e da educação é provavelmente o mais urgente e possivelmente o maior, pois, a menos que seja abordado, não haverá nenhum benefício da superação das outras barreiras. A necessidade imediata é a qualificação da força de trabalho existente para que se possa começar a exploração da fabricação aditiva imediatamente. No entanto, há um pré-requisito: um programa de conscientização e entendimento para a alta gerência que desenvolverá uma estratégia corporativa para fins de exploração. Tentar usar os sistemas de desenho assistido por computador (CAD) existentes para projetar peças muito complexas costuma resultar em arquivos grandes demais. Isso, então, faz com que o *software* e/ou *hardware* trave ou rode muito lentamente. Mesmo que o projeto esteja pronto, esses arquivos muito grandes geram problemas na transferência de dados. Para explorar plenamente a impressão em 3D, os designers precisarão compreender a física do produto, em vez de produzir um novo produto ligeiramente modificado. Isso exigirá ferramentas de design muito diferentes e novas maneiras de interagir com o *software*.

CINCO IDEIAS-CHAVE

1. A impressão em 3D e as tecnologias de fabricação aditiva permitem a produção de peças únicas e de artigos que as tecnologias de fabricação convencional não conseguiriam desenvolver. O avanço da fabricação de aditivos nos últimos 25 anos fez com que ela agora fosse capaz de produzir itens com vários materiais, sendo que estes podem conter circuitos integrados e tecidos orgânicos.
2. A impressão 3D está impactando quase todos os setores, desde o setor de alimentos até a indústria aeroespacial, com produtos e serviços sob medida. As tecnologias de fabricação de aditivos tornam a produção de baixo volume economicamente viável, permitem a prototipagem rápida e a descentralização e distribuição da manufatura. A trajetória de crescimento para as tecnologias ascenderá rapidamente na próxima década.
3. Um importante resultado econômico de tecnologias de fabricação de aditivos mais difundidas talvez seja a repatriação da manufatura às economias já desenvolvidas, pois as tecnologias

substituem a mão de obra de baixo custo. O impacto poderia deixar as economias em desenvolvimento preocupadas com suas estratégias de trabalho e com as taxas de emprego.
4. Essas tecnologias exigem mais considerações sobre outras questões, por exemplo, a responsabilidade pelo produto ou pela posse em razão da natureza compartilhada da sua concepção e produção. A natureza compartilhada da aquisição e impressão de objetos é também motivo de preocupação, pois os arquivos de produção dependem de dados, e estes trazem as políticas de regulamentação de dados para a equação.
5. Semelhante a outras tecnologias da Quarta Revolução Industrial, a combinação entre impressão em 3D e outras tecnologias – como os materiais modernos, a IoT, o *blockchain* ou as biotecnologias – aumenta as oportunidades de inovação, mas também aumenta a necessidade de discussões multilaterais e colaborativas sobre segurança, proteção e orientações políticas.

SUPLEMENTO ESPECIAL
As vantagens e desvantagens dos *drones*[*]

Entre as tecnologias da Quarta Revolução Industrial, os *drones* guardam um status único. Ao contrário do *blockchain*, da computação quântica e da geoengenharia, a tecnologia dos *drones* já passou bastante da fase de desenvolvimento. Os *drones* estão em uso pelos militares e comercialmente disponíveis ao público. Além disso, representam uma convergência entre as tecnologias aeroespaciais, da ciência dos novos materiais, da robótica e da automação. Eles podem carregar câmeras de vigilância, bem como medicação; em ambos os casos, oferecem auxílio nas operações de busca e salvamento. Eles também podem carregar bombas. Podem ser operados com supervisão individual ou por meio de automação a partir da nuvem. Essa utilidade múltipla demonstra sua flexibilidade, desde a inovação para o bem comum até a promoção dos objetivos de extremistas. Eles são ferramentas multifunções do século XXI, parecem ser tecnologias neutras, porque se vão ou não ser usados de forma a prejudicar os outros é algo que depende das escolhas humanas. No entanto, assim como outras tecnologias, eles contêm atitudes sociais e escolhas em seu design, estrutura e finalidade que influenciam a sua utilização. Sua existência é a manifestação das decisões sobre o que consideramos importante, sobre o que queremos desenvolver, o que esses dispositivos devem fazer e o que estamos dispostos a mudar para que o façam.

---

[*]. Contribuição de Thomas Philbeck, diretor de Ciência e Tecnologia, Fórum Econômico Mundial, com agradecimento a David Shim, professor adjunto do Departamento de Engenharia Aeroespacial do Instituto Avançado de Ciência e Tecnologia da Coreia (Kaist), da Coreia do Sul; Andreas Raptopoulos, diretor-executivo (CEO) da Matternet, nos EUA; e Dapo Akande, professor de direito internacional público da Faculdade de Direito da Universidade de Oxford, no Reino Unido.

A principal motivação para o desenvolvimento dos *drones* é o valor econômico. Isso acontece em seus usos militares, policiais e municipais, bem como aplicativos de negócios. Os *drones* reduziram os custos de verificação militar, ao substituir aeronaves tripuladas, que são 10 a 50 vezes mais caras.[152] Eles reduziram o tempo de treinamento de voo e substituíram a potencial perda de aeronaves de milhões de dólares por veículos não tripulados descartáveis. Os pilotos automáticos já estão há muito tempo disponíveis na aviação comercial, mas, de acordo com David Shim, professor adjunto de engenharia aeroespacial na Kaist, os pilotos de helicóptero serão os primeiros a perder o emprego porque muitos serviços de helicóptero não lidam com passageiros e, por isso, a responsabilidade e a compensação de prejuízos são menores.[153]

Os *drones*, assim como os robôs das fábricas, têm o potencial de aumentar o número de empregos perdidos para a automação ou, pelo menos, de fazer com que os pilotos se tornem cada vez mais operadores no solo. Com isso, o espaço aéreo local poderá ficar muito mais lotado. Os *drones* de porte médio precisam ser gerenciados por grupos de monitores de voo, trabalhando em turnos rotativos, mas os *drones* pequenos podem se tornar muito numerosos e difíceis de ser rastreados.

Os *drones* representam um novo tipo de empregado de baixo custo trabalhando entre nós e realizando trabalhos que em algum momento envolveram pessoas reais. Eles nos lembram de questões laborais mais amplas que as sociedades precisarão enfrentar na Quarta Revolução Industrial e destacam a incerteza sobre os tipos de oportunidades de trabalho que estarão disponíveis para as pessoas que perderam seus empregos. Os pioneiros dos *drones*, como Andreas Raptopoulos, diretor executivo da Matternet, reconhecem que eles criarão mudanças gigantescas e exigem o desenvolvimento passo a passo de protocolos; para tanto, será necessária a participação de diversas partes interessadas. Para Raptopoulos, a exigência principal em relação aos *drones* comerciais é que eles não devem representar nenhum risco à segurança pública.[154] Para atender a esse imperativo e prevenir acidentes, lesões e colisões, os municípios precisarão estar en-

---

152. Com base no cálculo do custo de um Raptor F-22 feito pelo autor contra o valor dos *drones* militares Reaper e Predador. Os custos da hora de voo também são um problema com *drones* que operam a uma pequena fração do custo de veículos aéreos tripulados. Ver Thompson, 2013.
153. Entrevista do autor com David Shim, em outubro de 2016.
154. Entrevista do autor com Andreas Raptopoulos, em outubro de 2016.

volvidos com o monitoramento, acompanhamento e respostas de emergência do tráfego aéreo. A partir de uma visão mais ampla, os ministérios da Defesa devem estar envolvidos no desenvolvimento do ecossistema de *drones* e seu regulamento, bem como no acompanhamento de veículos aéreos não tripulados. A segurança cibernética e a incapacitação dos *drones* são riscos reais. *Drones* sequestrados poderiam tornar-se um perigo ou ser usados de forma maldosa. Por causa dessas atividades criminosas, precisaremos de tecnologias confiáveis de criptografia para realizar operações seguras. Além disso, os adversários dos *drones* de pequeno e médio porte descobriram métodos de bloqueio de campo para desativar seus sistemas de navegação até uma milha de distância.[155] Esses equipamentos são bem-vindos para as equipes de segurança que desejam gerenciar o espaço aéreo vulnerável de um aeroporto, por exemplo, mas também podem ser um pesadelo para as empresas de logística, que correm o risco de enfrentar interrupções em suas entregas ocasionadas por manifestantes que adotem tais métodos.

A crescente urbanização, o comércio eletrônico e os serviços *on-demand* também são fatores de desenvolvimento dos *drones*, juntamente com as necessidades municipais de monitoramento e gestão do tráfego, imagiologia da infraestrutura e videografia aérea. Os *drones* estão chegando em vários tamanhos – os grandes são regidos pelas regras da Autoridade de Aviação Civil Internacional, e as versões menores são frequentemente pilotadas por operadores individuais. Enquanto os militares usam *drones* grandes, de longa distância e operados por pilotos treinados, alguns *drones* comerciais podem pesar apenas alguns quilos e ter limitações de curto a médio alcance. Vários desafios devem ser superados para entendermos os benefícios dos *drones*, mas não menos importante que isso é a gestão de um crescente tráfego aéreo em um espaço aéreo controlado e não controlado. A Nasa tem trabalhado em um sistema de gestão do tráfego de aeronaves não tripuladas há vários anos,[156] e as grandes empresas como Google e Amazon também estão apresentando seus pareceres sobre o tema.[157] Esses regulamentos são um requisito para as tecnologias que partilharão o espaço aéreo com os humanos e que até poderão transportá-los,

---

155. Overly, 2016.
156. Kopardekar et al., 2016.
157. Nasa Traffic Unmanned Management, 2015; Amazon Prime Air, 2015.

como no caso de possíveis *drones* de passageiros. Surgem outras questões sobre política em temas que envolvem privacidade, permissões fotográficas, segurança, ruídos, uso de luzes etc. Esses riscos devem ser abordados. Sem uma consideração profunda, os desenvolvedores comerciais arriscam perder a importante aceitação pública.

Até agora, as soluções buscadas têm se baseado nos aspectos mais complicados relacionados às possíveis variedades de serviços realizados por *drones*. Gerenciando a percepção pública e a reação regulatória à tecnologia, os fabricantes de *drones* estão procurando pontos de inserção em uma escala que permita que as partes interessadas da sociedade enxerguem o valor dos veículos aéreos não tripulados. Algumas estratégias incluem restringir os *drones* a municipalidades simples e a usos de resposta de emergência, ou oferecendo-lhes como um serviço *premium*, para que as empresas, o governo e a população locais tenham maior experiência com os *drones* sem sobrecarregar o povo. A visão a longo prazo, no entanto, de acordo com Raptopoulos, seria que os *drones* se tornassem nossos pares simbióticos com os avanços das tecnologias do sistema computacional de visão, dos sensores e das comunicações. Em 2040, a robótica em nuvem e a IA poderão viabilizar enxames de *drones* funcionando em conjunto. Eles poderiam se comunicar e aprender uns com os outros, bem como mapear novos terrenos, de forma similar aos veículos autônomos de transporte. De fato, um mundo cheio de *drones* é um mundo cheio de possibilidades. Há claramente muitas vantagens para os governos, as empresas e os consumidores, mas precisamos abordar o custo e o impacto sobre os ideais e as atitudes.

Os *drones*, por exemplo, não mudam apenas a forma como entregamos as cargas, mas também a forma como pensamos sobre os direitos humanos e a regulamentação dos conflitos armados. De acordo com Dapo Akande, professor de direito internacional público na Universidade de Oxford, os *drones* causam impacto ao argumento moral sobre a permissibilidade dos Estados para executar indivíduos, nacionais e estrangeiros. Perceber que uma tecnologia é capaz de borrar as linhas da ética do engajamento em conflitos, seja em uma zona de guerra ou em um ambiente civil, nos dá uma ideia do poder dessa tecnologia no processo decisório. Ao reduzir o custo do assassinato, especialmente por razões de defesa, os *drones* podem institucionalizar o ato excepcional do assassinato patrocinado pelo Estado. Exemplos deste último vão da guerra até a ação policial. Isso problematiza as regras estabelecidas e a atribuição de responsabilidade pelas ações tomadas. Atualmente, os operadores gerenciam os *drones* para resolver essas difíceis questões. Se os *drones* se tornarem armas autônomas com a ajuda de algoritmos de reconhecimento de imagem que lhes permitem tomar decisões para atingir alvos sem interferência humana, o debate ético ficará ainda mais complicado. O exame da tecnologia em si, no entanto, não traz respostas a essas difíceis questões éticas. Decidir quando aplicar medidas normativas para os comportamentos e usos aceitáveis dos *drones* é uma questão para a sociedade e seus valores. O desafio da ética do *drone* destaca um espaço em que a sociedade pode exercer limitações construtivas e poder próprio.

As perguntas que devemos fazer são se os benefícios e as disrupções estão sendo levados de forma adequada às diversas partes interessadas e se as empresas estão pensando além do lucro final. A aceitação do público é o fator crítico para a possibilidade de *drones* comerciais de pequeno e médio porte. Conforme os *drones* vão ficando mais integrados à esfera social, as empresas precisarão educar o público sobre suas tecnologias.

Para que eles sejam bem-sucedidos, uma orientação que coloca o público em primeiro lugar deve estar bastante visível já em seu design e na gestão e, também, deve refletir as perspectivas organizacionais adotadas. De acordo com Raptopoulos, "há uma responsabilidade moral por parte do criador". Pensar primeiro naqueles que se beneficiaram ou sofreram o impacto dos *drones* é uma forma de as empresas evitarem as desvantagens e demonstrar às partes interessadas da sociedade que elas estão sendo ouvidas.

MODIFICAÇÃO DO SER HUMANO

CAPÍTULO 11
Biotecnologias*

As biotecnologias vão modificar o futuro, e vão nos modificar. As empresas já estão desenvolvendo bactérias que produzirão de tudo: desde resinas até produtos de higiene pessoal, e cientistas chineses usaram a técnica CRISPR para combater o câncer.[158] *A terapia de substituição mitocondrial, também conhecida como fertilização* in vitro *com três pais, também está enfrentando decisões regulamentares em vários países, e os cientistas estão se preparando para lutar contra a malária na África por meio de alterações genéticas nos mosquitos.*[159] *Essa é apenas a ciência da atualidade. O futuro desafiará nossa compreensão do que significa ser humano, de um ponto de vista social e biológico. Os programas emergentes em biotecnologia prometem melhorar e aumentar a expectativa de vida humana e melhorar nossa saúde física e mental. A oportunidade para a integração das tecnologias digitais aos tecidos biológicos também está crescendo, e o que isso pressagia para as próximas décadas está causando um sem-número de emoções, que vão da esperança à admiração e ao medo. Os otimistas retratam um mundo mais sustentável, livre das doenças que combatemos hoje. Os pessimistas alertam para um futuro distópico de bebês projetados e acesso desigual aos frutos da biotecnologia. Esses pontos de vista contrários destacam o debate sobre como usar os novos recursos da biotecnologia e ressaltam as complexas questões colocadas em cada avanço científico.*

11.1. O poder prometeico da biotecnologia

Na saúde e na agricultura, a biotecnologia oferece ferramentas e estratégias que podem redefinir a nossa relação com a natureza. Nos últimos

---

*. Escrito em colaboração com o Conselho do Futuro Global do Fórum Econômico Mundial sobre o Futuro da Biotecnologia.
158. CRISPR é a sigla para repetições palindrômicas curtas agrupadas e regularmente interespaçadas (*clustered regularly interspaced short palindromic repeat*). Ver Cyranoski, 2016.
159. Reilly, 2017.

vinte anos, os avanços das tecnologias digitais e os novos materiais permitiram grandes saltos em áreas como a compreensão de genomas, engenharia genética, diagnóstico e desenvolvimento farmacêutico. Como o fogo da antiga mitologia grega que foi roubado dos deuses por Prometeu e dado aos seres humanos, o poder representado pela biotecnologia é às vezes retratado como um salto civilizacional para a humanidade. Alguns temem que a biotecnologia torne obsoleta a presunção de igualdade humana, da qual depende a democracia liberal.

As biotecnologias diferem das tecnologias digitais da Quarta Revolução Industrial de três maneiras significativas. Em primeiro lugar, ela evoca respostas mais emotivas do que as mudanças causadas pela tecnologia digital. As tecnologias que alteram os sistemas biológicos, em particular, causam desconforto em muitas pessoas, que veem a manipulação do DNA como um flerte com o perigo. Essa reação se manifesta de forma diferente em diferentes culturas. Os europeus, por exemplo, têm relutado em cultivar culturas geneticamente modificadas, apesar de seu uso difundido nos Estados Unidos; já a investigação com células-tronco tem sido mais controversa nos Estados Unidos e na Europa do que na China. Em segundo lugar, a biotecnologia é menos previsível do que as tecnologias digitais porque ela lida com organismos vivos, que evoluíram com redes metabólicas, de regulação de genes e de sinalização muito complexas. As alterações realizadas em quaisquer aspectos de um organismo são difíceis de modelar, e sua manipulação pode ter resultados imprevisíveis. Em terceiro lugar, o desenvolvimento biotecnológico é extremamente caro, geralmente requer mais tempo para chegar ao mercado e apresenta altos riscos. É um campo em que milhões de dólares podem ser gastos em uma ideia esperançosa que, por fim, fracassa.[160]

Mesmo assim, o dinheiro está sendo gasto. Em 2015, o financiamento para a biotecnologia alcançou quase US$ 12 bilhões, além de mais de US$ 50 bilhões em financiamento de dívidas e ofertas públicas subsequentes (*follow-on*).[161] Grande parte desse dinheiro flui para as áreas de diagnóstico, terapêuticas e farmacogenômicas, o estudo da influência dos genes na resposta a fármacos. Essas dependem dos avanços da tecnologia digital. Apesar dos bilhões investidos, poucos produtos entraram no mercado de saúde. Uma das razões é que grande parte da pesquisa em biotecnologia

---

160. Entrevista com Henry Greely.
161. EY, 2016.

ainda está desagregada, mas alguns pesquisadores, agora com o objetivo de promover maior colaboração e transparência, desejam acelerar a validação de novas descobertas.

11.2. Aplicações de biotecnologia para a saúde humana e para a natureza

Uma grande área em que se espera que a biotecnologia revolucione a saúde é a medicina de precisão (MP), na qual as terapias são adaptadas para cada indivíduo, e não para um paciente genérico (Figura 21, p. 228). Para tanto, a MP está se valendo do aumento da disponibilidade de grandes conjuntos de dados sobre a composição molecular dos indivíduos, incluindo os perfis da genômica, transcriptômica, proteômica, metabolômica e da microbiômica.

Além de orientar as escolhas terapêuticas, o progresso da aprendizagem automática, juntamente com o grande volume de dados, também deverá gerar aplicações práticas: testes de diagnóstico poderão facilmente produzir centenas de *gigabytes* de dados; em meio a eles, a aprendizagem automática deverá tornar-se proficiente na extração dos dados necessários para identificar questões e prever como cada paciente responderá a possíveis tratamentos. A MP está sendo utilizada mais amplamente para tratar o câncer, mas também tem tido êxito em relação a: fibrose cística, asma, formas monogênicas de diabetes, doenças autoimunes e cardiovasculares, bem como neurodegeneração. No entanto, a MP ainda é uma grande aspiração, limitada pelo custo e por nossa incapacidade de integrar múltiplos conjuntos de dados em um quadro unificado da saúde do paciente. À medida que se reduzirem os custos, é provável que vejamos um aumento exponencial do conhecimento obtido a partir de grandes conjuntos de dados biológicos convertidos para a prática clínica.

A agricultura é a segunda grande área que pode aproveitar o enorme potencial da biotecnologia. Para alimentar o mundo nos próximos 50 anos, precisaremos produzir a mesma quantidade de alimento produzida nos últimos 10 mil anos. Um exemplo clássico é o arroz dourado, um arroz enriquecido que poderia eliminar a cegueira infantil e os defeitos de desenvolvimento que levam quase 2 milhões de crianças à morte todos os anos por causa da deficiência de vitamina A. É possível que a agricultura também seja impactada pelo *hardware* dedicado, tais como sensores de solo e clima,

Figura 21: Nova mudança de paradigma nos tratamentos

Nova mudança de paradigma nos tratamentos
Transição do modelo "tamanho único" para "medicina de precisão" com estratificação multinível dos pacientes.

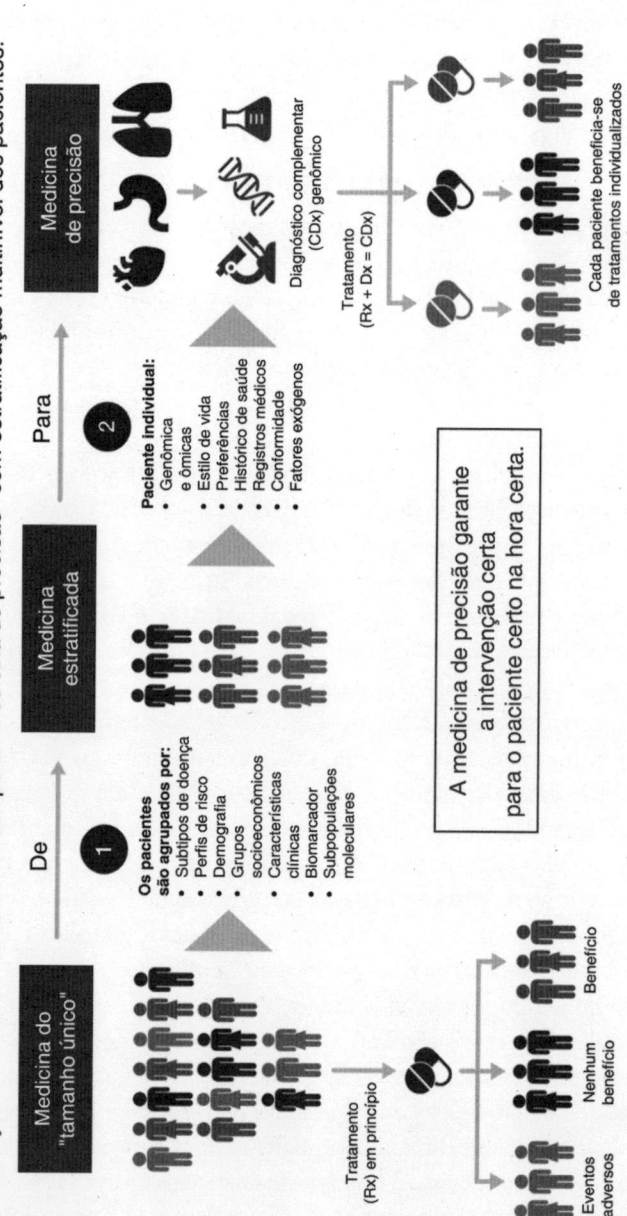

De

Medicina do "tamanho único"

Os pacientes são agrupados por:
- Subtipos de doença
- Perfis de risco
- Demografia
- Grupos socioeconômicos
- Características clínicas
- Biomarcador
- Subpopulações moleculares

Medicina estratificada

Para

Paciente individual:
- Genômica e ômicas
- Estilo de vida
- Preferências
- Histórico de saúde
- Registros médicos
- Conformidade
- Fatores exógenos

Medicina de precisão

Diagnóstico complementar (CDx) genômico

Tratamento (Rx) em princípio

- Eventos adversos
- Nenhum benefício
- Benefício

Tratamento (Rx + Dx = CDx)

Cada paciente beneficia-se de tratamentos individualizados

A medicina de precisão garante a intervenção certa para o paciente certo na hora certa.

Fonte: Das, 2010.

drones e sistemas de imagem para monitorar e prever a produção agrícola. A ligação desses dados ao genótipo da colheita poderia possibilitar um esquema de gestão de colheita e seleção de variedades capaz de atender à demanda global por qualidade, quantidade e funcionalidade dos alimentos.

No entanto, essa segurança alimentar global só será possível se os regulamentos sobre alimentos geneticamente modificados forem adaptados para refletir a realidade, isto é, que a edição de genes oferece um método preciso, eficiente e seguro para aprimorar as colheitas.

Outra área na qual os avanços biotecnológicos estão causando impactos à saúde humana é a de biomateriais, um campo relevante dado o atual crescimento histórico da população idosa. A biotecnologia pode ajudar a resolver muitos dos desafios típicos do envelhecimento, mesclando novos biomateriais com a engenharia avançada. Um exemplo é a osteoporose, o tipo mais comum de doença óssea. As descobertas da biotecnologia poderiam permitir a substituição por ossos cultivados em laboratório a partir de células-tronco dos pacientes produzidas em impressoras 3D. Esse desenvolvimento está mais perto do que pode parecer; os cientistas estão explorando ativamente essa área de pesquisa, e os empresários estão pesquisando como transformá-la em um negócio viável.

Uma nova onda biotecnológica também pode nos ajudar a reduzir nossa pegada ecológica, melhorando a sustentabilidade de muitas indústrias. As grandes refinarias de petróleo podem ser complementadas por biorrefinarias, com matérias-primas renováveis que exploram as propriedades catalíticas dos microrganismos. A biologia de sistemas, a biologia sintética e a engenharia metabólica estão sendo perfeitamente integradas para desenvolver fábricas de células microbianas capazes de produzir diversos produtos químicos e materiais a partir da biomassa renovável não alimentar.[162] Continuaremos a desenvolver maneiras criativas para aproveitar a diversidade natural para uma bioindústria ecologicamente correta. Por exemplo, a *Halomonas*, uma bactéria que cresce sob alta pressão osmótica, pode ser usada em fermentações microbianas que utilizem, sempre que a água doce for muito escassa, a água do mar.

A produção de diferentes tipos de fábricas celulares inteligentes poderia também nos capacitar para lidar com as doenças infecciosas emergentes, por exemplo, pela geração acelerada de vacinas e anticorpos terapêu-

---

162. Lee e Kim, 2015.

ticos ou até mesmo antídotos contra ameaças bioterroristas. Os cidadãos comuns também podem conseguir gerar bioprodutos no próprio quintal. Materiais como bioplásticos poderiam ser produzidos dessa forma, democratizando, assim, o acesso aos produtos. Finalmente, as biociências contemporâneas farão mais do que ajudar a reduzir as emissões de gases de efeito estufa; elas também vão reorientar o propósito do CO_2 como uma matéria-prima para a indústria biotecnológica.[163]

Esses desenvolvimentos precisarão de técnicas que vão além das pesquisas tradicionais em laboratório, por exemplo, a modelagem preditiva e quantitativa. Os sistemas biológicos exibem um nível de complexidade raramente encontrado em outras tecnologias, criando grandes desafios para a otimização de sistemas biotecnológicos. As mudanças que ocorrem em um componente podem causar efeitos imprevistos e recursivos em outros componentes. O grande poder dos modelos quantitativos para simular as redes biomoleculares e a fisiologia celular pode permitir aos biotecnólgos vincular o desempenho do sistema aos componentes do mecanismo intracelular. As plataformas preditivas, juntamente com o crescente poder computacional e a revolução do grande volume de dados, poderão fornecer uma espinha dorsal dinâmica entre a concepção, a prototipagem e a implementação de sistemas biológicos. Em última análise, a convergência entre a biotecnologia e a modelagem quantitativa poderá oferecer apoio à construção de soluções biotecnológicas robustas e confiáveis por meio de um ciclo de concepção-construção-teste, bem como em todas as outras disciplinas de engenharia.

A convergência da biologia molecular, da engenharia de materiais, das abordagens computacionais e da modelagem matemática preditiva produzirá impactos em nossa sociedade, no cenário industrial e no meio ambiente global. Com esse poder potencial em nossas mãos, no entanto, devemos considerar com cuidado as consequências de nossas ações enquanto caminhamos na direção de um sofisticado futuro biotecnológico.

11.3. Regulamentação da biotecnologia

Dado o poder da biotecnologia, muitos se preocupam com o fato de que ela estará na raiz de problemas sociais e ambientais inesperados, especialmente porque estamos estendendo a capacidade humana de inter-

---

163. Peplow, 2015.

venção e controle do reino biológico. Regimes de governança eficazes e legítimos, desenvolvidos de acordo com normas éticas, oferecem caminhos para que a sociedade colha os benefícios de desenvolvimento biotecnológico, enquanto procura mitigar os riscos associados a ele. A governança da biotecnologia deve estar ancorada em valores humanísticos e universais. Os resultados futuros da biotecnologia serão incorporados à própria complexidade da vida e, como tal, não estarão vinculados às fronteiras nacionais. As diferenças regionais de governança biotecnológica poderão levar a disrupções do comércio e à perpetuação da injustiça e da desigualdade social. Assim, precisamos desenvolver princípios abrangentes de governança global, respeitando os diferentes sistemas históricos, econômicos, sociais e culturais das nações, bem como suas normas éticas e valores. Para tanto, precisaremos encontrar valores comuns e amplamente aceitos, como a Declaração Universal dos Direitos Humanos e os objetivos de desenvolvimento sustentável das Nações Unidas, e incorporá-los à governança existente. É preciso, também, conciliar esses valores compartilhados e orientações com as preferências regionais ou locais por meio dos princípios da proporcionalidade, da solidariedade e da justiça.

Os regimes de governança devem permanecer fundamentados em provas científicas sólidas e operar de forma transparente e responsável. Isso pode implicar regulamentações biotecnológicas baseadas no efeito resultante da alteração biológica induzida, e não com base em tecnologias específicas. Para ser eficaz, a regulamentação precisará levar em conta os meios e os objetivos das biotecnologias.

O mecanismo de governança também deve construir confiança pública mediante a promoção de um diálogo entre todas as partes interessadas. Nas últimas duas décadas, mesmo em países de maior renda, a confiança na ciência tem sofrido pressões. Para avançarem de uma forma positiva para a sociedade, os desenvolvimentos em inovação biotecnológica devem ganhar o apoio e a confiança das partes interessadas e do público. Assim, precisamos restabelecer um diálogo entre todas as partes interessadas para assegurar a compreensão mútua que permitirá a construção da cultura da confiança entre os reguladores, organizações não governamentais, profissionais e cientistas. O público também deve ser considerado, pois ele deve participar da formação democrática dos desenvolvimentos biotecnológicos que afetarão a sociedade, os indivíduos e as culturas. Essa discussão deverá considerar fatos, sentimentos e compromissos com valores e, ao mesmo tempo, manter uma visão clara dos riscos e dos benefícios. Somente uma política que abrace o resultado dessas discussões poderá atingir o objetivo de ser justa, imparcial, transparente e estável, e somente ela conseguirá promover o florescimento dos indivíduos e beneficiar suas comunidades.

As questões e preocupações que exigem diálogo multilateral e governança coletiva incluem:
- A construção da confiança entre todas as partes interessadas, incluindo o público, ao desenvolver e praticar a biotecnologia; isso impõe uma responsabilidade: as empresas e os reguladores devem se comunicar com sinceridade e de forma efetiva;
- A definição de um quadro ético para guiar a investigação biotecnológica e seu uso; isso requer amplos debates sobre o potencial impacto da biotecnologia em relação a questões como a democracia, oportunidades dos indivíduos, igualdade social, justiça distributiva e os limites que devem ser impostos;
- A instituição de um regulamento ágil, flexível e suave sobre as biotecnologias emergentes que permita a ratificação das tecnologias uma vez que já estejam maduras e prontas para o uso;
- Governança de financiamento a longo prazo para garantir que a inovação e a comercialização beneficiem todas as pessoas;
- Oferta de caminhos pelos quais as comunidades possam analisar o uso dos problemas e oportunidades da biotecnologia, bem como determinar quando e como essas tecnologias devem ser implementadas e como os benefícios devem ser distribuídos e os efeitos colaterais abordados.

Biologia por design

Escrito em colaboração com o Conselho do Futuro Global do Fórum Econômico Mundial sobre o Futuro da Biotecnologia.

A biotecnologia cresceu bastante ao longo das últimas décadas em relação à sua complexidade e impacto. A capacidade de introduzir não uma, mas muitas camadas de alterações genéticas (mutações ou variantes) em células e organismos, em particular, melhorou rapidamente devido aos avanços no sequenciamento do DNA, na síntese de DNA e na edição do genoma. Simplificando, a dimensão da engenharia biológica e o escopo dos desafios que esses sistemas projetados tentam abordar não têm precedentes e estão sempre em expansão. Essa engenharia já está ocorrendo na agricultura e nos animais não humanos. A modificação do genoma humano está sendo realizada experimentalmente em embriões e em um número limitado de testes de terapia de gene com pacientes atuais. O escopo da aplicação é incrivelmente amplo, abrangendo o meio ambiente, a agricultura e a saúde humana.

Nossa capacidade de gerar complexos sistemas biológicos projetados fica bastante alargada por nossa capacidade de criar mutações genéticas específicas, facilitadas por abordagens computacionais, ou seja, modificar a biologia deliberadamente por design. Considere o exemplo da engenharia de uma célula microbiana para produzir o composto químico de interesse. Além da fermentação de levedura para bebidas e da fermentação de micróbios para produzir ácidos orgânicos e antibióticos, estamos nos tornando capazes de treinar esses organismos para que se comportem como fábricas químicas para a produção dos compostos desejados por nós. A insulina humana para ajudar os diabéticos já pode atualmente ser produzida em quantidades essencialmente ilimitadas em bactérias ou leveduras.

Com a ajuda de abordagens computacionais para projetar novas vias metabólicas e prever o resultado de nossos ajustes, entramos em uma era sem precedentes da engenharia metabólica e da biologia sintética. Além de podermos introduzir novos circuitos para a síntese, também podemos controlar sua produção.

As abordagens computacionais que combinam bons princípios de engenharia com recursos biológicos inerentes transformarão nossa capacidade de produzir organismos por design. Enquanto o exemplo citado descreve a engenharia de células microbianas para a produção química, abordagens análogas podem ser empregadas para sistemas biológicos tão diversos como as sementes de cultivo e as células-tronco. A agricultura moderna desenvolveu-se como resultado da criação e seleção de fenótipos desejados. Os avanços dos métodos de engenharia do genoma vegetal e a disponibilidade das peças genéticas para modular os sistemas vegetais permitem um maior número de manipulações mais precisas, baseadas em uma compreensão das relações genótipo-fenótipo que podem facilitar o desenvolvimento de novas plantas de cultivo mais resistentes à seca, ao calor, às pestes, e outros fatores ambientais prejudiciais, proporcionando uma melhor nutrição. Da mesma forma, as células-tronco poderiam ser precisamente projetadas para permitir a diferenciação em organoides.

O design biológico é extremamente promissor. Dá origem também a muitas questões éticas. Uma questão ética abrangente é o questionamento crítico das justificativas e motivações para o projeto biológico em si. Antes de nos engajarmos nesses tipos de processos, é importante fazermos uma pausa e refletirmos sobre por que eles estão sendo propostos ou implementados e se os mesmos objetivos poderiam ser atingidos de outras formas. No design biológico, os benefícios são geralmente justificados como duplos: em primeiro lugar, os tipos de aplicações anteriormente descritos; e, em segundo, o benefício ao conhecimento biológico inerente que esses tipos de investigação criarão. Mas, quando se considera tanto a ética quanto a governança em tecnologias como essa – caracterizadas por uma mudança de escopo (que deixa de ter limites) –, é importante pensar ampla e criativamente sobre os possíveis cenários futuros para sua aplicação e, também, extrair conceitos éticos positivos e negativos.

Além de levar em conta as justificativas fundamentais para o design biológico, pensar de maneira criativa e refletir criticamente sobre suas aplicações futuras, é preciso considerar relevantes as questões éticas mais facilmente identificáveis. Elas incluem o significado ético dos aspectos da biossegurança e bioproteção; o potencial de uma tecnologia de ser utilizada para beneficiar e prejudicar ao mesmo tempo (o problema do "uso duplo"); a distribuição equitativa ou justa dos benefícios dos resultados do design biológico (incluindo a partilha de benefícios); e questões que surgem pela mudança da linha germinal de organismos complexos, tais como os seres humanos.

A governança precisa conseguir atender à ciência e à ética; precisa ser cautelosa, e não pensar em "governar porque aquilo pode ser governado" – uma nova tecnologia desconsidera as lacunas de governança, ou a governança existente pode ser aplicada às novas tecnologias? No espaço do design biológico, as abordagens de governança até agora tendem a adotar o método "preenchimento de lacunas", embora as questões mais abrangentes ainda sejam sobre os mecanismos de governança ideais e como eles deveriam ser executados em um cenário de pesquisas e comércio cada vez mais globais. Nenhuma abordagem de governança única mostrou-se excelente, e o debate sobre certas questões continua, como sobre se a governança deve ter um escopo de precaução: governar apenas para permitir que uma tecnologia siga em frente quando se sabe que ela é segura.

CINCO IDEIAS-CHAVE

1. As biotecnologias diferem das tecnologias digitais da Quarta Revolução Industrial de três maneiras significativas. Elas evocam respostas mais emotivas das pessoas, são menos previsíveis, por serem orgânicas, e são mais importantes e precisam de muito mais regulamentos, exigindo horizontes de investimento mais amplos. Existem também posições culturais profundas que afetam a aceitabilidade e a utilização de várias biotecnologias, e elas terão um impacto sobre a permissibilidade dos esforços científicos.
2. As biotecnologias deverão ter impactos na sociedade ao serem aplicadas na medicina de precisão, na agricultura e na produção de biomateriais. Essa última poderá afetar a criação de bioprodutos para áreas como a saúde e a alimentação, mas também poderá afetar todas as indústrias para as quais há micróbios sendo projetados com o objetivo de produzir substâncias químicas e materiais personalizados.

3. Muitas novas biotecnologias exigem uma alta capacidade computacional e se beneficiam dos recursos crescentes da aprendizagem automática, dos crescentes volumes de dados e das plataformas que ajudam com os resultados de modelagens. A convergência das biotecnologias com as tecnologias digitais gera muitas esperanças e preocupações em relação ao potencial para o aperfeiçoamento humano e à promessa de interoperabilidade biológica e digital.
4. A convergência entre a biologia molecular, a engenharia de materiais, as abordagens computacionais e a modelagem matemática preditiva causará impactos na sociedade, na indústria e no meio ambiente. Os reguladores precisarão considerar questões que vão desde as liberdades científicas aos direitos humanos. A governança em biotecnologia poderá ser mais útil se estiver ancorada em valores humanísticos e universais, e deverá operar de forma transparente e responsável, fundamentada em provas científicas sólidas.
5. As questões de governança em biotecnologias incluem o respeito às normas culturais, a manutenção dos padrões éticos, a mitigação dos potenciais riscos biológicos, a construção de confiança e diálogo entre as partes interessadas, o gerenciamento do impacto sobre as questões de justiça e igualdade e o estabelecimento de abordagens regulatórias versáteis e maleáveis.

CAPÍTULO 12
Neurotecnologias*

Estamos em 2030 e você está sentado na frente de uma tela quando um pop-up chama a sua atenção. Ele lhe informa: "Seus níveis de concentração estão baixos". Você percebe que estava olhando fixamente para a tela durante os últimos minutos. Sufocando um bocejo, você clica em um link *para exibir as recentes análises de um sistema que está monitorando suas ondas cerebrais e avaliando o seu estado mental em tempo real. Ele recomenda que você durma, mas você ainda tem pela frente muitas horas de trabalho. Só mais uma pílula de nootrópico**, talvez, para continuar até as 3 h da manhã? Os amigos estão começando a dizer que a dependência química excessiva em potencializadores é prejudicial, mas você está sendo constantemente monitorado em busca de sinais de Alzheimer e de Parkinson. Nenhum problema ainda.*

A categoria "neurotecnologias" descreve um amplo conjunto de abordagens que oferecem poderosos insights *sobre o funcionamento do cérebro humano, que nos permitem extrair informações, expandir nossos sentidos, alterar comportamentos e interagir com o mundo. Isso pode parecer ficção científica, mas não é. A neurociência está lentamente deixando os laboratórios médicos e científicos para penetrar em nossa vida diária. O campo da neurotecnologia está amadurecendo rapidamente. Isso representa uma oportunidade para criar sistemas de valor completamente novos para a Quarta Revolução Industrial, ao mesmo tempo em que eleva os riscos e as preocupações de governança.*

---

*. Contribuição de Olivier Oullier, presidente da Emotiv, nos EUA; e do Conselho do Futuro Global do Fórum Econômico Mundial sobre o Futuro das Neurotecnologias e da Neurociência.

**. Nootrópico é o termo que define uma classe de compostos medicamentosos cujo objetivo é estimular funções cognitivas cerebrais. (N.R.T.)

12.1. O que são as neurotecnologias e qual a importância delas?

As neurotecnologias permitem que ofereçamos uma melhor influência à consciência e ao pensamento, bem como entendamos muitas atividades do cérebro. Elas incluem a decodificação do que estamos pensando em níveis sutis de detalhe por meio de novas substâncias químicas e intervenções que podem influenciar nossos cérebros para corrigir erros ou para aprimorar sua funcionalidade. Elas também nos ajudam a encontrar novas maneiras de nos comunicarmos e interagirmos com o mundo, além de oportunidades para expandir definitivamente os nossos sentidos.

O complexo cérebro humano é um domínio fascinante. Um crânio tem cerca de 1,4 kg de células, incluindo mais de 80 bilhões de neurônios em mais de 100 trilhões de conexões. Se cada uma das 7,4 bilhões de pessoas que vivem na Terra conhecesse todas as outras, compreender suas relações sociais seria algo mais simples que compreender o potencial de construção de padrões do cérebro humano.

Por milênios, os seres humanos têm influenciado seu comportamento pela alteração química do cérebro, muito antes de terem a prova de que cérebro era o principal motor da cognição e experiência humanas.[164] Beber álcool, mascar folhas de coca, fumar tabaco e comer cogumelos alucinógenos são exemplos de como as pessoas têm influenciado os próprios processos cognitivos ou comportamentais por razões religiosas ou recreativas.

Esses usos eram frequentemente controversos. Até mesmo as substâncias benignas, como o café, foram proibidas várias vezes assim que surgiram.[165]

---

164. Os exemplos incluem *chips* enxertados no cérebro ou eletrodos inseridos no crânio; dispositivos de eletroencefalograma não invasivos que monitoram as ondas cerebrais e os sinais elétricos do exterior do crânio ou outros dispositivos não invasivos que podem perturbar ou acionar a atividade cerebral graças a sinais eléctricos ou magnéticos; dispositivos que interpretam os pensamentos e as intenções por meio de sinais físicos e movimentos corporais, como o movimento dos olhos, a frequência cardíaca, a condutividade da pele e a pressão arterial; produtos químicos que influenciam a química do cérebro; dispositivos que emitem sons ou imagens que deliberadamente influenciam a atividade cerebral.

165. Depois de terem se disseminado da Etiópia e do Iêmen para o mundo islâmico nos séculos XV e XVI, o café e as casas de café foram pela primeira vez proibidos pelo governador de Meca, Khair Beg, em 1511. Enquanto o papa Clemente VIII, adorador de café, "batizava" a bebida em 1600, a introdução do café à Grã-Bretanha em 1637 ameaçava os esforços para promover o consumo de chá (em si um esforço contra o alcoolismo), levando as autoridades locais a proibir o café para viagem e o rei Carlos II a emitir uma proclamação para a supressão das casas de café, em 1675.

Na verdade, da dissecação à filosofia, à psicologia e aos exames de imagem do cérebro, ao longo da história várias técnicas foram utilizadas para tentar entender como o cérebro funciona. Mas as novas tecnologias estão permitindo grandes saltos na medição, análise, tradução e visualização dos sinais químicos e elétricos que existem no cérebro. Isso dará início não só a uma série de oportunidades econômicas e avanços médicos, mas também a uma enorme gama de preocupações éticas e sociais.

As neurotecnologias são importantes por três motivos. Em primeiro lugar, a possibilidade de "ler e escrever" no cérebro anuncia novas indústrias e sistemas de criação de valor, que terão profundos impactos sociais, políticos e econômicos. Assim como acontece com as biotecnologias (discutidas no Capítulo 11), a capacidade de corrigir as deficiências ou adicionar melhorias será um benefício enorme para as pessoas suficientemente ricas para comprar ou vender as neurotecnologias e os serviços associados a elas. Ao mesmo tempo, a capacidade de acessar os pensamentos mais íntimos de uma pessoa e influenciá-los é uma preocupação enorme em um mundo guiado por algoritmos e coleta ubíqua de dados. Será que a próxima tendência em modelos de negócios poderá envolver uma pessoa que venda acesso aos próprios pensamentos em troca de poder escrever mais rapidamente seus *posts* nas mídias sociais utilizando somente o pensamento?[166]

Em segundo lugar, as neurotecnologias estão conduzindo a melhorias em outras áreas da Quarta Revolução Industrial, permitindo novas formas de computação cognitiva e o aprimoramento do design dos algoritmos de aprendizagem automática. Quanto mais as neurotecnologias nos ensinam sobre o funcionamento do cérebro, mais úteis elas se tornam em um circuito de *feedback* para moldar as tecnologias que interagem com e/ou imitam a funcionalidade do cérebro.

Em terceiro lugar e de forma mais profunda, nosso cérebro é o cerne do que nos torna humanos – ele nos permite perceber e entender o

---

Frederico, o Grande, da Prússia, ficou tão preocupado que o café pudesse diminuir as vendas de cerveja, bebida nacional do país, que empregou "farejadores de rua" para multar as pessoas com cheiro de café; já a Suécia proibiu a importação de café por meio de cinco decretos editados entre 1756 e 1817. Hoje, a Nespresso permite não somente que o café seja pedido por um app, mas sua cafeteira Prodígio se conecta à internet e o preparo do café pode ser programado remotamente. Ver Juma, 2016.
166. Constine, 2017.

mundo, aprender, imaginar, sonhar e interagir com os outros. Influenciar o cérebro de forma mais precisa poderia mudar nosso senso de identidade, redefinir o que significa ter experiências e alterar radicalmente o que constitui a realidade. Ao afetar a forma como podemos nos governar, o sistema de gestão da existência humana, a ciência do cérebro estimula os seres humanos a dar um enorme passo para além da evolução natural.

12.2. Como funcionam as neurotecnologias?

Assim como acontece com todas as tecnologias discutidas neste livro, os avanços na ciência do cérebro foram motivados pelo rápido aumento da capacidade computacional, pelo desenvolvimento de sensores menores, mais baratos e mais sofisticados e por abordagens de aprendizagem automática que podem perceber padrões em enormes quantidades de dados não estruturados. O cérebro funciona por meio de sinais elétricos, iniciados por interações químicas; eles podem ser medidos, os sinais desejáveis podem ser imitados e os indesejáveis, impedidos de se propagar pelo cérebro; isso tudo pode ser realizado pela influência da química cerebral ou dos sinais elétricos. Tecnologias especializadas – por exemplo, os modernos microelétrodos – podem gravar a atividade de um único neurônio, ou acioná-lo conforme necessário. As imagens obtidas por ressonância magnética podem revelar como diferentes regiões do cérebro são ativadas em diferentes circunstâncias.

Graças a esses recursos, os pesquisadores fizeram avanços impressionantes na última década. Geoffrey Ling, diretor do Escritório de Tecnologias Avançadas da Agência Americana de Projetos de Pesquisa Avançada de Defesa (Darpa) de 2014 a 2016, afirma que, "em poucos anos, vamos ver os experimentos de 2008, em que um macaco foi capaz de controlar um braço robótico somente por meio de sinais do cérebro, como um grande avanço da história da humanidade".[167]

Alguns laboratórios – por exemplo, o Faisal Aldo Lab, do Imperial College de Londres – substituem as ondas cerebrais pelo rastreamento ocular combinado com a aprendizagem automática, uma técnica incrivelmente precisa para detectar a intenção de movimento. Essas abordagens estão reduzindo o custo das interações entre cérebro e máquina e oferecendo aos tetraplégicos a capacidade de controlar cadeiras de rodas ou

---

167. Entrevista do Fórum Econômico Mundial com Geoffrey Ling, em 28 de setembro de 2016.

membros robóticos com a mente.[168] Outros métodos estão aprofundando nosso entendimento sobre a origem das doenças neurológicas e as condições de saúde mental, por exemplo, a esquizofrenia, os transtornos do humor e a doença de Alzheimer.

Dispositivos de eletroencefalograma detectam ondas cerebrais e, em alguns casos, emitem sinais que influenciam o cérebro. Eles acabaram de sair do laboratório para se tornar dispositivos vestíveis.[169] Outros produtos prometem influenciar o cérebro indiretamente através do tratamento por meio de sons e luzes. Entre as técnicas motivadoras, temos o uso da ultrassonografia focada para obter imagens e tratar os tecidos de forma não invasiva; há também a optogenética, que utiliza luz para acionar células geneticamente modificadas no cérebro.

As abordagens químicas incluem uma variedade de substâncias e pílulas nootrópicas desenvolvidas para melhorar a função cerebral de várias formas. Drogas como o Modafinil e o Adderall são comumente utilizadas para fins que vão além de sua função projetada, ou seja, promover a vigília e (espera-se) melhorar a cognição. Essas drogas são uma extensão do uso comum da cafeína para aumentar a vigília e promover a atenção visual.

A maior capacidade para medir a atividade cerebral pode proporcionar melhoras significativas aos testes de drogas concebidas para tratar doenças ou para melhorar a atividade cerebral. Atualmente, mais de 65% dos medicamentos desenvolvidos para tratar distúrbios cerebrais fracassam durante a fase III dos testes clínicos. Os psiquiatras que receitam drogas para distúrbios cerebrais não têm nenhuma possibilidade real de testar e comparar sua eficácia nos pacientes.

Nitish Thakor, diretor do Instituto de Neurotecnologia da Universidade Nacional de Singapura, ressalta que certas neurotecnologias têm aplicações que vão além do cérebro, ajudando a reverter os impactos de danos espinhais e terminações nervosas. A modulação neural (estímulo do nervo) pode ajudar a restaurar não apenas a funcionalidade de membros, mas também de outros órgãos vitais como pulmões, bexiga e coração.[170]

As neurotecnologias podem até mesmo permitir que os seres humanos expandam seus sentidos para além daqueles desenvolvidos pela evolução natural durante os últimos milhões de anos. Ling argumenta que,

---

168. Jones, 2016.
169. Ver, por exemplo, EMOTIV. Disponível em: <https://www.emotiv.com/>.
170. Entrevista do Fórum Econômico Mundial com Nitish Thakor, em 28 de setembro de 2016.

em alguns anos, os seres humanos serão capazes de ver em infravermelho, gravar ou reexperimentar sonhos e memórias, interpretar múltiplos fluxos de informação visual de diferentes dispositivos e controlar simultaneamente vários membros e objetos autônomos. Essas habilidades podem estar mais perto de nossa realidade do que pensamos. O engenheiro e inventor Elon Musk anunciou recentemente que investiu em uma empresa focada no desenvolvimento de interfaces entre cérebro e computador, argumentando que prevê "uma fusão mais íntima entre inteligência biológica e inteligência digital".[171]

12.3. Qual poderá ser o impacto das neurotecnologias?

As neurotecnologias criam oportunidades tanto para melhorar uma variedade de condições neurológicas e deficiências físicas quanto para criar uma indústria do aperfeiçoamento humano. Os distúrbios cerebrais afligem dezenas de milhões de pessoas, com um custo econômico anual estimado em mais de US$ 2,5 trilhões.[172] Esse valor não leva em consideração os inquantificáveis custos humano e social da saúde mental deficiente. Uma melhor compreensão do cérebro promete revolucionar o processo de detecção, tratamento e prevenção desses distúrbios. A Análise da SharpBrains feita sobre mais de 10 mil registros de propriedade intelectual em neurotecnologias sugere que a evolução iminente poderia incluir implantes cocleares para restaurar as funções auditivas, exoesqueletos para ajudar as pessoas com deficiência a caminhar novamente e uma melhor capacidade de monitorar os padrões de sono. Os relatórios neurotecnológicos estimam o valor total atual de todos os negócios relacionados a neurotecnologia em aproximadamente US$ 150 bilhões, com uma taxa de crescimento próxima de 10%.[173]

De acordo com Neal Kassell, fundador e presidente da Focused Ultrasound Foundation, as tecnologias que estão despontando no horizonte ou prestes a despontar incluem *scanners* vestíveis para produzir imagens da estrutura e das funções do cérebro em tempo real, bem como formas para regenerar os neurônios ou modular as funções cerebrais de modo não

---

171. Statt, 2017.
172. Nager e Atkinson, 2016.
173. Neurotech, 2016.

invasivo.[174] Essas descobertas ajudariam a diagnosticar, tratar e reabilitar pessoas que sofrem de uma variedade de distúrbios neurológicos, doenças que vão do mal de Alzheimer e de Parkinson à depressão, à epilepsia e às dores causadas pelo sistema nervoso.

As neurotecnologias poderiam ter um impacto econômico muito maior ao aprimorar o cérebro humano e aumentar a produtividade do trabalhador. Sistemas de educação e formação também poderão ter muitas melhorias ao mesclar uma compreensão mais profunda do cérebro com a aprendizagem personalizada. Além disso, nas economias avançadas, com o aumento acentuado da população idosa, as neurotecnologias podem melhorar a qualidade de vida dos cidadãos mais velhos, prolongando seu engajamento em atividades produtivas.

Os governos estão cientes da potencial vantagem competitiva de ser líder nessa área e têm financiado grandes esforços em pesquisa científica e médica. Em 2013, por exemplo, o governo dos EUA lançou o seu ambicioso projeto BRAIN, e a Comissão Europeia começou seu próprio projeto sobre o cérebro humano. O Japão deu início ao seu projeto Cérebro/MENTES em 2014, e, em 2017, o governo chinês juntou-se a esse time com seu Projeto Cérebro da China.[175] Grande parte dos financiamentos e pesquisas de ponta em neurotecnologias origina-se de órgãos militares. Eles as enquadram aos contextos de defesa e ao apoio no retorno de veteranos com transtorno de estresse pós-traumático (TEPT). O cérebro está centrado na fronteira entre a guerra e a segurança.

No entanto, em comparação a outras áreas da Quarta Revolução Industrial – tal como a das tecnologias espaciais –, as neurotecnologias estão indo lentamente do laboratório para o mercado de massa. Em outubro de 2016, o Conselho da Agenda Global para a Neuropesquisa do Fórum Econômico Mundial publicou um artigo sobre o futuro digital da saúde do cérebro, argumentando que a tendência de "consumerização" da saúde servirá para que os pacientes tomem o controle da própria saúde e bem-estar. Essa dinâmica ocorrerá cada vez mais no mercado e por meio do impacto das neurotecnologias, mas também nos trará questões importantes sobre como e quais pessoas se beneficiarão dela.[176]

---

174. Correspondência entre o Fórum Econômico Mundial e Neal Kassell, em 18 de maio 2017.
175. Grillner et al., 2016; European Commission, 2016.
176. Fórum Econômico Mundial, 2016.

Para atingir esses impactos, são necessários maiores níveis de colaboração interdisciplinar. A neurotecnologia precisa de matemáticos, engenheiros, cientistas sociais, designers e físicos, bem como de neurocientistas. De acordo com a neurocientista Nancy Ip, chefe da cadeira de ciências e professora de biologia da Faculdade Morningside da Universidade de Ciência e Tecnologia de Hong Kong, "A quebra das ilhas de informações é o maior desafio desse campo. Precisamos de mais paciência, tolerância e do desejo de aprender a partir de outras disciplinas para obtermos uma colaboração frutífera".[177]

12.4. A governança e a ética das neurotecnologias

Uma maior compreensão sobre como o cérebro funciona poderá motivar uma ampla gama de questões éticas difíceis.[178] Quanto mais difundido se torna o uso de dispositivos de monitoramento do cérebro, mais será possível gerar dados úteis para compreendermos as funções cerebrais. Mas esse desenvolvimento levanta importantes questões sobre propriedade intelectual e privacidade dos dados. As neuroimagens são atualmente usadas como arte para ilustrar artigos de revista sobre neurociência, mas tais dados poderão em breve ser tão confidenciais quanto os resultados dos exames clínicos ou de DNA dos pacientes.

Assim que a ligação entre estados cerebrais e comportamento se torna mais bem compreendida, o setor de justiça está sendo desafiado a repensar as ideias fundamentais sobre responsabilidade pessoal. Em muitos países, os tribunais estão bastante cautelosos em relação a dispositivos que alegam poder interpretar os pensamentos das pessoas, assim como o detector de mentiras ou o polígrafo. No entanto, conforme crescem as capacidades dessa área, as agências de aplicação da lei e os tribunais ficarão mais tentados a utilizar técnicas que possam determinar a probabilidade da ocorrência de atividades criminosas, que possam avaliar a culpa ou até mesmo, quem sabe, recuperar as memórias diretamente do cérebro das pessoas.[179] Até mesmo para a travessia de uma fronteira nacional poderá

---

177. Entrevista do Fórum Econômico Mundial com Nancy Ip, em 10 de novembro de 2016.
178. Emmerich, 2015.
179. Oullier, 2012.

um dia ser necessário fazer uma tomografia detalhada para que seja avaliado o risco do indivíduo à segurança.

Enquanto isso, o setor de varejo está usando dispositivos de monitoramento em grupos de foco para compreender os padrões de tomada de decisão dos consumidores e, com isso, personalizar a experiência do consumidor nas lojas físicas e *on-line*. Isso se estende à atual tendência para a coleta de dados profundos para a realização de previsões, pois entender o funcionamento da mente do indivíduo aumenta a capacidade das empresas de projetar estratégias que influenciem aquele indivíduo a agir de determinada forma. Da mesma forma que acontece com todos os sistemas tecnológicos influenciadores do comportamento, essa é uma área de enorme preocupação, não só por causa dos problemas de segurança ou privacidade, mas porque ela concede enorme poder àqueles que coletam e usam os dados, enquanto reduz a responsabilidade e a ação daqueles que estão sendo influenciados.

Os empregadores tentarão cada vez mais entender se as neurotecnologias podem melhorar a maneira de avaliar os candidatos, ou treinar e monitorar seus funcionários. Após a polêmica sobre o uso do rastreamento de identificação via frequência de rádio e os sistemas biométricos existentes no local de trabalho, a próxima preocupação poderá ser sobre o monitoramento dos empregadores sobre o cérebro de seus empregados, de forma direta ou indireta. Por fim, dilemas éticos também cercam o uso das neurotecnologias para melhorar a função do cérebro saudável. Enquanto sua interferência na natureza humana preocupa alguns, outros levantam questões sobre as desigualdades sociais e econômicas; se as neurotecnologias que melhoram as funções cerebrais não forem acessíveis a todos, um fosso será provavelmente formado entre aqueles capazes de melhorar a si mesmos e aqueles deixados para trás.

Nessa área, como em muitas outras, as inovações estão atualmente superando as regulamentações e até mesmo a reflexão sobre os potenciais problemas.

As neurotecnologias podem parecer estar entre as tecnologias mais futuristas da Quarta Revolução Industrial, mas, juntamente com seus benefícios futuristas, elas também estão surgindo rapidamente com a promessa de ser altamente prejudiciais. A discussão pública sobre a sua utilização em vários contextos e para diferentes fins é urgentemente necessária para que possamos garantir que elas ofereçam apoio a um futuro inclusivo.

O impacto sistêmico das neurotecnologias

Por Olivier Oullier,
presidente da Emotiv, nos EUA

No início de 2017, o brasileiro Rodrigo Hübner Mendes[*], tetraplégico, tornou-se a primeira pessoa a dirigir um carro de Fórmula 1 com a mente.

Para as pessoas do setor da neurotecnologia, controlar objetos usando a interação cérebro-computador tornou-se algo bastante comum. O que é interessante no desempenho de Hübner Mendes é que o dispositivo que ele usou para controlar o carro de corrida – um *neuroheadset* da Emotiv Epoc – pode ser encomendado *on-line*, custa algumas centenas, e não milhares, de dólares e já é utilizado por dezenas de milhares de pessoas em sua vida cotidiana para melhorar a jogabilidade dos *videogames* ou monitorar o sono. O que era até recentemente só ficção científica é agora parte da rotina diária das pessoas. E isso é só o começo.

É costume dizer que a eletricidade não foi inventada apenas para criar uma vela melhor. Da mesma forma, as neurotecnologias não são melhorias incrementais de tecnologias existentes. Elas oferecem *insights* sem precedentes, não apenas sobre como o cérebro interage com os ambientes físicos e sociais, mas também sobre novas maneiras de experimentar a vida. As neurotecnologias, portanto, encarnam a essência da Quarta Revolução Industrial mais do que qualquer outra tecnologia.

A penetração das neurotecnologias em nossa vida tem criado preocupações e vem chamando a atenção das autoridades públicas, fatos que oferecem lições interessantes sobre as nossas tentativas de governar as tecnologias emergentes. Em 2011, a França se tornou o primeiro país a dedicar a seção de uma lei especificamente

---

[*]. Rodrigo Hübner Martins faz parte da comunidade de Young Global Leaders do Fórum Econômico Mundial. (N.R.T.)

para tentar legislar sobre as neurotecnologias, reconhecendo formalmente sua capacidade de afetar a vida de todos. O objetivo do governo era limitar o uso comercial das tecnologias de neuroimagens, permitindo seu uso nos tribunais. Curiosamente, os cientistas consultados pelo governo para analisar a lei foram unanimemente contra o uso das neurotecnologias nas cortes, mas não estavam excessivamente preocupados com o uso comercial das tecnologias de escaneamento do cérebro. No entanto, o governo decidiu ir contra os peritos – uma ilustração interessante dos desafios regulatórios enfrentados pelos países no que diz respeito às tecnologias da Quarta Revolução Industrial.

O ritmo da inovação e o ritmo da regulamentação sempre estarão em descompasso – mas a taxa de variação e o âmbito do impacto da Quarta Revolução Industrial vão expor essa incompatibilidade de formas que exigirão modelos completamente novos de governança.

Além das questões de governança, o processo para ajudar as neurotecnologias a sairem do laboratório e entrarem nas linhas de produção como um produto de consumo seguro e confiável constitui um obstáculo significativo que talvez apossa impedir a distribuição dos benefícios das neurotecnologias. Kunal Ghosh, fundador e CEO da Inscopix, nos EUA, reconhecido como Pioneiro Tecnológico pelo Fórum Econômico Mundial, argumenta que a falta de incentivos para que os inovadores nas universidades possam refinar e melhorar as ideias de forma interativa pode levar a que "muitas neurotecnologias disruptivas definhem nos laboratórios em que foram inventadas"[180]. Nesse ponto, a indústria de neurotecnologia poderá se espelhar naquilo que o setor privado na área de biotecnologia e de exploração espacial e a indústria de telefonia celular têm conseguido em suas abordagens de comercialização altamente bem-sucedidas e em modelos de negócios orientados a serviços.

---

180. Ghosh, 2015.

CINCO IDEIAS-CHAVE

1. As neurotecnologias nos ajudam a compreender melhor o cérebro e como ele funciona, e também nos ajudam a entender como influenciar a consciência, o humor e o comportamento. O aumento dessas capacidades poderia amenizar doenças e lesões que afetam o cérebro e melhorar a funcionalidade do cérebro. A linha entre a reparação e o aprimoramento poderá se tornar controversa e exigirá que pensemos sobre os impactos causados pela forma como as tecnologias são usadas.
2. As neurotecnologias da Quarta Revolução Industrial criarão novas áreas de valor para as indústrias com importantes implicações sociais. Por meio de circuitos de *feedback*, elas ajudarão a inspirar uma nova arquitetura computacional e de *software*, bem como a desafiar profundamente o que acreditamos saber sobre o ser humano.
3. A capacidade de mensurar com maior precisão a atividade cerebral poderá trazer melhorias para os testes de novos medicamentos e ajudar a entender o processo de decisão do consumidor. E os avanços da interação eletroquímica entre os sinais digitais e biológicos podem ajudar a estimular conquistas, por exemplo, evitar lesões na medula espinhal, proporcionar sensação e funcionalidade aos membros e órgãos e auxiliar o uso de próteses.
4. Para ocorrer a interação cérebro-computador não é preciso romper a pele. As peças que ajudam a diagnosticar doenças e melhorar os hábitos podem ser vestidas. As oportunidades de aprendizagem personalizada, triagem de candidatos, aumento da produtividade ou o combate à depressão tornarão atraentes as neurotecnologias para os *players* da indústria.
5. Por causa da complexidade das neurotecnologias, a colaboração interdisciplinar é necessária para que produtos sejam desenvolvidos e levados para o mercado. A variedade de questões éticas e legais ligadas às neurotecnologias – privacidade, propriedade intelectual, acessibilidade, aplicações judiciais – é causa para que se realizem discussões multilaterais sobre o potencial impacto de suas capacidades verdadeiramente revolucionárias.

CAPÍTULO 13
Realidades virtual e aumentada*

Na ficção científica, o sonho de viajar para o passado ou o futuro tem fascinado as pessoas há bastante tempo. Ainda não é possível viajar no tempo, e talvez nunca o seja. Mas a realidade virtual (RV) já está disponível e em breve poderá ser uma alternativa viável. Ela pode criar experiências imersivas, tais como visitar os campos de batalha das guerras napoleônicas, seguir os passos de Colombo ou percorrer o período jurássico entre braquiossauros e tiranossauros.

Menos envolventes que a RV, a realidade aumentada (RA) e a realidade mista (RM) trazem camadas de dados, informações e objetos virtuais aos ambientes reais. Essas tecnologias oferecem oportunidades incríveis para aprender novas habilidades, compartilhar experiências com outras pessoas e criar novas formas de arte e entretenimento.

A RV, a RA e a RM estão revolucionando o modo como experimentamos, compreendemos e interagimos com o mundo ao nosso redor, e, ao mesmo tempo, oferecem a oportunidade de vivenciar um número infinito de mundos, limitados apenas pela imaginação. O resultado poderia ser mais coletividade, colaboração e empatia, e elas prometem maneiras mais rápidas para trabalhar em conjunto, desenvolver habilidades e testar ideias. Ainda assim, a tecnologia também pode ser usada para manipular nossas perspectivas do mundo e influenciar nosso comportamento. Seu uso indiscriminado também poderia nos incitar a escapar do mundo real (ou pelo menos das partes em que não queremos nos envolver) em vez de tentar mudá-lo para melhor.

---

*. Contribuição de Anne Marie Engtoft Larsen, Liderança do Conhecimento, Quarta Revolução Industrial, Fórum Econômico Mundial; Yobie Benjamin, cofundador da Avegant, nos EUA; e Drue Kataoka, artista e tecnólogo do Drue Kataoka Studios, nos EUA.

13.1. Alterando o mundo real

A RV é um ambiente simulado por computador rico, multissensorial, tridimensional e em 360 graus, no qual podemos mergulhar e com o qual podemos interagir. Usando equipamento de RV, é possível experimentar imagens, sons e outras sensações realistas que replicam um ambiente conhecido ou criam um ambiente imaginário.

A RA e a RM são formas mais "porosas" de RV, que adicionam camadas geradas digitalmente de som, vídeo ou gráficos ao ambiente físico do usuário. Enquanto a RV substitui o mundo real por um simulado, tanto a RA quanto a RM melhoram a percepção que o usuário tem da realidade. A RA oferece informações visíveis sobre o mundo real, tal como acontece com o Google Glass ou a Microsoft HoloLens, que aumentam a interatividade dos espaços físicos e dos objetos. A RM, de forma semelhante, adiciona ao mundo objetos e personagens virtuais realistas. O jogo Pokémon GO é um exemplo de imagens tão sofisticadas que se misturam perfeitamente à realidade.

A RV e a RA não são ideias novas. As fotografias estereoscópicas e as pinturas panorâmicas foram tentativas iniciais de imergir os humanos em um mundo fictício, seguidas, no século XX, pelo cinema, pela televisão e pelos jogos de computador. O cientista da computação Ivan Sutherland foi quem primeiro cunhou o termo "realidade virtual", em 1968, ao seu dispositivo acoplável à cabeça (*head-mounted*). No entanto, os primeiros aparelhos de simulação, como o projetor Head Dome, da Toshiba, eram muito desajeitados. Eles tendiam a deixar seus usuários com náuseas devido aos atrasos entre o movimento do usuário e a alteração dos efeitos visuais. Foram precisos 45 anos de revolução digital para que o *hardware* se tornasse suficientemente poderoso e os dispositivos suficientemente confortáveis e acessíveis para serem comercializáveis.

Os últimos desenvolvimentos em RV devem muito à força do *crowdsourcing*, bem como aos monitores de cristal líquido de baixo custo e de alta definição fabricados para *smartphones*. Em 1º de setembro de 2012, Palmer Luckey, um americano com pouco mais de 20 anos de idade, iniciou uma campanha de *crowdfunding* para um *headset* chamado Oculus. Em pouco tempo, sua campanha levantou US$ 2,4 milhões, quase 1.000% de sua meta original. Dois anos depois, o Facebook comprou a empresa por US$ 2 bilhões com a promessa de mudar o modo como interagimos por meio de sua rede de mídia social.[181]

---

181. Chafkin, 2015.

Por que se passaram cinco décadas desde o primeiro dispositivo de RV (de Sutherland) até o sucesso de Luckey? Do lado da oferta, a RV e a RA cresceram a partir das capacidades digitais da Terceira Revolução Industrial. A RV precisa dos grandes avanços da capacidade computacional para desenhar e analisar o mundo real, além de imagens móveis de alta definição, aspectos que se tornaram possíveis com o desenvolvimento dos telefones celulares.

Talvez com importância semelhante, a demanda foi criada pela revolução digital. Pelo menos duas gerações cresceram com a ideia de que o que é imaginado na ficção científica pode se tornar realidade. Essas gerações sentem-se confortáveis com mundos gerados por computador. Quando a Nintendo lançou seu primeiro sistema de *videogame*, em 1985, muitos pais ficaram preocupados com a possibilidade de os jogos estarem afetando a mente de seus filhos; mas muitas dessas crianças cresceram e foram projetar e programar aplicativos de computador, *hardware* e sistemas de rede que se tornariam a espinha dorsal da Quarta Revolução Industrial. Os *videogames* e as simulações fazem parte do *mainstream*: as Forças Armadas, para dar um exemplo, utilizam essas ferramentas para treinar pilotos de *drones* que lutarão em zonas de conflito a meio mundo de distância.

As tecnologias de RV, RA e RM são mais do que novas maneiras de experimentar os ambientes digitais. Elas representam plataformas e sistemas onde é possível criar, trocar e distribuir valor. Por oferecer um canal completamente novo para percebermos e interagirmos com o mundo, elas estão entre as tecnologias mais transformadoras da Quarta Revolução Industrial. No entanto, por causa de sua natureza imersiva, elas borram – mais do que outros canais digitais – a linha entre a tecnologia artificial, o mundo exterior e o papel da intuição e da ação humanas. Ao alterar a forma como interagimos com a internet e os ambientes digitais, a RV e a RA colocam questões profundas sobre o significado de como os seres humanos experimentam o mundo.[182]

As tecnologias de RV e RA também podem criar experiências emocionantes. Elas permitem que os usuários interajam com as pessoas em outras salas, ou mesmo em outros continentes. Uma pessoa pode simular realisticamente estar em outro país, ou até mesmo no espaço sideral. Já é possível simular outras sensações além da visão e da audição. Dispositivos de *feedback* tátil são capazes de replicar inúmeras sensações; vários

---

182. Zuckerberg, 2015.

modelos de luta dão ao usuário uma sensação de impacto físico. Isso reforçará ainda mais as respostas emocionais da RV e da RA. Os avanços na neurotecnologia, da nanotecnologia e da IA poderão permitir que a RV seja controlada a partir de nossos próprios cérebros. A perspectiva de conectar nosso cérebro à RV através de *modens* corticais, implantes ou nanorobôs ainda está muito longe, mas as interações cérebro-computador estão caminhando para se tornar uma realidade. Os dispositivos externos para vivenciarmos a RV, a RA e a RM vão inevitavelmente evoluir muito nos próximos anos e poderão, por fim, se tornar antiquados e ser substituídos por dispositivos "úmidos", internos e incorporados.

Interface é tudo

Por Yobie Benjamin, cofundador da Avegant, nos EUA

Há décadas confiamos em ferramentas para manipular e interagir com computadores – o *mouse* e o teclado – que, rapidamente, se desvanecerão com a última geração de tecnologias. A interface se moverá em direção à fidelidade ao mundo real, tão simples como o som de sua voz e um piscar de olhos.

A RA e a RV, as telas virtuais de retina (VRD, na sigla em inglês), as *displays* de campo iluminado e a computação holográfica (CH) representam a próxima geração de interação e experiência entre humanos e computadores. Essas tecnologias são o próximo salto adiante; deixaremos de usar as interfaces cansativas e limitadas: o teclado QWERTY, o *mouse* e o deslizar/tocar dos telefones celulares. No futuro, as experiências e as interfaces estarão integradas à sua voz, gestos, movimentos físicos e até mesmo oculares. Dispositivos como Oculus, Avegant Glyph, HTC Vive e HoloLens, da Microsoft, bem como a tecnologia holográfica do Vntana, apresentam emocionantes experiências de microvisualização (*near-eye*), imersivas e não imersivas, para o usuário final. Essas tecnologias podem levar pessoas a ambientes reais e virtuais e fornecer uma perspectiva interativa, anteriormente possível apenas na imaginação. Infelizmente, todos os dispositivos atuais são prejudicados pelo tamanho, peso, requisitos de energia e complexidades de instalação.

Mas isso foi ontem. Essas tecnologias estão, na verdade, se tornando cada vez mais acessíveis. Goldman Sachs prevê que o mercado de RA/RV/VRD aumentará para US$ 85 bilhões em 2025.[183] Até o final de 2016, 12 milhões de dispositivos VR/VRD foram distribuídos (7 milhões de dispositivos cabeados de alta qualidade e 5 milhões de qualidade mais baixa e sem fio). Esse número mais que dobrará entre 2017 e 2018 (Figura 22, p. 254).

No início, as crianças – e, por fim, os adultos – gastarão cada vez mais dinheiro e tempo de vida dentro desses ambientes de RV, RA e RM. A Quarta Revolução Industrial está causando uma enorme disrupção tecnológica, corporativa, governamental e social com uma velocidade nunca vista na história. As tecnologias futuristas dos filmes de Hollywood com menos de 20 anos já estão presentes. Por exemplo, o computador com interfaces holográficas do filme *Minority Report* de 2002 já é uma realidade. O personagem Geordi La Forge de *Star Trek* e seu HMD, que conectava sua inteligência humana à IA e à base de conhecimento de todo o universo, são uma reminiscência da internet atual e das tecnologias vestíveis.

Produtos de primeira geração já podem ser obtidos e utilizados pelos usuários pioneiros. E o que é ainda mais fantástico: a velocidade do desenvolvimento tecnológico está criando processadores mais rápidos e mais baratos; e *hardwares* mais rápidos e mais baratos que utilizam menos energia. Esses processadores e *hardwares* estão permitindo sistemas com interface ser-humano-computador menores, mais leves e mais práticos. Isto é, HMDs mais leves e computadores vestíveis mais elegantes e socialmente aceitáveis, como belos fones de ouvido ou óculos de sol. Adicione o processamento de linguagem natural e IA a esses dispositivos e um novo futuro nos aguarda. Se por um lado estamos familiarizados com a Siri, o Watson e a Alexa, junto a seus respectivos mecanismos de IA integrados a dispositivos móveis e domésticos, dentro dos próximos 12 meses, vamos ver interações da RV, RA, VRD e possivelmente CH com acionadores de voz natural.

---

183. Goldman Sachs, 2016.

254 | SEÇÃO 2 – TECNOLOGIAS, OPORTUNIDADES E DISRUPÇÃO

Figura 22: Número de usuários de realidade virtual ativos em todo o mundo, 2014-2018 (em milhões)

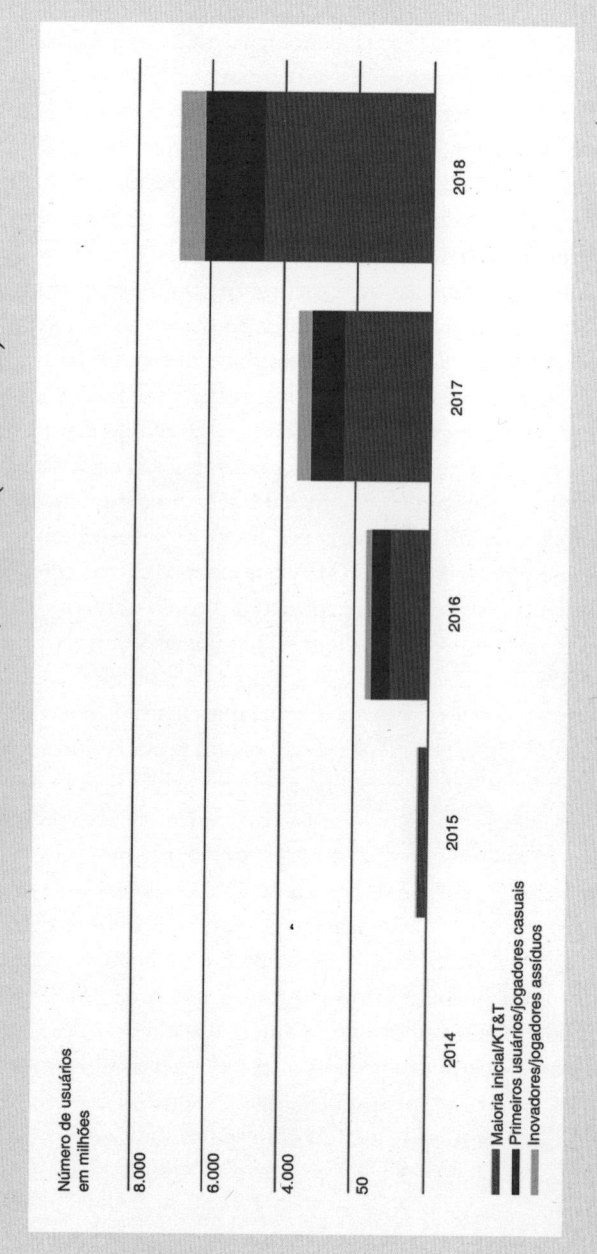

Número de usuários em milhões

■ Maioria inicial/KT&T
■ Primeiros usuários/jogadores casuais
■ Inovadores/jogadores assíduos

Fonte: Das, 2010.

As bases da RV e da RA estão definidas. Todos nós vimos o fenômeno do Pokémon GO; ele ofereceu ao mundo um gostinho da realidade aumentada em um tipo de plataforma 2D. O fenômeno será multiplicado à medida que a educação tirar proveito dessas tecnologias e transformá-las em uma educação empírica sobre "o mundo real". Os professores de história poderão levar seus alunos para assistir a debates ao vivo no Senado romano; os professores de biologia poderão levar toda a sua classe para o centro de um cromossomo para realizar experiências de biologia sintética. Ao transformar esses espaços abstratos em locais reais, a educação se tornará mais poderosa e imediata aos sentidos. Aquilo que, nos últimos 30 anos, conhecemos por computador mudará completamente.

O novo computador e suas interfaces (nos acostumaremos a eles) estarão muito longe da época dos computadores IBM de 640K controlados por teclado ou do primeiro iPhone da Apple. O novo computador e seu paradigma de RV e RA continuarão a evoluir em formatos menores, mais leves e projetos mais atrativos. Talvez vejamos o fim até mesmo dos telefones celulares de mão. Com novas tecnologias de interface, poderemos nos tornar um Geordi La Forge e sermos timoneiros de nossos mundos conectados. A sorte está lançada. O Pokémon GO existe. As sobreposições dos *smartphones* estão acontecendo agora. As vendas de RA/RV/VRD estão aumentando, e as funcionalidades de voz e IA estão sendo incorporadas em tudo o que é móvel.

Em última análise, as distinções entre RA e RV provavelmente vão desaparecer; os dispositivos vão convergir e se tornarão multifuncionais. As vastas capacidades de misturar a visão natural e a sintética farão com que repensemos tudo, desde as normas sociais das interações humanas até a forma como os espaços públicos e privados são projetados e percorridos.

Assim como a carruagem foi morta pelo Modelo T, as velhas interfaces vão morrer mais cedo do que pensamos.

Num futuro próximo, podemos nos confrontar com uma infinidade de possibilidades. Na educação e na capacitação no emprego, por exemplo, a RA poderá ser usada para ajudar as pessoas a aprender uma nova habilidade: especialistas remotos podem ajudar técnicos locais usando dispositivos de RA para realizar uma tarefa que não poderiam realizar sozinhos. Os Cursos On-line Abertos e Massivos, mais conhecidos pela sigla em inglês MOOC, poderão usar a RV para que os estudantes de todo o mundo se sentem juntos em salas de aula virtuais. A RV poderá dar vida às lições de história, fazendo com que os alunos revivam, por exemplo, a experiência de Rosa Parks em um ônibus em Montgomery, no Alabama, em 1955.*

Da mesma forma, a RV poderá tornar os assuntos atuais mais atraentes. Em 2016, o *The New York Times* publicou um vídeo de RV, *The Fight for Falluja* (A luta por Faluja), permitindo que o espectador participasse da batalha para retomar do ISIS a cidade Síria de Faluja através dos olhos das forças iraquianas. O filme premiado *Refugees* (Refugiados), do Scopic Virtual Reality Studio, coloca o espectador na pele de um refugiado que deixa uma Síria devastada pela guerra e parte rumo a um futuro desconhecido na Europa. A RV tem aplicações em cobertura ao vivo de esportes, oferecendo aos usuários a experiência de estar no meio da multidão no estádio e em museus, empresas e lojas virtuais.

A RV e a RA têm grande potencial para melhorar a saúde e o bem-estar. A RA pode ajudar os cirurgiões a realizar operações, exibindo, por exemplo, uma digitalização em 3D do tumor que será removido. A RV já é usada nos hospitais para reduzir a medicação para dor durante a cirurgia. Com o tempo, a RA, combinada com uma sofisticada IA, conseguirá imitar o trabalho das vias sensoriais humanas para o reconhecimento de objetos. Isso permitirá que cegos naveguem e experimentem os mundos real e virtual. Experiências com o uso de RV para tratar pacientes de TEPT (transtorno de estresse pós-traumático) têm se mostrado uma promessa para ajudar na recuperação, permitindo que o paciente, em um ambiente seguro, experimente novamente os traumas passados.

---

*. Rosa Parks foi uma costureira negra norte-americana, símbolo do movimento dos direitos civis dos negros nos Estados Unidos. Ficou famosa, em 1º de dezembro de 1955, por ter-se recusado a ceder o seu lugar no ônibus a um branco, tornando-se o estopim da luta antissegregacionista. (N.R.T.)

O futuro é virtual e emocionante: a perspectiva de um artista

Por Drue Kataoka,
artista e tecnólogo do Drue Kataoka Studios, nos EUA

Dê uma olhada na Capela Sistina, uma das mais surpreendentes criações do espírito humano, que sozinha mudou as percepções de nossos antepassados sobre o que significa ser humano. O espírito do Criador voando no céu, as figuras poderosas e atléticas em poses cheias de energia e, é claro, os avisos intransigentes do Juízo Final. A imaginação de Michelangelo criou todo um universo de elementos visuais, mensagens e emoções que ainda podemos sentir hoje.

Ainda assim, num futuro não tão distante, a Capela Sistina olhará para os Leonardos e Michelangelos de amanhã da mesma forma como as pinturas rupestres olhariam para um artista do renascimento – incrível, poderoso, mas um pouco bidimensional.

Isso ocorrerá por causa da RV – uma nova mídia de criação, de interações sociais e para vivermos de forma tal que mudará absolutamente tudo o que fazemos, de maneiras que ainda não conseguimos compreender plenamente. Mas vamos tentar levantar a cortina que esconde o futuro e usar nossos olhos e sentidos, fracos, míopes e tão humanos, para dar uma espiada nas próximas décadas.

A RV é a materialização de um sonho que os artistas tiveram desde os primórdios da história: brincar de Deus – criar mundos inteiros, universos completos, átomo por átomo, *pixel* por *pixel*. Eles sonhavam em construir mundos onde poderíamos viver, socializar, jogar e, sim, criar. Os mundos que são tão incríveis, tão inspiradores, que desencadearão uma nova onda de criatividade humana e nos permitirão descobrir um maior nível de desempenho humano.

Mundos em que a distância entre as pessoas é apenas a de um piscar de olhos – ou de um pensamento –, estejam elas vivas ou mortas (obviamente, se o desejo de se conectar for mútuo). Mundos que não são apenas visuais, mas táteis, olfativos, auditivos – que criam experiências imersivas de proporções quase sobrenaturais.

Mas seremos solitários?

Alguns se perguntam se esse admirável mundo novo da RV será solitário e triste, como um solitário *gamer* trancado em um porão. De modo algum. O Facebook é um dos principais líderes em RV. A empresa vê a RV como o futuro das comunicações e da interação social. Ela vê um mundo onde as pessoas se reúnem e ficam juntas mais do que nunca, onde distâncias e fronteiras desaparecerão. Ela vê um mundo onde a distância ou a falta de tempo não são mais uma desculpa para deixar de ver um amigo ou um parente. Nesse mundo, a democracia direta será muito mais possível. A vontade do povo estará refletida com maior precisão, os cidadãos e eleitores estarão mais informados e engajados. O futuro da RV é social, incrivelmente social. Afinal de contas, na realidade virtual, a reunião de família ou escolar, as sessões da Câmara Municipal e as noites de encontro não precisam acabar nunca.

Uma nova forma de comunicação compassiva

Talvez ainda mais importante que isso seja o fato de a RV possibilitar novas formas de comunicação que, antes, eram inimagináveis. Em vez de dizer como nos sentimos, poderemos transmitir plenamente o que sentimos a um ente querido ou a um colega de trabalho – através de efeitos visuais imersivos em 3D e sons e pela ligação de todos os sentidos. Isso abre um novo mundo de empatia para todos que tenham o coração e a mente abertos e pode criar uma sociedade melhor e mais compassiva.

Será possível não apenas nos colocarmos facilmente no lugar do outro, mas no corpo de outra pessoa, experimentando o que ela experimenta. Podemos ser afro-americanos ou latinos, gays ou transexuais, tetraplégicos, judeus hassídicos ou muçulmanos ortodoxos. Então, voltaremos à nossa identidade original mais bem informados e, de certa forma, transformados. Em alguns poucos anos, em vez de enviar um *emoticon*, poderemos enviar um arquivo contendo uma experiência imersiva em RV, para que, através de seus sentidos, o destinatário entenda exatamente como nos sentimos.

Esse é o mundo de *Wall-E*, da Pixar?

Alguém pode perguntar: será que isso tudo não vai sufocar a criatividade de alguma forma? O que vai acontecer com nosso cérebro quando toda imagem estiver definida, todo som especificado e todo toque estiver perfeitamente calibrado? Cadê o espaço para a imaginação? Será que nos tornaremos consumidores passivos e satisfeitos como no filme *Wall-E*, da Pixar? Na verdade, diferentemente de quaisquer experiências anteriores, a RV liberará a criatividade. A criatividade surge da variedade. O maior inimigo da criatividade é a rotina. E a variedade, a diversidade de experiências em RV será incomparável a qualquer outra coisa já vista na história. Não é por acaso que muitas das pessoas mais criativas da história viajaram mais do que seus contemporâneos para visitar terras longínquas. Com a RV, todos poderemos ser viajantes do mundo, alcançando os rincões mais profundos do universo e da imaginação humana. Além disso, a VR não é uma experiência passiva. Utilizando ferramentas criativas, seremos capazes de moldar o nosso ambiente mais do que permitiria a viabilidade ou a disponibilidade do "mundo real". Todo mundo será literalmente um artista e será incentivado a forçar suas habilidades e imaginação até os seus limites. Não, nem todo mundo será um Michelangelo, mas a criatividade da humanidade estará em níveis muito mais elevados do que em quaisquer momentos anteriores.

A tecnologia está pronta para isso?

Podemos hoje examinar o Vive, da HTC, o Oculus Rift ou a HoloLens, da Microsoft, e não acreditar muito em tal futuro. No entanto, eles são o Apple II da futura revolução da RV, e olhar para eles e prever os futuros dispositivos de RV seria como olhar para o Apple II e imaginar os atuais *desktops* de jogos superpoderosos. Com certeza, haverá um grande salto.

Isso é verdade. No entanto, o ponto importante é que, pela primeira vez, Vive, Rift e HoloLens representam produtos viáveis para as massas e estão começando a ser adotados por elas. Sim, eles ainda são caros, um pouco incômodos e às vezes desajeitados. No entanto, diferentemente dos dispositivos de RV anteriores, eles não precisam de um laboratório cheio de técnicos para ser operados e, o mais importante, eles funcionam. Esses dois aspectos marcam o início de uma revolução. De forma lenta, mas definitiva, a humanidade está entrando na onda da RV, isto é, intensificando os efeitos de rede – estúdios de jogos estão começando a criar conteúdo, a Tilt Brush, da Google, e o Medium, da Oculus, estão abrindo novas possibilidades criativas e, como nos primórdios da computação pessoal, os trabalhos estão sendo realizados por pioneiros, entusiastas e inventores nas garagens e porões de toda a América, Europa, Ásia e demais continentes. Além disso, como é o caso com o efeito de rede (ou externalidade de rede), cada tecnólogo, cada artista e cada usuário torna a plataforma de RV ainda mais poderosa e mais útil para todos os outros. Estamos entrando na fase inicial do crescimento exponencial. Ao analisar os protótipos no Vale do Silício, é fácil apreciar como os novos dispositivos do mercado de massa de RV serão menores, mais poderosos, mais rápidos e mais intuitivos. Ao virar a esquina, também veremos uma próxima geração de dispositivos de ponta que incorporam outros sentidos – tato, olfato e paladar. Logo depois, esses outros sentidos também serão incorporados aos dispositivos do mercado de massa e, ainda mais para frente, as interações cérebro-computador abrirão novas possibilidades. O futuro da RV, além de brilhante, é deslumbrante. Escondida da vista de todos, uma revolução se inicia.

13.2. Linhas borradas

As tecnologias de RV, RA e RM têm desafios definitivos. Quando o Google Glass foi lançado, em 2013, ele foi visto como algo que violaria a privacidade alheia. Sua câmera frontal desafiava o contrato social não escrito, o qual diz que devemos pedir permissão, explícita ou implicitamente, antes de gravar um vídeo ou tirar uma foto de alguém. Ele também criava constrangimento porque pedir a alguém que abaixe a câmera do telefone é socialmente mais aceitável do que lhe pedir que tire os óculos. O sucesso dos dispositivos de RV e RA depende da conciliação dessas normas de aceitação social. Esse não é, no entanto, um problema significativo para a realidade virtual imersiva. Na verdade, os óculos de RA do Snapchat abordaram algumas dessas questões e se tornaram um sucesso retumbante.

Há também questões práticas, a saber, o conforto, a vida útil da bateria e os custos. Os preços atuais são proibitivos, até mesmo para o mercado de massa do mundo desenvolvido, tirando o produto do alcance de grande parte da população global. Mesmo que todas as pessoas tivessem acesso a uma internet suficientemente poderosa e confiável, o que não é o caso de cerca de metade da população mundial, tal tecnologia poderia levar anos para ser totalmente adotada. A tecnologia está longe de ser globalmente empoderadora e inclusiva.

A RV também gera preocupações relacionadas à privacidade. Os dispositivos de RV podem aprender muito sobre como os usuários respondem a diferentes estímulos ao monitorar o movimento de seus olhos, a posição da sua cabeça e até mesmo seu estado emocional. Essas informações poderiam ser usadas para influenciar comportamentos ou mesmo para incriminar e envergonhar. A RV pode tornar-se um desafio social: poderia aumentar o isolamento, colocando os usuários em mundos completamente fechados, onde eles interagem com avatares digitais em vez de seres humanos físicos. O uso excessivo da RV poderia distanciar as pessoas de seus entes queridos e corroer as estruturas comunitárias.

Para abordar essas preocupações, é preciso desenvolver um quadro político que empodere os cidadãos, aumente a democratização e impeça que as tecnologias se transformem em meios de manipulação. As partes interessadas devem se perguntar como o desenvolvimento e a implantação da RV, RA e RM podem ser realizados de forma a promover, e não minar, a empatia, a colaboração e a confiança.

CINCO IDEIAS-CHAVE

1. As realidades virtual (RV), aumentada (RA) e mista (RM) são versões de um conjunto audiovisual imersivo de tecnologias que permitem que as pessoas se coloquem em um ambiente virtual ou adicionem elementos virtuais ao ambiente real.

Essas tecnologias digitais de modificação da realidade estão sendo desenvolvidas há mais de cinco décadas, mas a convergência entre a capacidade computacional, a mobilidade e recursos interativos está agora levando a avanços.
2. A possibilidade de conectar a RV, a RA e a RM a outros tipos de tecnologias que forneçam *feedback* sensorial dos mundos virtuais e imaginários poderia permitir experiências tremendamente novas, mas sua permissibilidade ética se tornaria um desafio, especialmente se necessitarem de interfaces que requerem cirurgia para ligar homem e máquina. Essas tecnologias enfrentarão muitas das mesmas preocupações confrontadas pelas plataformas anteriores de entretenimento, como seu impacto na psicologia humana, socialização e uma compreensão sobre ação própria e responsabilização.
3. A RV, a RA e a RM podem ser consideradas como mais um passo na evolução da interface, que começou com cartões perfurados, transitou para o teclado e o *mouse* e incorporou o *touchscreen* e a voz; agora a evolução caminha na direção dos gestos e dos movimentos naturais.
4. A RV, a RA e a RM prometem aumentar a empatia, o bem-estar, e ajudar as pessoas com necessidades sensoriais. Elas podem oferecer novos caminhos para a mídia educacional e permitir que as pessoas de todos os lugares visitem outras partes do mundo e ambiente diário de outras pessoas. Já que privação sensorial cria condições convincentes para os usuários, existem preocupações relativas a seus efeitos potenciais sobre nosso senso seguro de realidade.
5. A VR, a RA e a RM criam desafios distintos relacionados a privacidade, aceitação social e acessibilidade devido ao custo. Os efeitos dos estímulos, da privação sensorial e de longas exposições à tecnologia ainda não são claros. Tratá-las como substitutas das atuais formas de utilização das mídias é algo muito simplista, pois essas tecnologias podem ter implicações biológicas diferentes.

SUPLEMENTO ESPECIAL
Uma perspectiva sobre as artes, a cultura e a Quarta Revolução Industrial[*]

No filme de Lynette Wallworth sobre realidade virtual indicado ao Emmy, *Collisions* (*As Colisões*), Nyarri Morgan, um ancião indígena do Oeste australiano, está sentado no deserto, assistindo a um vídeo de J. Robert Oppenheimer, o físico teórico estadunidense que liderou a construção da primeira bomba atômica. Por muitas formas, a vida de Nyarri havia sido moldada pelo momento, um ponto da década de 1950 em que ele havia testemunhado a formação de uma nuvem de cogumelo em frente aos seus olhos. Ele pensou na época que aquilo era uma mensagem dos deuses, mas aprendeu mais tarde que o governo britânico estava testando a bomba atômica em sua terra e que teria de viver por décadas em meio àquela devastação.

Sessenta anos depois daquele dia que havia mudado sua vida, Nyarri está novamente sentado sob o céu do deserto assistindo a um pronunciamento de Oppenheimer – há uma tela e um projetor montados em seu caminhão. Oppenheimer fala sobre o momento do primeiro teste nuclear; carrancudo, assim que cita o deus Vishnu, ele compartilha o entendimento de que "agora eu sou a morte, o destruidor de mundos". Lentamente, Nyarri caminha até a tela. Vemos os dois homens na mesma cena e, nesse momento, nós entendemos como a vida deles está interligada, mesmo que eles façam parte de mundos tão distantes.

---

[*]. Contribuição de Nico Daswani, do Fórum Econômico Mundial; e Andrea Bandelli, diretor executivo da Science Gallery International, na Irlanda.

O conteúdo e a forma do filme *Collisions* – o Fórum Econômico Mundial foi seu produtor executivo e promoveu a estreia mundial do filme durante sua reunião anual de 2016 em Davos-Klosters – oferecem um espaço para refletirmos sobre como a arte e a cultura são fundamentais para a compreensão de nossa relação com a tecnologia e a trajetória que ela tomou no último século. O filme utiliza a mais recente tecnologia de realidade virtual para criar uma experiência significativa com o objetivo de provocar o diálogo sobre as consequências de nossas ações e, nesse caso, nossa sede por progressos tecnológicos. Seu objetivo é inspirar a reflexão sobre o desejo, ou a crença, de que os seres humanos possam desvendar quaisquer códigos, que tudo no universo é, como diz o filósofo Heidegger, uma mera "reserva permanente" – um conjunto inerte de recursos disponíveis para fins de exploração humana.

O filme explora a arrogância tecnológica, a forma como ela costuma ser negligenciada e talvez nunca verdadeiramente estimada em termos de alcance. Semelhante à arte dos teatros antigos, a experiência da realidade virtual serve para revelar como podemos restringir o mundo através de nossas próprias perspectivas limitadas. As peças teatrais da Grécia antiga nos diziam que lutar contra a natureza era inútil e que o destino era em parte uma profecia e, em parte, resultado de nossas próprias ações. Muitas sociedades, antes desta era moderna, compreenderam o mundo à sua maneira, por meio de experiências e percepções tão ricas, densas e valiosas como qualquer análise tecnológica. A tecnologia da época moderna, no entanto, tem ajudado a moldar uma mentalidade focada na ordem do mundo, reforçando o projeto humano para superar a natureza e controlar o destino.

As artes, cujo vocábulo original é *techné*,[184] nos oferecem algo mais. Elas nos proporcionam canais para podermos expressar e criticar nossos projetos antes que os valores e orientações que representam sejam incorporados às tecnologias. Nesse sentido, o papel das artes não é tanto prever o futuro, mas fornecer ferramentas cognitivas e emocionais para imaginarmos o futuro e fazermos inovações criativas. Na Quarta Revolução Industrial, a inteligência emocional é especialmente necessária para

---

184. Do grego antigo, *techné* (τέχνη) é uma das raízes da palavra "tecnologia", mas é mais frequentemente traduzida, em textos antigos, como "arte" ou "ofício", no contexto das artes tradicionais, como a pintura, a escultura e a carpintaria.

obtermos novas competências e fluência para ficarmos confortáveis com o desconhecido; para termos esperança e ficarmos alertas sobre o que vem a seguir; para termos criatividade nas respostas que damos à complexidade dos sistemas do nosso entorno; e para sermos suficientemente humildes para sabermos que não entendemos tudo.

Considere por exemplo os retratos em tamanho natural em *Stranger Visions* de Heather Dewey-Hagborg, apresentados na Reunião do Fórum Econômico Mundial em 2016. Para criar esse trabalho, a artista extraiu o DNA deixado para trás em pontas de cigarro e chicletes recolhidos na rua, realizou uma análise do genoma e tentou reconstruir o rosto da pessoa com esse DNA. Uma obra como essa provoca intermináveis conversas sobre nossa identidade e a disponibilidade generalizada de rastreio genético. Enquanto a tecnologia ainda pode estar a alguns anos de distância, sua implementação tornou-se tangível nessa exposição artística.

Mas e se isso não for apenas uma obra especulativa de arte; e se esse processo se tornar realidade? Uma iniciativa em grandes cidades está usando a mesma tecnologia para identificar aqueles que sujam o espaço urbano a partir do DNA encontrado nas ruas, expor seus retratos para apontar-lhes o dedo e causar-lhes vergonha. Isso é a "The twilight zone" da tecnologia em construção; valores e tecnologia correm em dois caminhos diferentes, ainda não sincronizados. Pela arte, é possível descobrir nossa resposta emocional à tecnologia antes de enfrentarmos as consequências reais da tecnologia.

Por meio da arte e da cultura, desenvolvemos a capacidade para processar e compreender o que é diferente de nós. Podemos desafiar e mudar nossa mentalidade, podemos ficar confortáveis com o que a princípio nos deixava desconfortáveis. Pela arte, vemos as diferenças não como ameaças, mas como novas fronteiras de conexões humanas, o que ajuda a criar empatia – a capacidade de compreender e partilhar os sentimentos dos outros. Ao nos prepararmos para os futuros possíveis, também ficamos mais resistentes, aprendemos a absorver os impactos do impossível e a pensar nele como possível. Aprendemos a questionar as bases de nossas próprias visões de mundo.

Em *Collisions*, nos deparamos com a grande ameaça de que a tecnologia serve para controlar o mundo. O filme nos lembra de que, embora uma visão generalizada do mundo seja algo considerado "normal", tal visão não é a única que contém valor. Algumas semanas depois de Lynette Wallworth ter apresentado *Collisions* aos membros do Parlamento australiano, depois de mais de cinquenta anos advogando sobre a questão, seus membros decidiram incluir no orçamento federal, pela primeira vez, disposições para aumentar as proteções à saúde das pessoas afetadas pelos testes atômicos do governo britânico na década de 1950. A arte, nesse caso, resultou em poderosas reparações. Mas o que teria acontecido se Oppenheimer e Nyarri tivessem se conhecido anos antes dos testes nucleares? Será que esse encontro mudaria o curso da história?

Foi preciso uma experiência artística de realidade virtual para podermos mergulhar profundamente no espaço emocional dos povos indígenas. Aqui, a arte emprega a tecnologia, alertando contra a busca irrefletida de um poder tecnológico e a submissão a uma mentalidade tecnológica. Essa relação emaranhada com a tecnologia pede por uma discussão cuidadosa sobre as formas de empregá-la. A tecnologia certamente pode ser usada para destruir nosso mundo físico e nosso conhecimento conceitual sobre ele. Mas, nas mãos de pessoas inspiradas, criativas e atenciosas, a arte e a tecnologia podem também tornar-se um meio para transmitir empatia e construir pontes entre visões de mundo variadas. Na história de Oppenheimer e Nyarri, duas culturas colidiram – uma que valorizava o mundo como um objeto a ser controlado e a outra que o valorizava como um espaço sagrado. Esse ponto em que nossos pressupostos e expectativas colidem é precisamente onde a arte nos revela mundos repletos de significados.

INTEGRAÇÃO DO AMBIENTE

CAPÍTULO 14
Captura, armazenamento e transmissão de energia[*]

A Primeira e a Segunda Revoluções Industriais foram construídas sobre as transições do setor de energia, primeiro a vapor e, depois, a eletricidade. Agora, no início da Quarta Revolução Industrial, o setor de energia está à beira de outra transição histórica: os combustíveis fósseis dão lugar às fontes de energia renováveis. As tecnologias de energia limpa e a melhor capacidade de armazenamento estão saindo dos laboratórios e indo para as fábricas e mercados; e, com uma ampla coligação de países investindo em novos tipos de avanços, tal como a fusão nuclear, um novo futuro energético pode estar surgindo no horizonte.

A disponibilidade global de energia limpa e acessível beneficiaria o ambiente e, particularmente, os cidadãos de países em desenvolvimento, cujo fornecimento de eletricidade é pouco confiável ou inexistente. Além disso, as tecnologias de energia sustentável podem reduzir os custos para as empresas e os consumidores e reverter o impacto ambiental das emissões industriais do século passado. Para que a transição seja um sucesso, no entanto, serão necessários a colaboração internacional, a visão a longo prazo e o diálogo entre todas as partes interessadas para destravar os indispensáveis investimentos em infraestrutura e tecnologias. Perder o momento poderá causar o descarrilamento do progresso coletivo em direção a uma conquista potencialmente revolucionária.

14.1. Energia limpa, distribuição eficiente e armazenamento em escala

Muitas tecnologias da Quarta Revolução Industrial parecem ser uma faca de dois gumes. Juntamente com suas perspectivas esperançosas, elas

---

[*]. Contribuição de David Victor, professor da Universidade da Califórnia, San Diego (UCSD), nos EUA; e Conselhos do Futuro Global do Fórum Econômico Global sobre o Futuro da Energia.

também têm o potencial para criar desigualdade, desemprego, fragmentação social e danos ambientais. No setor da energia, no entanto, o panorama é mais otimista. Com o investimento correto, as novas tecnologias energéticas poderiam causar a redução de preços, reverter a dependência de combustíveis fósseis criada pela Primeira Revolução Industrial e ajudar a criar um futuro sustentável para as comunidades ricas, pobres, urbanas e rurais.

Os avanços na produção e distribuição desde a Primeira Revolução Industrial deram aos humanos acesso a grandes quantidades de energia. O corpo humano pode produzir em média cerca de 100 watts, o suficiente para acender uma lâmpada antiga. Os atletas podem produzir três ou quatro vezes mais. Mas, hoje, o cidadão médio global tem acesso a mais de 8.000 watts, com taxas *per capita* que, em algumas economias desenvolvidas, chegam a mais de 35.000 watts.[185] O problema é o impacto no planeta da queima de combustíveis fósseis para gerar essa energia. A Administração de Informações de Energia dos EUA (US Energy Information Administration – EIA) estima que a demanda global de eletricidade quase dobrará para 39 trilhões de quilowatts-hora por volta de 2040, a maioria dos quais será proveniente de países que atualmente têm pouca infraestrutura em desenvolvimento.[186]

As preocupações relativas à mudança climática, refletida nos Objetivos de Desenvolvimento Sustentável da ONU, já levaram a implantação de tecnologias de energias renováveis, como a solar e a eólica, a um recorde de US$ 265 bilhões em 2015 (Figura 23), embora o valor tenha caído para US$ 226 bilhões em 2016.[187] Os investimentos também têm sido estimulados pela queda do preço das energias eólica e solar. Em 2016, pela primeira vez, as energias renováveis representaram mais de 50% da produção de energia nova, mas ainda constituem apenas 10% do total da eletricidade do mundo. A indústria de energia sofre pressões para inovar ainda mais caso queira atender a nossas crescentes necessidades por energia, reduzir o consumo de combustível convencional e diminuir a velocidade das mudanças climáticas.

As previsões otimistas acreditam que os avanços relacionados à capacidade de armazenamento de energia poderão ajudar a atingir as metas de produção. Essas tecnologias, no entanto, precisam de muito mais investimento; assim, é muito importante manter uma faixa de preços em conso-

---

185. World Bank, 2017.
186. Kanellos, 2013.
187. Frankfurt School of Finance & Management, 2017, Figura 25.

CAPÍTULO 14 – CAPTURA, ARMAZENAMENTO E TRANSMISSÃO DE ENERGIA | 271

Figura 23: Investimento em capacidade energética, 2008-2016

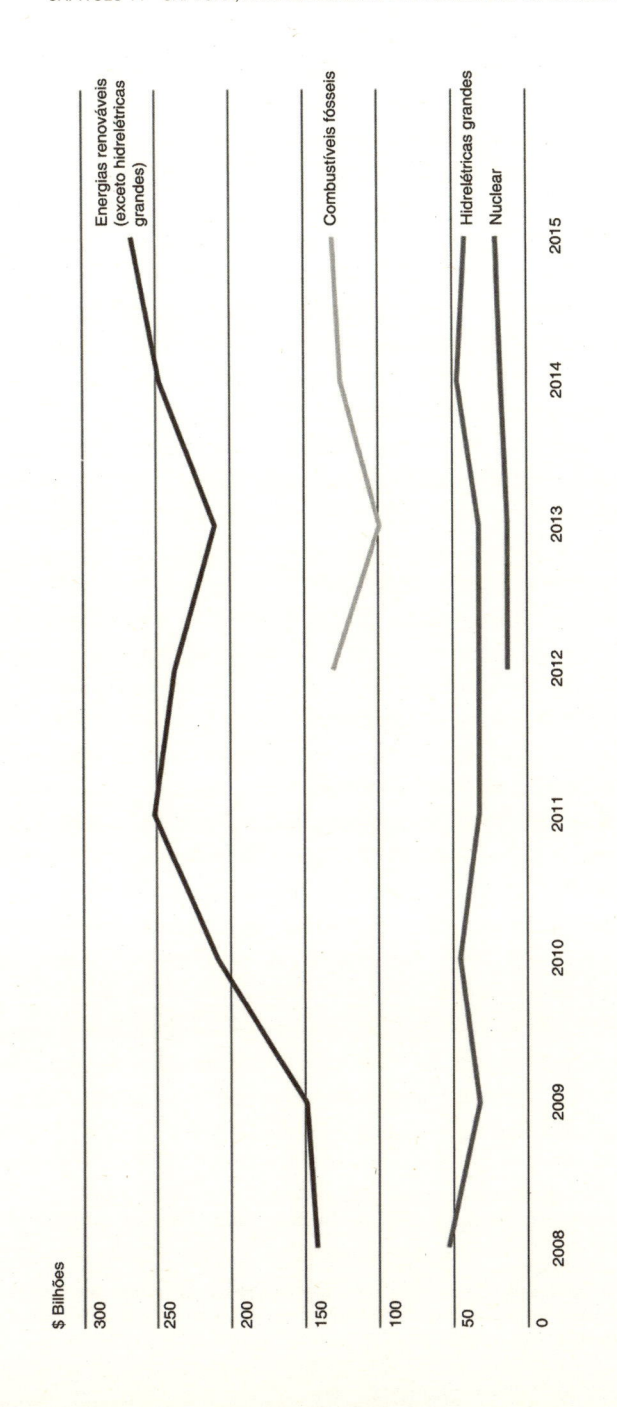

Fonte: Frankfurt School of Finance & Management, 2017, baseado na Figura 25.

nância com o declínio progressivo dos preços dos combustíveis líquidos. O atual valor de US$ 8-9 bilhões dos investimentos de P&D em energias renováveis mostra uma proporção de aproximadamente 1:27 em relação a outros investimentos feitos em 2017.[188] Um valor ideal, de acordo com Cameron Hepburn, diretor de economia da sustentabilidade do Instituto para um Novo Pensamento Econômico da Martin Oxford School, estaria mais perto de 1:1.[189] Com o investimento certo, as novas tecnologias – como as biobaterias, os nanomateriais energeticamente eficientes, o armazenamento modular de rede, a conversão sintética do lixo biológico e energia das marés – conseguirão avançar ainda mais.

Outras tecnologias da Quarta Revolução Industrial também moldarão os progressos relativos à energia. A IA promete criar redes espertas (*smart*), aumentando a eficiência e reduzindo os custos.[190] As nanotecnologias, tais como os nanorobôs de carbono e as espumas ou géis nanoporosos, aumentarão a eficiência e diminuirão a perda de energia durante todo o ciclo da energia, da fonte ao uso.

Veículos automatizados poderão melhorar a eficiência dos recursos, ao coordená-los para rotas e uso de energia ideais; e a biotecnologia poderá oferecer a engenharia bacteriana e o aproveitamento da fotossíntese para a criação de células de biocombustível.[191]

Talvez a possibilidade final seja a fusão nuclear, que – se funcionar como o esperado – emitirá energia limpa, abundante, sustentável e relativamente barata. Trinta e cinco nações esperam pelo ano de 2035, a meta para que a tecnologia do ITER (Reator Termonuclear Experimental Internacional) da França atinja sucesso operacional; o ITER é uma instalação vista como o projeto de fusão nuclear mais avançado já construído.[192] O impacto esperado sobre as indústrias, a economia e a geopolítica é imenso. Sem nenhuma garantia de que essa aposta de US$ 18 bilhões em fusão terá êxito, no entanto, parece prudente diversificar a pesquisa de desenvolvimento de fontes de energia. Outras abordagens incluem a energia das marés e algumas ideias mais experimentais, como a transmissão de micro-ondas de painéis solares em órbita.[193]

---

188. Frankfurt School of Finance & Management, 2017, Figura 54, Figura 1.
189. Entrevista do Fórum Econômico Mundial com Cameron Hepburn, em 28 de setembro de 2016.
190. Tucker, 2014.
191. Woolford, 2015.
192. ITER (que significa "o caminho" em latim) é um projeto de energia para o qual 35 nações estão colaborando com o objetivo de construir o maior dispositivo de fusão magnética do mundo.
193. Parry, 2016.

Independentemente das futuras fontes de energia escolhidas, o armazenamento eficiente também deverá ser uma prioridade. Tendo em vista que as fazendas solares e eólicas, em particular, não conseguem gerar energia continuamente, os avanços em relação às capacidades de armazenamento de energia poderão permitir o uso de energias renováveis em escalas muito maiores. As tecnologias das baterias estão avançando rapidamente, pelo menos no laboratório, e os próximos 15-20 anos poderão testemunhar ainda mais inovações construídas sobre as nanotecnologias.[194]
Um aumento da ordem de grandeza da energia da bateria em relação ao seu volume ou peso aumentaria imensamente o valor e a utilidade das fontes intermitentes de energia e, também, faria com que fôssemos capazes de fornecer energia elétrica para o 1,2 bilhão de pessoas que atualmente não têm acesso a ela.

14.2. A colaboração é essencial para realizar esse potencial

Novos incentivos de cooperação em energia limpa devem ser concebidos para que possam competir com as estruturas geopolíticas e econômicas estabelecidas e que foram construídas em torno das indústrias de petróleo e gás, por exemplo. Essas estruturas estão tão arraigadas que redesenhar as linhas da dependência dos combustíveis fósseis poderia criar grandes riscos sistêmicos. A queda dos preços do petróleo já teve profundos impactos econômicos e sociais nas nações produtoras de petróleo, como a Venezuela, a Rússia e a Nigéria. Um avanço na tecnologia das baterias, por exemplo, poderia ter sérias implicações geopolíticas para a segurança regional por causa de seus impactos sobre os sistemas fiscais e de emprego.

Esses riscos devem ser aceitos, no entanto, em razão da ameaça da mudança climática. A China começou a investir pesadamente para diminuir sua pegada de carbono, mas esse esforço levará tempo. No entanto, há em todo o mundo uma maior convicção de que, se as nações trabalharem juntas, as tecnologias poderão acelerar a transição para uma economia de carbono zero.

Na verdade, o maior risco da transição para a energia limpa é sua lentidão. As transições anteriores dos sistemas de energia combinaram a ciência, a infraestrutura e os ecossistemas normativos e de produtos; es-

---
194. University of Texas at Austin, 2017.

ses sistemas surgiram ao longo de gerações por causa dos extensos prazos para a implantação de tecnologias materialmente intensivas. Se forem mantidos os objetivos de curto prazo do mercado, uma transição baseada no público para as energias limpas será mais lenta sem a ajuda dos governos. Uma lição pode ser aprendida a partir do exemplo do Vale do Silício, que tem sido um importante *driver* econômico nos últimos vinte anos: ele surgiu devido a investimentos do governo nas décadas de 1960 e 1970. Além dos investimentos, para se promover um futuro sustentável, a diversificação é necessária. Quando o ITER da França atingir sua potência máxima, as energias renováveis poderão ocupar 50% da produção de eletricidade na Europa.[195] Com avanços constantes no armazenamento de energia e quase vinte anos para investir em infraestrutura, teremos estabelecido um caminho claro para a sustentabilidade, mesmo que os bilhões gastos no ITER sejam perdidos. Existem outras novas abordagens na produção de energia, tais como o potencial para a cooperação internacional e as redes inteligentes para que os mercados sejam integrados e ofereçam custos mais baixos de energia por meio de sua distribuição mais eficiente.

Ainda enfrentamos os desafios da transição para tecnologias de energias renováveis, reduzindo as emissões e proporcionando maior acesso para as sociedades dos países em desenvolvimento. A produção e a distribuição de energia limpa serão vitais em um século que poderá ver a população global chegar a impressionantes 11 bilhões de pessoas.[196]

A rede do futuro

Por David Victor,
Professor, Universidade da Califórnia, San Diego (UCSD), EUA

Essencialmente, todas as economias se tornaram mais eletrificadas ao se modernizar. Normalmente, nas economias mais avançadas, quase metade da energia primária que as alimenta é convertida em elétrons antes que seja enviada de forma limpa pelas linhas de transmissão até os usuários finais. Conforme aumenta a pressão

---
195. European Commission, 2017.
196. United Nations, Department of Economic and Social Affairs, Population Division, 2015.

para limpar os sistemas de energia, espera-se uma mudança ainda maior no setor de energia elétrica. Conforme aumentar a dependência da sociedade em energia elétrica, será que o sistema de energia do futuro continuará a parecer que surgiu nos últimos cem anos? Na rede elétrica atual, grandes centrais de energia e matrizes de produtores de energias renováveis, como parques eólicos, estão conectadas aos usuários através de linhas de transmissão de longa distância e redes de distribuição complexas que empresas de energia elétrica e outros operadores gerenciam centralmente. Essas redes são as maiores máquinas do planeta. É possível que a rede do futuro seja muito mais descentralizada – num cenário em que os "pronsumidores" serão ao mesmo tempo produtores e consumidores de energia?

As rápidas mudanças tecnológicas – tão emblemáticas na Quarta Revolução Industrial – estão preparadas para tornar mais viáveis essas duas visões concorrentes da rede elétrica do futuro. Por um lado, melhorias gigantescas no desempenho das centrais de energia juntamente com linhas de energia de longa distância (a China, por exemplo, opera a maior rede mundial de linhas de transmissão, com 1 milhão de volts) estão fazendo com que as redes centralizadas sejam mais confiáveis e com bom custo-benefício. Ainda mais interessante é o conjunto de tecnologias descentralizadas idealizadas aos "pronsumidores". Entre elas, podemos citar as pequenas turbinas e microrredes bem dimensionadas para edifícios industriais e *campi* universitários (e outros), bem como bombas térmicas ainda menores para o aquecimento e o resfriamento com níveis extremamente elevados de eficiência.

Sensores de baixo custo, juntamente com a alta potência da computação e a análise de um enorme conjunto de dados (*big data analyctics*), estão fazendo que esses muitos sistemas descentralizados possam operar de forma autônoma, dando aos consumidores muito mais controle sobre o tipo exato de serviços de energia que eles compram. O custo dos sistemas de baterias para poder armazenar energia localmente está despencando.

Enquanto os vencedores desse grande concurso ainda são desconhecidos, é plausível que as tecnologias de descentralização estejam em vantagem e que a rede elétrica do futuro seja muito mais descentralizada do que a atual. Embora as estações centrais ainda tenham um papel a desempenhar, as concessionárias de energia elétrica começaram a implantar tecnologias que permitem o maior controle local automatizado e imediato, com a esperança de melhorar a confiabilidade – dessa forma, se algumas partes da rede deixam de funcionar, como ocorre periodicamente depois de tempestades de gelo e outros eventos, o sistema local pode reconfigurar-se automaticamente, mantendo as luzes acesas. Os investimentos em microrredes vêm crescendo junto com muitos outros elementos de uma revolução do "pronsumidor". Alguns reguladores também estão adotando novas regras, que foram projetadas especificamente para afastar o investimento dos sistemas de controle centralizados, aproximando--os dos fornecedores e sistemas de controle locais – por exemplo, o regulamento *Reforming the Energy Vision*, de Nova York.

Se essa descentralização será uma boa notícia para a rede ou não ainda é algo muito difícil de responder. Em teoria, um controle local mais sofisticado e a descentralização permitiriam que os usuários ganhassem com a confiabilidade. O maior controle dos usuários pode desencadear forças de mercado que são fracas ou inexistentes no sistema de energia elétrica atual, o qual ainda é um monopólio em muitos aspectos e muitas vezes é controlado por empresas estatais ou serviços públicos regulamentados. A capacidade de microgerir o abastecimento de energia também poderia ser uma grande vantagem para as autoridades políticas que pretendem atingir suas metas de subsídios e outros benefícios para os usuários mais necessitados – algo que será muito importante se quisermos atingir o objetivo de oferecer serviços de energia com um custo aceitável para todos no mundo.

Esses benefícios foram demonstrados em muitas configurações diferentes, mas, ao verificarmos todas as redes do mundo, elas ainda são em grande parte uma hipótese de trabalho. Muita coisa poderia dar errado. Se for mal gerido, o controle descentralizado poderá tornar a rede elétrica mais instável. Até agora, a rede centralizada mostrou-se em geral bastante robusta contra *hackers* – apesar de alguns incidentes, como o corte de partes da rede ucraniana no final de 2015 –, mas um sistema de controle mais descentralizado poderia abrir muitas outras portas para o crime. E uma rede elétrica verdadeiramente descentralizada exigirá investimentos maciços – talvez mais investimento do que os sistemas centrais; precisará de modelos de negócio confiáveis e de boa governança para que os investimentos sejam recuperados. Ademais, enquanto a descentralização favoreceu as tecnologias mais limpas, algumas das abordagens mais eficazes para a descentralização não estão livres de emissões.

A maioria das microrredes, por exemplo, depende da eficiência do gás natural – um combustível limpo, mas que terá de ser drasticamente reduzido (ou descarbonizado) para que o mundo alcance a meta de zero emissão dos gases que causam o aquecimento.

É fundamental que os clientes, prestadores de serviço e autoridades políticas continuem monitorando se os benefícios da descentralização estão se tornando uma realidade. Com as mudanças rápidas nas tecnologias, será necessário ajustar as políticas e encontrar o equilíbrio correto entre o sistema de poder centralizado e o descentralizado.

Esse desafio se aplica especialmente quando as regiões de alto crescimento são responsáveis por grande parte da demanda por energia global (Figura 24, p. 278). Para informar as decisões relativas à construção da infraestrutura física é preciso ter uma perspectiva de longo prazo e multilateral; seus desafios incluem as comunicações, os sistemas de controle, mensurações e manutenção, bem como a criação de mercados internacionais de energia integrados. O pensamento de longo prazo pode, por exemplo, nos dizer que o investimento deve estar centrado no desenvolvimento de tecnologias completamente livres de carbono, em vez de concentrar-se na infraestrutura de baixo teor de carbono nos próximos 20 ou 30 anos.

Tal como acontece com outros desafios globais prementes, é necessário que governos estáveis realizem acordos multilaterais. A maioria dos estudos sugere que as profundas reduções de emissões vão requerer a

278 | SEÇÃO 2 – TECNOLOGIAS, OPORTUNIDADES E DISRUPÇÃO

Figura 24: Mudanças no PIB e na demanda de energia em determinados países e regiões, 2000-2014

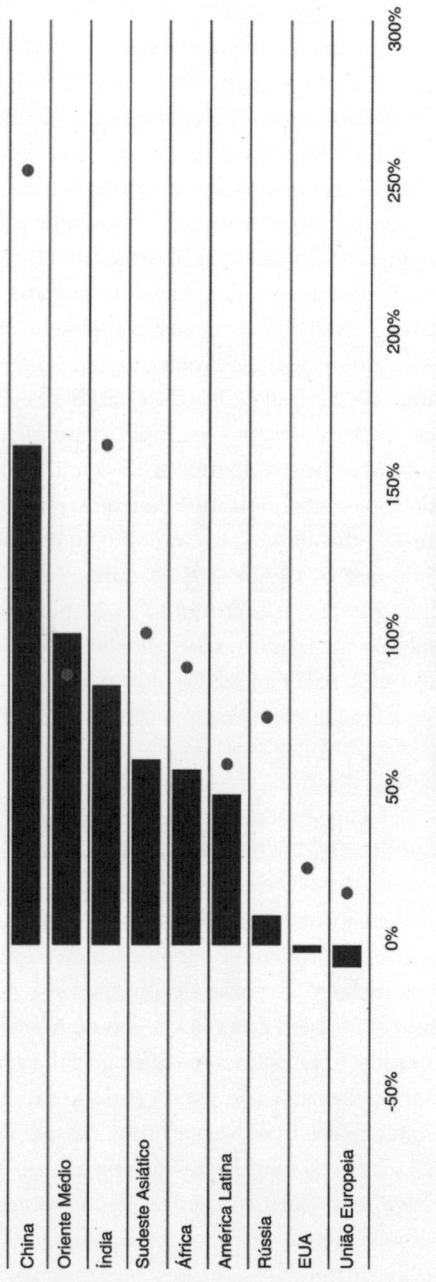

A comparação entre o ritmo de crescimento econômico de 2000 a 2014 e o crescimento da demanda por energia durante o mesmo período mostra grandes variações regionais e entre países

— Demanda por energia
● PIB

Fonte: IEA, 2016, Figura 1.2.

construção de redes elétricas que demandarão muito capital. E a história mostra que as empresas e os governos estão dispostos a fazer esses grandes investimentos em redes de energia somente se acreditarem na previsibilidade da política e dos quadros regulamentares. Essa expectativa exige acordos, tais como tratados de investimento, mecanismos de arbitragem e a coordenação das políticas nacionais de energia com base em padrões internacionais para mitigar riscos transnacionais.

No *Global Risk Report 2017* (*Relatório de Riscos Globais de 2017*) do Fórum Econômico Mundial, as tecnologias emergentes de energia mantêm a invejosa posição de ser consideradas a área tecnológica com a menor probabilidade de consequências negativas, mantendo simultaneamente a posição de segundo lugar em relação aos maiores benefícios potenciais. Desperdiçar esse potencial seria um lapso de responsabilidade coletiva catastrófico.

CINCO IDEIAS-CHAVE

1. A Quarta Revolução Industrial poderia acabar com a dependência mundial de combustíveis fósseis e com a produção de energia que emite gases de efeito estufa, estabelecidas nas revoluções industriais anteriores. Isso é cada vez mais urgente, pois a população mundial está crescendo, as economias estão se industrializando, os efeitos das alterações climáticas estão se tornando mais agudos e, em todo o mundo, a demanda por energia deverá dobrar até 2040.
2. A transição de energia renovável deve continuar a acelerar e abranger mais setores mais rapidamente. Os investimentos a longo prazo devem ser realizados agora para que seus benefícios possam ser colhidos nas próximas décadas, especialmente em regiões de alto crescimento. O investimento de P&D em energias renováveis requer um forte aumento em comparação com gastos de implantação. Juntamente com os avanços das tecnologias de armazenamento de energia, talvez seja possível atingir as metas para que a produção de energia atenda à demanda.

3. As novas tecnologias de energia estão sendo exploradas, desde a energia das marés até a fusão nuclear, os materiais avançados e as nanotecnologias. Elas poderiam ajudar a aumentar a eficiência e diminuir as perdas de energia. Combinadas com a IA, as eficiências de todo o sistema em grande escala também podem ser melhoradas por meio de redes inteligentes, da transferência dinâmica de energia ou do transporte com base em baterias.
4. Uma grande alternância de energias renováveis coloca a indústria de combustíveis fósseis em perigo, juntamente com a segurança da sua antiga estrutura geopolítica. A colaboração para lidar com as implicações sociais e políticas dessa alternância é de extrema importância.
5. A colaboração multilateral e a estabilidade global serão necessárias caso queiramos que os governos tenham confiança e estejam dispostos a realizar grandes investimentos a longo prazo. Políticas e quadros regulamentares previsíveis podem ajudar a gerar maior confiança para colaboração.

CAPÍTULO 15
Geoengenharia*

A geoengenharia é a ideia de que os seres humanos, deliberadamente e com sucesso, podem controlar o comportamento altamente complexo da biosfera terrestre. Muitos cientistas, no entanto, veem as tecnologias que se propõem a intervir nesse espaço como imaturas e inseguras, na melhor das hipóteses, e existencialmente ameaçadoras, na pior delas, com consequências imprevisíveis e incontroláveis.

Este capítulo não deve ser tomado como legitimador da geoengenharia como uma prática. As tentativas de intromissão em grande escala nos sistemas complexos do mundo natural costumam terminar em desastre, seja no caso da introdução deliberada de novas espécies ou no desmatamento de grandes áreas de terra. Os autores estão cientes da incapacidade de prever ou controlar os resultados das chamadas cascatas de consequências colaterais.

No entanto, o fato de estarem sendo propostas intervenções tecnológicas para compensar os desafios – que vão desde a poluição atmosférica e as secas até o aquecimento global – sugere a necessidade de um capítulo dedicado a esse tema. As propostas incluem a instalação de espelhos gigantes na estratosfera para desviar os raios solares, a propagação química para aumentar as precipitações e a implantação de grandes máquinas para remover o dióxido de carbono do ar.

A tecnologia pode ser capaz de intervir nesses sistemas, no entanto, com nossa compreensão limitada de suas ramificações, as ações desse tipo podem causar danos irreparáveis ao nosso planeta. A geoengenharia é, portanto, uma questão controversa, que exige novas estruturas de governança e uma análise reflexiva

---

*. Contribuição de Anne Marie Engtoft Larsen, Liderança do Conhecimento, Quarta Revolução Industrial, Fórum Econômico Mundial; Wendell Wallach, acadêmico do Centro Interdisciplinar de Bioética da Universidade de Yale, nos EUA; Janos Pasztor, membro sênior e diretor executivo do Carnegie Climate Geoengineering Governance Initiative (C2G2), nos EUA; e Jack Stilgoe, docente-pesquisador em estudos em ciência e tecnologia da University College de Londres, no Reino Unido.

sobre a prudência de qualquer ação que afete os recursos compartilhados da atmosfera terrestre.

15.1. A intervenção tecnológica direta pode compensar o aquecimento global?

A geoengenharia consiste em intervenções deliberadas e em larga escala nos sistemas naturais da Terra. Algumas de suas promessas incluem a mudança dos padrões de precipitação, a criação de fontes artificiais de luz solar e a alteração das biosferas por meio das biotecnologias. No entanto, a maioria das discussões sobre geoengenharia centra-se na luta contra a mudança climática. Essa ciência também pode ser considerada em relação às atividades realizadas fora da Terra, como a colonização humana de outros planetas (neste contexto chamada "terraformação"). Por exemplo, essa tecnologia é muitas vezes inserida nas discussões com um certo tom de ficção científica, no sentido de alterar a composição da atmosfera de Marte para que o planeta possa, em longo prazo, permitir a vida humana.

Embora sejam atualmente teóricas em grande parte, as técnicas de geoengenharia climática são propostas de medidas reativas que serão necessárias para reduzir os gases de efeito estufa emitidos na biosfera (Figura 25). Essas medidas reativas incluem o sequestro de carbono, a fertilização do oceano, a construção de ilhas artificiais e a criação de sequestradores naturais de carbono por meio do plantio em larga escala de árvores (Figura 26, p. 284). Mais recentemente, foram propostas técnicas para resfriar o planeta. Essas propostas se dividem em duas categorias: as técnicas para remover o dióxido de carbono da atmosfera, abordando assim a origem da mudança climática; e as técnicas de manejo da radiação solar, para que parte dela seja refletida de volta para o espaço, o que poderia ser uma solução temporária para o aumento da temperatura do planeta. Algumas das tecnologias necessárias se baseiam em outras desenvolvidas nos séculos passados, tais como gigantescos espelhos e aerossóis, mas novas abordagens estão atualmente sendo imaginadas pela combinação das tecnologias da Quarta Revolução Industrial, como as nanopartículas e outros materiais avançados.

Os entusiastas, ávidos pela geoengenharia, argumentam que ela poderia corrigir séculos de poluição e a degradação ambiental causada pelos efeitos colaterais indesejados do progresso socioeconômico da Primeira Revolução Industrial. Despreocupados com a ameaça de a história se repe-

Figura 25: Geoengenharia como uma
intervenção direta no sistema climático

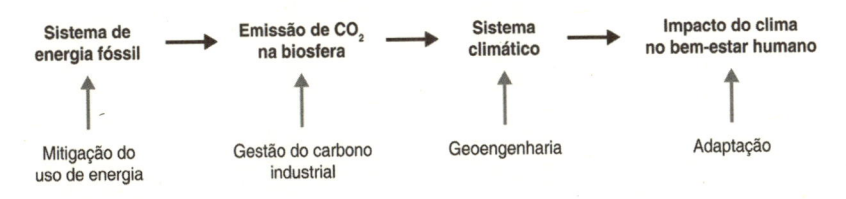

Sistema de energia fóssil	→	Emissão de CO_2 na biosfera	→	Sistema climático	→	Impacto do clima no bem-estar humano
↑		↑		↑		↑
Mitigação do uso de energia		Gestão do carbono industrial		Geoengenharia		Adaptação

Fonte: Keith, 2002.

tir, eles argumentam que os riscos de outros efeitos colaterais são compensados pelo potencial benefício da redução dos riscos da mudança climática, que nos dará mais tempo para abordar o problema das emissões de carbono. Especialistas mais prudentes contrapõem que, considerando os limites atuais do conhecimento científico, os potenciais efeitos colaterais negativos são demasiadamente imprevisíveis e incertos para arriscarmos. Eles apontam os terríveis efeitos dominó que aconteceram após as alterações naturais do equilíbrio da radiação terrestre. Por exemplo, em 1815, a erupção do Monte Tambora, na Indonésia, causou o "ano sem um verão" da Europa de 1816, destruindo as colheitas e causando fome e doenças.

Em ambos os casos, a geoengenharia não pode, de forma realista, ser vista como uma panaceia. Para atingirmos um clima estável, os sistemas econômicos e sociais da Quarta Revolução Industrial devem alcançar zero emissão líquida de carbono, ou seja, reduzir as emissões significativamente e neutralizar quaisquer emissões restantes por meio da remoção do dióxido de carbono. Esses objetivos não serão possíveis pela perspectiva do "solucionismo tecnológico", embora as novas políticas e tecnologias sejam necessárias para solucioná-los. Assim, alguns defensores da geoengenharia sugerem que as autoridades políticas considerem uma combinação de ambas as estratégias para evitar os piores efeitos da mudança climática.

15.2. Uma estrutura de governança global

Teoricamente, a geoengenharia poderia beneficiar algumas regiões e causar inundações, seca ou danos em outras.[197] Tal cenário levanta impor-

---
197. Stilgoe, 2016.

Figura 26: Categorização das abordagens à geoengenharia climática

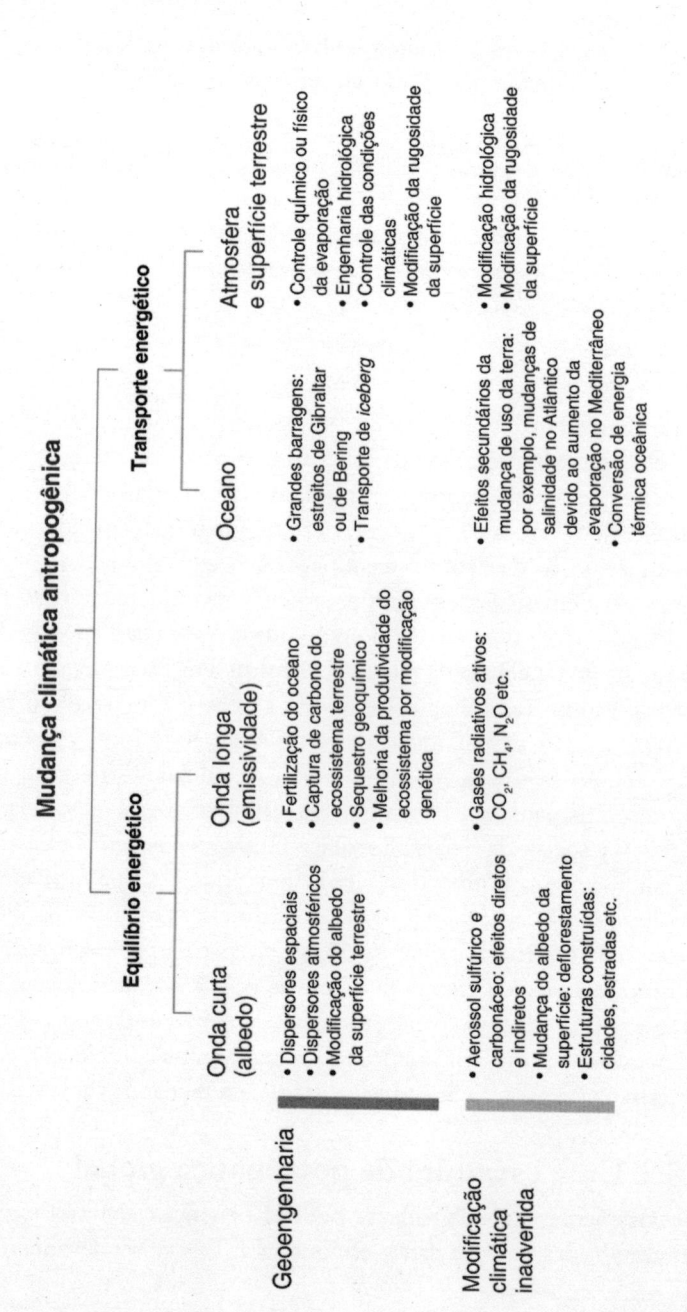

Mudança climática antropogênica

Geoengenharia

- **Equilíbrio energético**
  - **Onda curta (albedo)**
    - Dispersores espaciais
    - Dispersores atmosféricos
    - Modificação do albedo da superfície terrestre
  - **Onda longa (emissividade)**
    - Fertilização do oceano
    - Captura de carbono do ecossistema terrestre
    - Sequestro geoquímico
    - Melhoria da produtividade do ecossistema por modificação genética

- **Transporte energético**
  - **Oceano**
    - Grandes barragens: estreitos de Gibraltar ou de Bering
    - Transporte de *iceberg*
  - **Atmosfera e superfície terrestre**
    - Controle químico ou físico da evaporação
    - Engenharia hidrológica
    - Controle das condições climáticas
    - Modificação da rugosidade da superfície
    - Modificação hidrológica
    - Modificação da rugosidade da superfície

Modificação climática inadvertida

- Aerossol sulfúrico e carbonáceo: efeitos diretos e indiretos
- Mudança do albedo da superfície: deflorestamento
- Estruturas construídas: cidades, estradas etc.
- Gases radiativos ativos: CO_2, CH_4, N_2O etc.
- Efeitos secundários da mudança de uso da terra: por exemplo, mudanças de salinidade no Atlântico devido ao aumento da evaporação no Mediterrâneo
- Conversão de energia térmica oceânica

Fonte: Keith, 2002.

tantes questões sobre como seguir em frente, como equilibrar os custos e os benefícios e como compensar as populações afetadas.

Os proponentes da geoengenharia destacam a necessidade de uma estrutura coerente de governança intergovernamental para orientar a pesquisa e a tomada de decisão sobre quaisquer possíveis implantações. Apesar dessa visão grandiosa de colaboração global, existem atualmente apenas alguns poucos elementos dessa estrutura; a estrutura completa precisaria ser desenvolvida em paralelo com as próprias tecnologias que, sem uma colaboração intergovernamental em bom funcionamento, aumentariam os riscos potenciais para os recursos globais comuns.

Janos Pasztor, diretor executivo do *Carnegie Climate Geoengineering Governance Initiative*, argumenta que, na ausência de acordos multilaterais, há um possível risco de que um pequeno grupo de países, um único país, uma grande empresa ou até mesmo um indivíduo rico possa realizar uma ação unilateral de geoengenharia climática.[198] Como consequência, as pessoas contrárias a essas ações e seus impactos poderiam se engajar em ações contra a geoengenharia climática, criando uma corrida armamentista geotecnológica.[199] Como os países em desenvolvimento têm menos recursos para mudar o clima, isso levanta a possibilidade infeliz de que as populações dos Estados-membros gravemente afetados pela mudança climática seriam as menos capazes de defender-se contra as disrupções ecológicas.

O potencial da geoengenharia climática está em discussão há muito tempo pelos membros da comunidade científica, mas é um tema novo nos círculos da política. Em 2013, ele já havia sido mencionado no resumo para autoridades políticas do quinto relatório do Painel Intergovernamental sobre Mudanças Climáticas (IPCC).[200] Mais recentemente, os conselheiros científicos do Programa de Pesquisa em Mudança Climática (*Global Change Research Program*) dos EUA pressionaram o Congresso, requerendo o financiamento de uma pesquisa federal sobre geoengenharia.[201] Em abril de 2017, a Universidade de Harvard lançou o maior e mais abrangente programa de pesquisas em geoengenharia até o momento. O projeto de US$ 20 milhões visa a estabelecer se a tecnologia consegue

---

198. Pasztor, 2017.
199. Ibid.
200. IPCC, 2013.
201. Condliffe, 2017.

simular o mesmo efeito de resfriamento atmosférico causado por uma erupção vulcânica.[202] As questões de governança decorrentes das técnicas de geoengenharia propostas vão do controle e tomada de decisões até a garantia da participação efetiva das sociedades afetadas. Na atual arquitetura de governança global, somente a Assembleia Geral das Nações Unidas parece possuir legitimidade para requerer que uma autoridade internacional profissional desenvolva uma estrutura de governança.[203] Podemos ver a proliferação nuclear ou a manutenção da paz como formas análogas dessa necessária autorização. No entanto, há escopo para o desenvolvimento de outras abordagens, possivelmente melhores, que envolvam todas as partes interessadas.

Qualquer mecanismo de governança multilateral deve analisar:
- Se as incertezas da geoengenharia são grandes demais para permitir sua implementação;
- Como equilibrar os riscos e as oportunidades da geoengenharia com aqueles de outros métodos de mitigação das mudanças climáticas;
- Quais tipos de cooperação internacional, autorizações, limites e orientações políticas devem ser exigidos para que a pesquisa da geoengenharia deixe de ser apenas uma modelagem computacional e construção de cenários em laboratório e passe para a experimentação empírica na atmosfera;
- Como equilibrar a necessidade de reduzir as temperaturas globais com os impactos regionais e locais desiguais que podem levantar questões éticas transnacionais e transgeracionais, causando impactos tanto à justiça quanto aos direitos humanos;
- Como equilibrar a necessidade de supervisão democrática com a necessidade de ser resiliente às mudanças geopolíticas ao longo das décadas, dado que a geoengenharia precisaria ser implantada com objetivos de longo prazo; qualquer decisão de implantar a geoengenharia precisaria especificar como gerir as futuras decisões para mudar ou parar essas implementações (por exemplo, uma vez que as técnicas de gestão de radiação solar são iniciadas, pará-las resultaria em um rápido aumento das temperaturas).

---

202. Neslen, 2017.
203. Pasztor, 2017.

Os dilemas éticos relacionados ao domínio da natureza

Por Wendell Wallach, acadêmico do Centro Interdisciplinar de Bioética da Universidade de Yale, nos EUA

As diversas abordagens em relação à engenharia do clima representam uma teia de dilemas éticos, ambientais, políticos e econômicos. Existem *trade-offs* e riscos. A mudança climática global poderá perder sua velocidade à medida que as necessidades energéticas forem sendo atendidas por meio de fontes limpas, eficientes e renováveis. As necessidades energéticas, as fontes de energia, a mudança climática global e as pressões para realizar a geoengenharia do clima são problemas relacionados.

Os meios menos controversos de gerenciamento do clima – por exemplo, reciclagem, plantio de florestas que absorvam o carbono da atmosfera, pintar telhados de branco para refletir a luz solar de volta para a atmosfera – devem ser realizados em grande escala para que consigam atenuar ao menos uma fração do aumento anual do aquecimento global. Algumas das abordagens tecnológicas, como a propagação de sulfato ou nanopartículas na atmosfera, são possivelmente mais perigosas do que o problema que pretendem resolver. Além disso, os defensores da conservação e da energia limpa estão preocupados com o fato de que a ilusão de uma correção tecnológica à mudança climática global poderia minar a vontade de adotar os difíceis, mas necessários, ajustes ao comportamento ou ao compromisso político da utilização de fontes limpas de energia.

Todas as estratégias para enfrentar a mudança climática global requerem intervenções em larga escala para que possamos ter algo mais do que apenas efeitos locais em curto prazo. Até mesmo o reflorestamento em massa não conseguiria compensar o desmatamento anual em curso na Amazônia e em outros lugares. Altas torres industriais que sugam o carbono da atmosfera e o isolam poderiam ser construídas, mas não teriam um efeito rápido ou consideravelmente significativo. A implementação dessa forma de remoção de dióxido de carbono em grande escala poderia ter um custo ainda mais alto do que os custos econômicos de medidas vigorosas para reduzir os gases de efeito estufa lançados na atmosfera.

A propagação atmosférica contínua de partículas de sulfato ou de nanopartículas especialmente projetadas parece ser uma maneira relativamente barata de reduzir a quantidade de luz solar que atinge a Terra. As simulações em computador revelam que essa forma de gestão da radiação solar poderia diminuir 50% do aumento anual de aquecimento. Isso não resolve o problema do aquecimento global, mas abranda a velocidade de seu crescimento. Mas será que a propagação estratosférica constante, projetada para atenuar o aquecimento global, não perturbaria os padrões climáticos de uma forma mais destrutiva? Não sabemos. Sem pesquisas adequadas e rigorosas, será impossível determinar se a propagação estratosférica surtirá consequências não intencionais, e até mesmo pequenos experimentos podem ser insuficientes para revelar plenamente os complexos circuitos de *feedback* entre as diversas camadas da atmosfera. Sistemas complexos podem agir de formas imprevisíveis e às vezes destrutivas.

Dada a sensibilidade política dos experimentos da geoengenharia, os cientistas têm, acertadamente, se abstido de buscar avanços sem o estabelecimento de um acordo internacional. No entanto tem sido muito difícil forjar um acordo sobre uma estrutura de governança internacional para decidir quais experiências podem ser executadas na atmosfera e quais não podem. Sem uma supervisão internacional eficaz, Estados e atores desonestos poderiam iniciar seus próprios projetos de geoengenharia para atender às necessidades de curto prazo, sem atenção para as consequências de longo prazo de suas ações. A simplicidade da propagação atmosférica, por exemplo, sugere que uma nação pode resolver empregar essa abordagem para modificar o clima local, desconsiderando seu efeito sobre o clima nas regiões vizinhas. Com efeito, conforme o clima se torna cada vez mais problemático, uma nação pode se sentir forçada a agir de forma independente para atender às necessidades de seus cidadãos.

Alguns geofísicos e ambientalistas têm resistido a, até mesmo, estudar estratégias de geoengenharia. Eles relatam três questões centrais em torno da permissão da pesquisa em geoengenharia. Em primeiro lugar, investir em geoengenharia retirará os recursos das abordagens ambientalmente boas, como as medidas de conservação e desenvolvimento de fontes limpas de energia. Em segundo lugar, os grupos de pesquisa poderão se transformar em grupos de interesse que advogam a implantação de quaisquer tecnologias desenvolvidas por eles. Em terceiro lugar, a geoengenharia poderia sinalizar o "fim da natureza". Uma vez que países e regiões comecem a mexer diretamente com os padrões climáticos, a necessidade e as pressões contínuas para gerenciar as condições climáticas relativas às necessidades locais e globais passariam a ser constantes.

Dada nossa compreensão limitada da ciência do clima, os estudos de geoengenharia poderiam levar a uma série de experimentos mal concebidos e potencialmente desastrosos. Se por um lado o domínio da natureza sempre foi um sonho científico, por outro ele nunca deixou de ser uma ambição ingênua. Mesmo presumindo a possibilidade de êxito do gerenciamento das condições climáticas, negociar as várias demandas concorrentes de muitos países e regiões seria um tremendo desafio.

CINCO IDEIAS-CHAVE

1. A geoengenharia é a intervenção em larga escala nos sistemas naturais da Terra. Na maioria das discussões, no entanto, isso ainda se refere a intervenções tecnológicas teóricas, destinadas a reduzir os gases de efeito estufa ou alterar os processos atmosféricos para combater a mudança climática.
2. Muitos cientistas argumentam que a interferência nos sistemas atmosféricos com nosso nível atual de conhecimento científico é perigosa e irresponsável, enquanto os defensores da geoengenharia a veem como uma forma de corrigir os séculos de impacto humano sobre o meio ambiente e a atmosfera.

3. A capacidade de atingir um clima estável, ou seja, de zero emissão líquida, exige a redução das emissões e, ao mesmo tempo, da quantidade de dióxido de carbono produzido. O objetivo não pode ser alcançado por meio de uma rápida correção tecnológica, mas a tecnologia tem um papel a desempenhar para que o alcancemos.
4. Qualquer movimento responsável da geoengenharia exigiria uma estrutura global de colaboração intergovernamental. Atualmente, existem somente alguns elementos limitados dessa estrutura, e, sem ela, os riscos para os recursos globais comuns se tornam significativamente maiores.
5. A geoengenharia é um tema novo nos círculos políticos, com financiamento muito limitado e poucos experimentos ativos. A governança para esse conjunto de tecnologias deve considerar uma ampla gama de questões, desde a autoridade para implantar tecnologias até as alternativas menos arriscadas em relação aos impactos que cruzam fronteiras.

CAPÍTULO 16
Tecnologias espaciais*

Em 2030, já teremos testemunhado um grande aumento das tecnologias relacionadas ao espaço. Os grandes saltos das tecnologias aeroespaciais, os recursos de observação astronômica, o desenvolvimento de microssatélites, os nanomateriais, a impressão em 3D, o sistema computacional de visão e a robótica prometem uma era inigualável de explorações, bem como lucros científicos e econômicos. Tanto os países desenvolvidos quanto os em desenvolvimento se beneficiarão com o que está acontecendo além da atmosfera. Pesquisadores e empresas serão os destinatários de grandes quantidades de dados que vão orientar processos completamente novos de criação e troca de valores. Os novos conhecimentos científicos estimularão a inovação e a capacidade de resposta ecológica; além disso, o potencial lucrativo da utilização de recursos e da fabricação em bases espaciais deverá redefinir as rotas de comércio industriais do futuro. Toda essa promessa, no entanto, estará em risco caso não sejam realizados acordos internacionais em áreas como gestão do tráfego espacial, controle do lixo espacial, mineração espacial e o cumprimento básico de orientações de conduta no espaço sideral.

16.1. A Quarta Revolução Industrial e a fronteira final

A Quarta Revolução Industrial trará o cosmos para perto de nós. Empresas comerciais, como a SpaceX e a Blue Origin, visam a reduzir drasticamente os custos da ida ao espaço ao promover o acesso às órbitas mais

---

*. Escrito em colaboração com Brian Weeden, assessor técnico da Secure World Foundation, nos EUA; Ellen Stofan, cientista-chefe da Nasa (2013-2016), professora honorária do Hazard Research Centre da University College de Londres (UCL), no Reino Unido; e Conselhos do Futuro Global do Fórum Econômico Mundial sobre o Futuro das Tecnologias Espaciais.

elevadas. Ao mesmo tempo, a empresa aeroespacial BAE Systems investiu mais de £ 20 milhões na tecnologia de propulsão do motor SABRE, que permitirá que as aeronaves realizem voos diretos de retorno à órbita terrestre baixa sem precisar de pistas especiais de pouso.[204] A Nasa pretende enviar pessoas para o espaço e, em última análise, à Lua e/ou Marte, e a SpaceX também tem abraçado essa meta. Uma nova classe de pioneiros apoia o turismo espacial e a mineração de asteroides e está buscando novas formas para expandir o setor espacial da economia global. Adicione a isso os avanços das capacidades dos telescópios e dos satélites tanto no solo quanto no espaço, e os seres humanos poderão ganhar uma nova perspectiva sobre o papel do espaço na contextualização de tudo, desde a inovação até a visão de mundo.

Nas próximas décadas, os recursos espaciais para a fabricação podem se tornar uma realidade, justificando os gastos dos primeiros investidores da comercialização do espaço. Além disso, com maior acessibilidade ao espaço, podemos imaginar novas indústrias, que incluem arrasto espacial, limpeza e manutenção das órbitas e plataformas RV para visitar outros corpos do sistema solar. Todos esses cenários têm o potencial para reduzir a extração dos recursos terrestres e evitar seu esgotamento. O sucesso potencial nessa área pode explicar por que as empresas de investimento gastaram US$ 1,8 bilhão em *startups* de comércio espacial somente em 2015.[205] Esses investimentos vão muito além de apenas colocar pessoas no espaço, apesar de o turismo espacial poder ser um grande atrativo, caso ele se torne acessível. Além disso, os novos materiais modernos são parte da concepção e fabricação de trajes espaciais.[206] Há nanomateriais sendo propostos para proteger os seres humanos contra a radiação solar.[207] E muitas das novas tecnologias espaciais visam ao uso de dados para transformar nossa vida aqui na Terra.

Os custos de todas as tecnologias espaciais mais inovadoras e feitas sob medida estão diminuindo. Até mesmo a tecnologia dos satélites está caminhando para a produção de cargas menores e mais baratas para sua implantação. Os dados mais prontamente disponíveis dos satélites oferecerão apoio ao monitoramento das plantações, dos animais selvagens, das populações humanas, das cadeias de valor e dos desenvolvimentos urbanos. Os

---

204. De Selding, 2015.
205. Dillow, 2016.
206. Siceloff, 2017.
207. Thibeault et al., 2015.

satélites cobrirão todo o planeta com vias de comunicação que poderão ajudar a conectar os mais de 4 bilhões de pessoas que ainda não possuem acesso *on-line*. São necessárias novas perspectivas sobre como administrar a nós mesmos e aos nossos ambientes, como a aplicação de IA e das novas tecnologias computacionais para os *exabytes*[*] de dados que serão gerados e que os computadores atuais são incapazes de gerir. O esforço conjunto e a boa-fé entre as partes interessadas internacionais serão necessários para que a humanidade otimize os benefícios dessas tecnologias.

Por exemplo, a oportunidade de usar dados de pesquisas globais para aumentar a eficiência energética e dos transportes poderia ajudar a resolver problemas no nível dos sistemas, como a redução das emissões e os desafios da distribuição e transmissão ideais de energia. Atualmente, várias empresas jovens e inovadoras estão usando algoritmos de sistemas de visão computacional para extrair informações dos dados de imagens de satélite com o objetivo de fornecer análises e gerar informações úteis sobre comércio, agricultura, infraestrutura, entre outras. Essas capacidades analíticas poderão chegar às partes interessadas que precisam de aplicações e percepções sociais e ecológicas.

Adicione a isso o conhecimento científico gerado a partir dos investimentos na exploração através de sondas, telescópios, missões espaciais profundas e possíveis viagens espaciais humanas, e, assim, toda uma nova era de entendimento sobre como os seres humanos se encaixam nas configurações global e cósmica se abre diante de nós.

Apesar desse potencial, o relatório *Riscos Globais* de *2017* do Fórum Econômico Mundial revelou que a percepção em relação às tecnologias espaciais é benigna e com menos benefícios em comparação a outras áreas tecnológicas. Esse é um resultado surpreendente se levarmos em conta aplicativos e o *hardware* de ponta necessários para satélites, exploração espacial, aeronáutica, geociências e modelagem do clima, para não mencionar a programação das pesquisas que dão força a esses projetos de expansão de nossos horizontes. Outra forma de interpretar esse resultado, no entanto, é que os anos de cooperação entre as várias partes interessadas para desenvolver as tecnologias que orbitam o nosso planeta e realizam proezas além da compreensão da maioria das pessoas são considerados bastante seguros, se é que as pessoas pensam no assunto.

---

[*]. *Exabyte* é uma notação de quantidade de *bytes* equivalente a 1.000.000.000.000.000.000 ou, ainda, a um bilhão de *gigabytes*. (N.R.T.)

A confiança das pessoas na implantação de tecnologias espaciais foi bem merecida. Além disso, as tecnologias espaciais são um amálgama entre as tecnologias da computação, dos materiais modernos e da energia, todas classificadas como altamente benéficas pelo relatório *Riscos Globais* de *2017*. A promoção da exploração e a vantagem competitiva futura trarão novas possibilidades para a economia global, bem como para a sociedade. No entanto, talvez 2030 ainda seja muito cedo para começarmos (a maioria de nós, pelo menos) a planejar nossas viagens ao espaço. Talvez possamos comprar uma assinatura para dirigir um veículo lunar real ou voar em um *drone* usando equipamento de RV para visitar a lua de algum planeta do sistema solar. As tecnologias espaciais já conectam quase metade da população do planeta e, em breve, poderão conectar todos em todos os lugares.

O fomento da inovação de dentro da Estação Espacial Internacional

Ellen Stofan, cientista-chefe da Nasa (2013-2016)
e professora honorária do Hazard Research Centre,
na University College de Londres (UCL), no Reino Unido

Desde o início da Estação Espacial Internacional (ISS, na sigla em inglês), mais de 1.900 pesquisas de várias disciplinas foram realizadas ou ainda estão sendo, incluindo as pesquisas ligadas à saúde humana. A ISS oferece uma variedade de laboratórios multiúso com equipamentos e ferramentas exclusivos para a realização de pesquisas em um ambiente sem gravidade. A microgravidade tem muitos efeitos biológicos únicos no ser humano e sobre o funcionamento do nosso corpo, por exemplo, alterações aos sistemas imunes e cardiovascular, densidade óssea e perda de massa muscular, bem como anomalias oculares. Esses efeitos têm desafiado a Nasa e os parceiros internacionais a conseguirem explorar maneiras de mitigar os riscos; eles também aumentaram nosso conhecimento sobre os muitos desafios à saúde que enfrentamos na Terra.

A pesquisa que está sendo executada na ISS continua a mudar a medicina e a tecnologia em muitos campos diferentes da saúde. A pesquisa em andamento mostra que uma classe de medicamentos conhecidos como bisfosfonatos, a alimentação saudável e a rotina regular de exercícios podem reduzir a perda óssea. O plasma, que é facilmente estudado na microgravidade, ajuda a cicatrizar feridas e combater o câncer ao estimular a inativação do tumor. A pesquisa atual sobre o crescimento de cristais de proteína de alta qualidade em condições de microgravidade pode levar a tratamentos médicos melhores para indivíduos com distrofia muscular de Duchenne. Esses são apenas alguns exemplos do trabalho que está sendo realizado a mais de 200 milhas (320 quilômetros) da Terra.

Muitas das pesquisas sobre saúde humana realizadas na ISS por meio de parcerias internacionais têm gerado resultados importantes e instigado o desenvolvimento de novas tecnologias. Esses dispositivos que salvam vidas têm produzido resultados extraordinários em todo o mundo, incluindo – mas não limitados a – o *scanner* de ultrassom 2 que está atualmente em uso na ISS e em áreas remotas da Terra para fornecer um diagnóstico rápido e preciso a indivíduos que estão feridos ou doentes; o dispositivo portátil NIOX MINO, que é usado para monitorar a asma e evitar ataques futuros; a tecnologia melhorada para detectar os estágios iniciais da osteoporose e alterações à imunidade; e até mesmo tecnologia que não foi projetada inicialmente para a saúde humana, como o neuroArm. Usando o neuroArm – projetado com os mesmos materiais e técnicas do Canadarm robótico utilizado na ISS para o trabalho pesado e a manutenção –, os médicos podem agora realizar neurocirurgias enquanto os pacientes estão dentro de uma máquina de imagem por ressonância magnética.

Além do trabalho que está sendo executado diariamente em preparação para uma viagem a Marte, a Nasa está colaborando com outros órgãos governamentais e empresas privadas para encontrar uma cura para o câncer, contribuindo para a iniciativa *Cancer Moonshot*, dos EUA.

Há equipes discutindo como modificar o sistema imunológico a fim de aumentar nossa compreensão das técnicas de prevenção e acelerar as fases de detecção e tratamento. Na busca para encontrar formas de proteger os seres humanos da exposição à radiação do espaço, a Nasa desenvolveu uma tecnologia que permite a pesquisa de tratamentos alternativos para o câncer, a saber, radioterapia por feixe de partículas, que pode fornecer a dose adequada de radiação a ser depositada nas células tumorais, com menos danos para as células saudáveis do entorno. Esse campo não é um território novo para a agência – a pesquisa da Nasa realizada na ISS sobre o desenvolvimento de microcápsulas trouxe avanços para o tratamento do câncer e resultou em novas tecnologias para a produção do sistema de microbalões para a liberação controlada de medicamentos durante um período entre 12 e 14 dias.

Fizemos grandes avanços em nosso entendimento do corpo humano na Terra e em um ambiente com microgravidade, todos eles a partir de nossa experiência na órbita terrestre baixa; no entanto, ainda há muito trabalho a ser feito. Em relação às viagens espaciais mais longas, os seres humanos ainda enfrentam muitos outros desafios à saúde; precisamos continuar a unir forças caso queiramos resolver todos eles. Conforme alargarmos nossas fronteiras, é possível desenvolver novas ideias e parcerias que nos permitirão a realização de mais pesquisas e a produção de tecnologias espaciais que beneficiarão toda a humanidade.

16.2. Reduzindo barreiras à entrada e elevando o nível de sucesso

As sociedades humanas se beneficiaram incrivelmente das tecnologias espaciais. Os satélites oferecem serviços utilizados todos os dias para sincronizar as redes financeiras globais, monitorar o clima da terra, realizar a gestão sustentável dos recursos naturais, disponibilizar educação e serviços críticos para as comunidades remotas, bem como para alertar antecipadamente sobre desastres naturais. Ainda assim, o setor espacial, junto com muitos outros setores, está à beira de uma mudança colossal, motivada pelo desenvolvimento tecnológico. Com essa mudança, surge a promessa de muitos outros benefícios sociais, mas apenas se os eventuais desafios do setor puderem ser superados.

O espaço é muitas vezes visto como uma área na vanguarda do desenvolvimento tecnológico, mas a realidade é mais complexa que isso. Os enormes investimentos do governo no início da era espacial, nas décadas de 1950 e 1960, geraram muitas inovações e descobertas científicas. As tecnologias de *spin-off* (isto é, tecnologias que se tornaram setores independentes, mas que foram criadas pelas tecnologias espaciais) plantaram as sementes de setores que surgiriam no futuro, como *microchips* e engenharia de *software*. No entanto, o alto custo dos lançamentos espaciais e a severidade do ambiente espacial levaram à crescente ênfase em confiabilidade e capacidade, limitando a inovação e mantendo altas barreiras à entrada de novos atores.

Atualmente, o setor espacial está passando por um enorme grau de inovação, causada em sua maior parte pela incorporação (*spin-in*) de tecnologias advindas de outros setores. Por exemplo, os *microchips* e a indústria de *software* que a era espacial ajudou a criar amadureceram e agora estão retroalimentando a indústria espacial em dois aspectos importantes. O primeiro benefício incorporado (*spin-in*) é a tecnologia. A infraestrutura manufatureira que sustenta os *smartphones*, *laptops* e outros dispositivos de computação está sendo aproveitada para o desenvolvimento de uma nova geração de satélites e componentes espaciais mais inteligentes, mais rápidos e mais baratos. A computação em nuvem está transformando em produto o processamento e o armazenamento de informações, que são o *output* primário da maioria dos satélites. As novas tecnologias, como a impressão em 3D, a robótica avançada e a IA também estão desmantelando as barreiras daquilo que imaginávamos ser o limite das potencialidades e da fabricação de satélites. Por exemplo, a empresa Made in Space demonstrou a capacidade de ferramentas de impressão em 3D dentro da ISS, e a NovaWurks está desenvolvendo componentes modulares para satélites que podem se automontar ou se reconfigurar em órbita.

O outro benefício integrado (*spin-in*) está se materializando por meio do financiamento e da força de trabalho. O mundo tecnológico está repleto de investidores de risco em busca de sua próxima grande oportunidade e cheio de jovens engenheiros capacitados em busca de novos desafios. Muitos desses engenheiros e investidores cresceram sonhando com o espaço, seja observando a vida real dos astronautas, seja pela imersão no mundo da ficção científica. Esses profissionais, orientados por seus objetivos, estão descobrindo novas emoções em suas contribuições ao espaço. Por exemplo, a Planet é uma das várias *startups* espaciais do Vale do Silício, fundada por ex-engenheiros da Nasa; ela está aproveitando os talentos em *software* e *hardware* do mundo mais abrangente da TI.

O resultado desse fluxo de tecnologia, capitais e pessoas causa um profundo grau de mudança e inovação no setor espacial. Os aplicativos espaciais tradicionais estão se tornando ainda mais produtivos, isto é, a sensoreamento remoto, comunicações e navegação de precisão e sincronização. O custo de projetar, manufaturar, lançar e operar satélites está diminuindo, juntamente com a capacidade de armazenar, processar e organizar os dados que eles produzem. Simultaneamente, novas atividades espaciais estão surgindo, incluindo maneiras mais baratas para lançar satélites, planos para fabricar satélites e outras mercadorias no espaço, manutenção e reabastecimento de ativos no espaço para estender seus serviços e capacidades e até mesmo a mineração de asteroides para a obtenção de água e minerais valiosos; todas essas atividades já fazem parte do reino das possibilidades (Figura 27).

Mas mudanças no setor espacial estão complicando os desafios existentes e apresentando outros. A redução drástica das barreiras à entrada incentiva a participação de países e empresas privadas nas atividades espaciais; e o influxo tecnológico está permitindo um aumento gigantesco do número de satélites lançados. Hoje, mais de setenta países têm propriedade ou operam um satélite em órbita; os mais recentes são o Iraque, o Uruguai, o Turcomenistão e Laos. Existem planos para o lançamento de aproximadamente 12 mil novos satélites comerciais durante a próxima década com o objetivo de fornecer internet de banda larga e outros serviços. Como resultado, o congestionamento das regiões mais utilizadas da órbita terrestre está aumentando, o que cria desafios para o monitoramento e o gerenciamento do tráfego espacial, bem como para detectar e prevenir possíveis colisões em órbita. A faixa de frequência de rádio do espectro eletromagnético também está cada vez mais congestionada, por causa da insaciável demanda dos serviços terrestres e espaciais por mais largura de banda. E a crescente dependência do espaço para aplicações militares e de segurança nacional aumenta a probabilidade de os futuros conflitos na Terra se estenderem para o espaço, o que pode comprometer nossa capacidade de usá-lo no futuro.

Figura 27: Novas empresas de exploração espacial por objetivo

	Empresa	Veículo(s) ou Espaçonave	Serviços
Acesso ao Espaço	Blue Origin	New Shepard, Biconic Spacecraft	Serviços de lançamento suborbital e orbital, incluindo os voos espaciais tripulados
	Masten Space Systems	Xaero, Xogdor	Lançamentos suborbitais de pequenas cargas
	Virgin Galactic	SpaceShipTwo, LauncherOne	Lançamentos suborbitais de pequenas cargas, voos espaciais tripulados e lançamento de nanossatélite lançado do ar
	XCOR Aerospace	Lynx	Lançamentos suborbitais de pequenas cargas, voos espaciais tripulados e lançamento de nanossatélite
	Orbital Sciences Corporation	Pegasus, Tauris, Antares, Cygnus	Lançamentos orbitais de satélites e cargas para a ISS
	SpaceX	Falcon 9, Falcon Heavy, Dragon	Lançamentos orbitais de satélites e cargas para a ISS, com voo orbital tripulado, planejado para 2017*
	Stratolaunch Systems	Stratolauncher	Serviços de lançamento orbital do ar
	United Launch Alliance	Atlas V, Delta IV	Serviços de lançamento orbital
Detecção remota	Planet Labs	Dove, Flock 1	Imagens frequentes e vídeo em HD da Terra, análise de dados e acesso aberto aos dados adquiridos pelo site
	Skybox Imaging	SkySat	Imagens frequentes e vídeo em HD da Terra, análise de dados e acesso aberto aos dados adquiridos pelo site
Voo na órbita terrestre baixa (OTB) com humanos	Bigelow Aerospace	BA 330	Hábitats infláveis para uso em órbita ou na Lua
	Boeing	CST-100	Transporte tripulado na OTB
	Sierra Nevada Corporation	Dream Chaser	Transporte tripulado na OTB
	Space Adventures	Soyuz	Expedições lunares e voos tripulados na OTB
Além da OTB	B612 Foundation	Sentinel	Detecção e caracterização de asteroides potencialmente perigosos
	Inspiration Mars Foundation	Inspiration Mars	Expedição tripulada com sobrevoo em Marte
	Moon Express	Moon Express	Prospecção e mineração dos recursos lunares
	Planetary Resources	Arkyd 100, Arkyd 200, Arkyd	Prospecção e mineração dos recursos de asteroides

* Até o fechamento desta edição, o lançamento com voo orbital tripulado planejado pela SpaceX para 2017 ainda não havia sido realizado. (N.E.)

Fonte: Nasa, 2014.

Esses desafios não são insuperáveis, e já há esforços para solucioná-los. Os Estados estão envolvidos em discussões bilaterais e multilaterais em alguns dos desafios de segurança mais importantes e no desenvolvimento de medidas de transparência e de construção de confiança para mitigar as incertezas. Os Estados também estão trabalhando com o setor privado para o desenvolvimento de melhores práticas, com o objetivo de garantir a sustentabilidade do espaço a longo prazo, envolvendo temas como a imposição de limites à criação de detritos espaciais, o estabelecimento de uma melhor consciência situacional sobre o espaço e as formas de evitar colisões em órbita. Mas a comunidade global precisa comprometer-se com mais esforços para garantir que o setor espacial consiga realizar os potenciais benefícios que pode oferecer à humanidade em um futuro previsível.

O desenvolvimento das tecnologias espaciais precisa de liderança e governança inovadoras nas seguintes áreas:

- A criação de mecanismos de entrada de empresas privadas no quadro regulatório internacional. Atualmente, não existe nenhum mecanismo para captar formalmente as ideias das empresas privadas no âmbito do Comitê para os Usos Pacíficos do Espaço Exterior, criado em 1959 para supervisionar todos os quadros jurídicos relacionados às atividades realizadas no espaço. Precisamos de uma estrutura análoga ao B20 – o grupo de líderes empresariais que representam a comunidade de negócios do G20 – para reunir todos os novos atores empresariais que estão entrando no campo espacial. O compartilhamento de informações, a criação de novas oportunidades e a colaboração na superação de desafios seriam objetivos claros dessa entrada.
- Atenção ao alinhamento entre os regulamentos nacionais e internacionais em relação à mineração espacial e outras atividades com financiamento privado. Com mais dinheiro privado investido, os governos precisam garantir que as empresas ajam em conformidade com as leis nacionais que respeitam o regulamento internacional. Abordar as questões regulatórias antecipadamente facilitará as ações de boa-fé para a entrada de novas empresas no mercado.
- Um novo sistema de gestão do tráfego espacial. Com o crescente número de atores no domínio do espaço, é necessário um sistema mais robusto para gerenciar os objetos que estão em operação ou não em órbitas da Terra. Com a proliferação dos satélites comerciais,

a utilização de uma abordagem coletiva para os protocolos e diretrizes relativos às orbitas será fundamental para o sucesso do setor.
- O cumprimento da mitigação dos detritos espaciais. Enquanto as orientações gerais estipulam a necessidade de gerir de forma sustentável os satélites em funcionamento ou extintos e as partes de foguetes deixadas para trás, não há nenhum mecanismo formal que obrigue todos os intervenientes a proteger e manter seguras as órbitas terrestres. Tendo em vista a velocidade dos materiais em órbita, esses protocolos são necessários para garantir a segurança dos investimentos e a vida das pessoas.
- A eventual falta, nos países pequenos, dos mecanismos necessários para controlar as atividades relacionadas ao espaço que ocorrem em seus territórios. Isso pode levar a conflitos imprevistos à medida que novos atores estatais e não estatais entram no domínio espacial. São necessários mecanismos claros para que todas as nações obedeçam às normas de conduta estabelecidas para o espaço.

CINCO IDEIAS-CHAVE

1. As tecnologias com base espacial e relacionadas ao espaço estão em um ponto de inflexão. O mundo está vendo uma explosão em sua implantação à medida que o desenvolvimento das empresas privadas e o renovado impulso de investimentos estatais alargam as fronteiras da exploração e comercialização do espaço. Engenheiros e investidores em busca de desafios veem o espaço como uma grande oportunidade que gera empolgação relacionada à ideia de um futuro que eles podem ajudar a criar.
2. Anos de cooperação multilateral entre engenheiros, reguladores e investidores estão construindo o sentimento de confiança de que a implantação de tecnologias no espaço é relativamente segura. A cooperação contínua é necessária para combater os iminentes obstáculos, como a proliferação de detritos espaciais, o tráfego espacial sem coordenação e a falta de diretrizes universais de conduta para o espaço.

3. O espaço tem sido um gerador bem-sucedido de indústrias de *spin-off*, como a produção de *microchips* e a engenharia de *software*. Em um importante circuito de *feedback*, o espaço também é destinatário de benefícios incorporados *(spin-in)*, como as tecnologias desenvolvidas pelas indústrias de *spin-off*. Computação móvel, baterias, impressão em 3D e IA, todas elas ajudarão a aumentar a eficiência e o florescimento de novas tecnologias espaciais.

4. Os novos desafios da fronteira final incluem a administração do número de novos *players* na indústria e em órbita, a redução do congestionamento à medida que mais satélites e empresas colocam recursos no espaço, o compartilhamento de frequências de rádio e de largura de banda e a definição das regras e procedimentos para o aproveitamento dos potenciais recursos espaciais.

5. O acordo e o alinhamento multilateral são necessários para fomentar a confiança nas parcerias público-privadas, para garantir que o espaço seja usado para o bem comum (e não para aumentar os conflitos geopolíticos), para ajudar a construir vias acessíveis para a comunidade global, incluindo as menores nações, e para o desenvolvimento de diretrizes ao comportamento no espaço.

Conclusão

1. O que você pode fazer para moldar a Quarta Revolução Industrial

A modelagem da Quarta Revolução Industrial apresentada neste livro – explorando a dinâmica, os valores, as partes interessadas e as tecnologias de um mundo em transformação – cria a oportunidade para que um amplo espectro de líderes e cidadãos pensem mais profundamente sobre a relação entre as tecnologias e a sociedade, compreendendo as maneiras pelas quais nossas ações (e omissões) coletivas criam o futuro.

No entanto, tendo em vista que a Quarta Revolução Industrial exige uma mudança de mentalidades, não será suficiente apenas apreciar a velocidade das mudanças, a escala da disrupção e as novas responsabilidades implicadas pelos desenvolvimentos e pela adoção das tecnologias emergentes. Exigem-se ação e liderança de todas as organizações, setores e indivíduos sob a forma de "liderança sistêmica", envolvendo novas abordagens para a tecnologia, a governança e os valores.

Para os governos, as medidas mais urgentes dizem respeito a investimentos em abordagens de governança mais ágeis e estratégias que empoderem as comunidades e envolvam profundamente as empresas e a sociedade civil. Para as empresas, a prioridade deve ser a compreensão das oportunidades oferecidas pelas tecnologias da Quarta Revolução Industrial e o lançamento de experimentos para o desenvolvimento ou a adoção de novas formas de trabalho sensíveis ao seu impacto sobre os funcionários, clientes e comunidades. Para os indivíduos, a prioridade deve ser fazer parte das conversas locais, nacionais e globais relacionadas aos tópicos levantados neste livro, bem como aproveitar todas as oportunidades para conhecer e experimentar diretamente as novas tecnologias.

Estar vivo em um momento de grande mudança tecnológica traz em si a responsabilidade da ação. Quanto mais maduras estiverem as tecnologias e arquiteturas técnicas, mais seus usos e hábitos acabam sendo estabelecidos por padrão, e fica mais difícil fazer com que os sistemas estabeleçam o tipo de equilíbrio que realmente sirva aos quadrantes mais abrangentes possíveis das sociedades, nações e indústrias. A velocidade e a escala da Quarta Revolução Industrial sugerem que o mundo não suportará a demora – precisamos nos esforçar juntos para estabelecer as normas, padrões, regulamentos e práticas de negócios que servirão a toda a humanidade em um futuro repleto de recursos maduros de IA, engenharia genética e veículos autônomos, bem como um mundo virtual tão difícil de dominar quanto o real.

Os inúmeros riscos e pressões que as economias e sociedades enfrentam e que são mencionados todos os dias pela mídia – aumento da desigualdade, aumento da polarização política, queda nos níveis de confiança e fragilidades ambientais críticas – oferecem, ao mesmo tempo, motivações e barreiras para o tipo de colaboração multilateral e liderança necessárias para a tomada de decisões. Conforme sugerido por este livro, esse leque de desafios não pode ser resolvido por apenas uma empresa, ou um setor, ou uma nação, nem mesmo por apenas um continente.

A solução exigirá liderança coletiva – liderança colaborativa e inspirada – para enfrentar as mudanças sistêmicas e para entregar com sucesso um futuro melhor para o planeta e suas sociedades.

A natureza complexa, transformadora e compartilhada da Quarta Revolução Industrial exige um novo tipo de liderança – uma abordagem que chamamos de "liderança sistêmica".

A liderança sistêmica trata do cultivo de uma visão compartilhada para a mudança – trabalhar em conjunto com todas as partes interessadas da sociedade global – e da realização de ações para alterar como e a quem o sistema entrega seus benefícios. A liderança sistêmica não é nem uma reivindicação por um controle de cima para baixo, nem pela influência sutil de grupos poderosos, mas, sim, um paradigma que empodera todos os cidadãos e organizações a inovar, investir e proporcionar valor em um contexto de responsabilização e colaboração mútua. Em última análise, é um conjunto de atividades interligadas que têm o objetivo de mudar as estruturas dos nossos sistemas sociais e econômicos para obtermos sucesso em uma área onde falhamos nas revoluções industriais anteriores – a entrega de benefícios sustentáveis para todos os cidadãos, inclusive para as gerações futuras.

No contexto da Quarta Revolução Industrial, a liderança sistêmica pode ser dividida em três áreas de foco: liderança em tecnologia, liderança em governança e liderança em valores. A liderança sistêmica requer ação de todas as partes interessadas, incluindo indivíduos, executivos empresariais, influenciadores sociais e autoridades políticas.

Em um contexto onde a resolução colaborativa de problemas é essencial, todos nós compartilhamos a responsabilidade de sermos líderes sistêmicos. No entanto, conforme descrito no final deste capítulo, governos, empresas e indivíduos também têm suas funções específicas.

2. Liderança em tecnologia

Ser líder em tecnologia ou até mesmo o primeiro a seguir o líder de qualquer setor exige a tomada de decisões sobre a proporção do capital alocado para os investimentos em tecnologia, orientando as escolhas de caminhos tecnológicos e de plataformas, e adaptando as estruturas organizacionais, necessidades de competências e relacionamentos de toda a cadeia de valor – tudo em nome da criação de maior valor para as partes interessadas. Conforme ocorrido nas três revoluções industriais anteriores, grande parte desses benefícios fluirá de empresas que adotam e aproveitam as novas tecnologias para criar valor na forma de bens e serviços com maior qualidade e menor custo.

As empresas, os governos e as organizações da sociedade civil mais inovadores do mundo estão combinando as novas tecnologias em novos produtos, serviços e processos que estão remodelando as formas existentes de entrega de valor – como no exemplo do app myResponder, de Singapura, que usa a geolocalização para salvar vidas e oferecer apoio aos paramédicos, alertando todos os voluntários que estiverem a 400 metros de um indivíduo com parada cardíaca, ou a parceria da Adidas com a empresa Carbon, empregando técnicas de impressão em 3D rápida para a produção em massa de solas leves e duráveis para seus tênis.[208] Mas como essas organizações que ainda não estão na fronteira da inovação poderão apreender as oportunidades das tecnologias emergentes?

Primeiro, o fato de que todas as tecnologias da Quarta Revolução Industrial contam com e são construídas sobre os sistemas digitais significa

---

208. Carbon 3D, 2017.

que há a garantia de que, tanto quanto possível, as organizações estão investindo em comunicação digital e ferramentas de colaboração, gerenciamento de dados e segurança cibernética. Costuma-se dizer hoje que "os dados são o novo petróleo".[209] Essa analogia não é ruim – eles são um recurso importante e muitas vezes inexplorados. Também devem ser refinados para ser úteis na maioria dos aplicativos. Seu uso, no entanto, requer um investimento significativo em infraestrutura técnica e tomada de decisão estratégica, os quais poderão ajudar a categorizar, armazenar, distribuir e analisar diversos (e às vezes esmagadoramente grandes) fluxos de dados.

Então, assim como ocorre com o petróleo, o vazamento de dados pode ser catastrófico. Na verdade, a combinação entre novas abordagens computacionais, a IA e um conjunto crescente de casos de utilização de dados pessoais está acelerando os riscos cibernéticos a um ritmo alarmante. Assim como o petróleo, existem razões importantes para proteger os dados, mas, para aproveitar ao máximo esse recurso, precisamos encontrar maneiras de tratar os dados como um bem coletivo a ser usado para o bem comum, em vez de um recurso privatizado que é transferido e explorado totalmente por algumas poucas organizações poderosas.

Em segundo lugar, conforme indicado pelos exemplos de Singapura e da Adidas, ser um líder em tecnologia significa adotar estratégias de inovação colaborativa. O processo de aprendizagem, refinamento e especialização dentro das organizações mostra que seus modelos internos de P&D são extremamente bons e conseguem entregar a seus clientes existentes inovações incrementais dentro de uma categoria específica de produtos. No entanto, a pesquisa realizada por Clayton Christensen e outros sugere que esses modelos são muito menos eficazes quando precisam criar e se adaptar em meio a produtos disruptivos de mercados completamente novos – exatamente o cenário industrial previsto pelas tecnologias da Quarta Revolução industrial. A liderança em tecnologia na Quarta Revolução Industrial exigirá o trabalho com muitos parceiros externos, que podem ser desde empresas jovens, dinâmicas e empreendedoras até instituições acadêmicas ou organizações de setores completamente diferentes que oferecerão perspectivas, abordagens ou acesso a mercados radicalmente diferentes.

---

209. Ver, por exemplo, Vanian, 2016.

Em terceiro lugar, grande parte das novas tecnologias requer novas habilidades e mentalidades dos executivos e empregados. O relatório do Fórum Econômico Mundial *Future of Jobs* (O futuro dos empregos) de 2016 revela que 35% das competências de todas as indústrias mudarão conforme as novas tecnologias, os modelos de negócio e os mercados se desenvolverem. A pesquisa do McKinsey Global Institute sugere que, enquanto apenas 5% das ocupações são passíveis de automação total com base em nossas tecnologias atuais, cerca de 60% dos trabalhos atuais possuem pelo menos 30% de tarefas que, hoje, podem ser executadas por computadores.[210]

Uma nova pesquisa realizada pela empresa de consultoria econômica AlphaBeta mostra que, até este momento, o impacto da tecnologia nas competências não resultou em desemprego generalizado, mas aumentou bastante a quantidade de tempo que os trabalhadores gastam em tarefas criativas, interpessoais e de síntese de informações. Eles estimam que, no caso da Austrália, mais de duas horas de uma semana típica de trabalho deixaram de estar relacionadas ao encaminhamento de tarefas administrativas e físicas e passaram a envolver a realização de atividades mais agradáveis e que criam maior valor para as empresas.[211]

Como resultado dessas mudanças, as competências em maior demanda são mostradas na Figura 28 (p. 308). Ela evidencia que as competências criativas e interpessoais estão ganhando importância – isto é, que as organizações devem investir em recrutamento e programas de treinamento que enfatizem a resolução de problemas, a gestão de competências e as habilidades criativas para que possam prosperar em meio à Quarta Revolução Industrial.

3. Liderança em governança

Enquanto o canal de entrega dos benefícios das novas tecnologias é realizado principalmente por meio do setor privado, a qualidade e a distribuição desses benefícios estão intimamente ligadas à forma como as tecnologias são governadas. A governança, no entanto, não se refere apenas ao governo, ou seja, às estruturas formais que temos para a criação de leis e regulamentos. A governança inclui o desenvolvimento e a utilização de padrões, o surgimento de normas sociais que podem restringir ou endossar

---

210. McKinsey Global Institute, 2017.
211. AlphaBeta, 2017.

308 | APLICANDO A QUARTA REVOLUÇÃO INDUSTRIAL

Figura 28: Mudança da demanda por competências centrais relacionadas ao trabalho, 2015-2020, todas as indústrias

Empregos que exigem famílias de competências como parte de suas competências centrais (%)

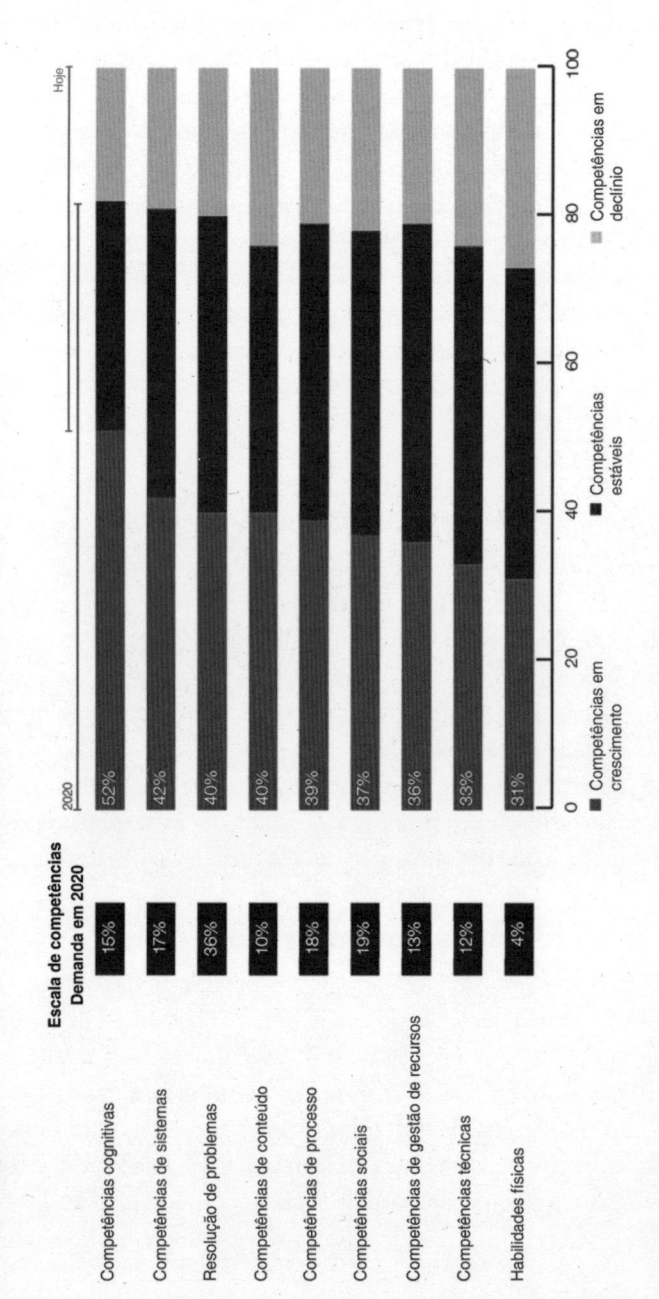

Escala de competências	Demanda em 2020	2020
Competências cognitivas	15%	52%
Competências de sistemas	17%	42%
Resolução de problemas	36%	40%
Competências de conteúdo	10%	40%
Competências de processo	18%	39%
Competências sociais	19%	37%
Competências de gestão de recursos	13%	36%
Competências técnicas	12%	33%
Habilidades físicas	4%	31%

■ Competências em crescimento ■ Competências estáveis ■ Competências em declínio

Fonte: Pesquisa *Future of Jobs* (O futuro dos empregos), Fórum Econômico Mundial.

o uso, regimes de incentivo privado, certificação e supervisão por organismos profissionais, acordos com a indústria e as políticas que as organizações aplicam voluntariamente ou por contrato em suas relações com os concorrentes, fornecedores, parceiros e clientes.

Uma das características da Quarta Revolução Industrial, e talvez do século XXI como um todo, é que a velocidade da mudança chegará a um ritmo desconfortável para muitas instituições nacionais. O ritmo crescente das mudanças tecnológicas tem sido especialmente desafiador para as autoridades políticas e os governos.

As disrupções em curso e potenciais da Quarta Revolução Industrial requerem liderança em governança a partir de duas perspectivas diferentes.

A primeira exige que os líderes repensem a seguinte questão: "o que estamos governando e por quê?". Os debates em torno da governança em tecnologia nas revoluções industriais anteriores tendiam a se concentrar no papel do setor público no sentido de garantir que as inovações fossem seguras para a saúde humana ou para o ambiente. Essa ainda é uma prioridade importante em relação às tecnologias da Quarta Revolução Industrial – mas, conforme descrito nos capítulos anteriores, as tecnologias emergentes criam novos conjuntos de preocupações, desde os impactos ao mercado de trabalho até a defesa dos direitos humanos.

Oito questões de governança transversais são particularmente importantes para garantir que os benefícios e os riscos da Quarta Revolução Industrial sejam bem geridos:

1. Quais mecanismos podem garantir que a Quarta Revolução Industrial reduza, em vez de exacerbar, as desigualdades de renda e riqueza dentro dos países?
2. Como as economias emergentes e em desenvolvimento conseguirão empregar as novas tecnologias e sistemas para rapidamente conseguir levar seu desenvolvimento humano e econômico adiante e reduzir as desigualdades entre os países?
3. Quais novas políticas, abordagens e sistemas de proteção social serão necessários para gerenciar as disrupções dos mercados de trabalho anunciadas pela Quarta Revolução Industrial?
4. De que forma o desenvolvimento de competências, os modelos de emprego e os sistemas tecnológicos deverão ser (re)concebidos para garantir que o trabalho humano e a criatividade sejam aumentados, em vez de substituídos?

5. Dado o poder concedido pelas tecnologias da Quarta Revolução Industrial aos indivíduos e grupos, como as sociedades poderão evitar a criação de *trade-offs* entre liberdade individual e prosperidade coletiva?
6. Que normas, padrões ou regulamentos podem ser necessários para garantir que a participação democrática e a ação dos cidadãos sejam preservadas, tendo em conta o poder preditivo e influenciador das tecnologias emergentes?
7. Como a dinâmica e as disrupções da Quarta Revolução Industrial impactam os diferentes gêneros, culturas e comunidades com menos voz, e quais novas funções e oportunidades podem ser necessárias?
8. Como as sociedades poderão garantir que o senso de propósito comum, o significado, a espiritualidade e a conexão humana continuem a ser fontes centrais de valor?

A segunda perspectiva é ir além do "o quê" da governança e repensar o "como". As normas, tanto as industriais quanto as intersetoriais, são mecanismos particularmente poderosos de governança; e foram essenciais para a segunda e a terceira revoluções industriais. O desenvolvimento de normas técnicas para a Quarta Revolução Industrial já está em curso – em 2016, a Organização Internacional de Padronização (ISO, na sigla em inglês) lançou a norma 15066:2016, focada nos requisitos de segurança para a colaboração entre os sistemas industriais robotizados.[212] Atualmente, a ISO também desenvolve quatro normas relativas aos sistemas de aeronaves não tripuladas e ao uso civil de *drones*.[213] Na verdade, desde 1946, mais de 160 organizações de padrões nacionais se uniram à ISO para publicar cerca de 22 mil normas globais, cobrindo quase todos os aspectos da tecnologia e da fabricação, bem como de muitos serviços e atividades.

As comunidades de profissionais são essenciais para o estabelecimento de normas corretas – especialmente aquelas que refletem um consenso de valores e prioridades das partes interessadas. O IEEE, por exemplo, aproveita seus 423 mil membros para a construção de um consenso entre as organizações e para poder oferecer segurança, confiabilidade e interoperabilidade entre vários sistemas elétricos e digitais. Suas diretrizes para a

---
212. International Organization for Standardization, 2017b.
213. Ibid., 2017a.

IA mostram que eles estão pensando no impacto mais amplo das tecnologias, e não apenas em exigências técnicas ou na conformidade. Essa sensibilidade ao contexto pode ter como origem a própria história do IEEE que começou a existir bem no início da Segunda Revolução Industrial, em 1884, quando a eletricidade passou a ter uma grande influência na sociedade por conta do telégrafo, do telefone e da energia elétrica.

O desenvolvimento de normas é uma parte essencial da governança em tecnologia, mas o escopo, o impacto e a velocidade da mudança da Quarta Revolução Industrial exigem muito mais do que as abordagens atuais para o desenvolvimento de normas técnicas ou regulamentos governamentais. Na Quarta Revolução Industrial, liderança em governança significa explorar novas abordagens para uma governança mais ágil, adaptável e antecipatória.

Esse é o objetivo do núcleo do Centro para a Quarta Revolução Industrial do Fórum Econômico Mundial, cuja sede, em São Francisco, foi inaugurada em março de 2017. O Centro, que foi projetado para ser um novo espaço para a cooperação global, dedica-se ao desenvolvimento de princípios e estruturas que acelerem a aplicação da ciência e da tecnologia para o interesse público global. Essas estruturas serão testadas por planos-piloto e por rápidas iterações em colaboração com parceiros públicos, privados e da sociedade civil, e abrangerá inicialmente nove áreas críticas da governança, conforme mostra a Figura 29 (p. 312). O objetivo mais importante do Centro é catalisar uma rede de instituições e atividades em todas as regiões ao redor do mundo para oferecer a copropriedade nacional e multilateral das questões apresentadas pelas novas tecnologias. Além disso, o Centro está explorando, por meio dos Conselhos do Futuro Global – particularmente o Conselho de Tecnologia, Valores e Políticas –, uma variedade de abordagens inovadoras para a governança ágil.

Enquanto os governos naturalmente desempenharão um papel crítico para a definição das estruturas para uma governança mais ágil para a sociedade, a liderança da governança em tecnologia na Quarta Revolução Industrial não é algo que pode ou deve ser domínio único dos governos – pelo contrário, é um desafio multilateral que diz respeito a cada setor, indústria e organização. As organizações que contribuem para a criação de abordagens mais eficazes e sustentáveis para a governança em tecnologia, portanto, podem ter um impacto desproporcional e significativamente positivo na definição do futuro.

Figura 29: Centro de projetos da Quarta Revolução Industrial

Projetos	Iniciativa do Fórum Econômico Mundial
Aceleração da inovação da produção para pequenas e médias empresas	Futuro da Produção
Inteligência artificial e aprendizagem automática	Projeto *Cross-Center*
Blockchain – Tecnologias de registros distribuídos	Projeto *Cross-Center*
Veículos autônomos	Futuro da Mobilidade
Uso civil de *drones*	Futuro da Mobilidade
Comércio digital e fluxos de dados entre fronteiras	Futuro do Comércio e Investimento Internacional e Futuro da Sociedade e Economia Digitais
Nova visão para os oceanos	Futuro do Meio Ambiente e Recursos Naturais de Segurança
Internet das coisas (IoT) e Dispositivos conectados	Futuro da Sociedade e Economia Digitais
Medicina de precisão	Futuro da Saúde e dos Serviços de Saúde

Fonte: Fórum Econômico Mundial.

4. Liderança em valores

Liderança sistêmica é mais do que investir em uma melhor liderança em tecnologia e em novos modelos de governança. Para gerar impulso e iluminar a importância do trabalho conjunto, os líderes também precisam abordar a Quarta Revolução Industrial a partir de uma perspectiva baseada em valores. Os valores sociais oferecem a motivação e o poder de sustentação para trabalhar com tecnologias e para otimizar os benefícios, em vez de maximizar o retorno para algumas poucas partes interessadas.

A discussão sobre valores pode ser complicada, mas a existência de diferentes perspectivas, incentivos e contextos culturais não significa a inexistência de pontos em comum. Independentemente de nossos objetivos, a importância de preservar o planeta para as gerações futuras, o valor da vida humana, os princípios internacionais dos direitos humanos e uma preocupação sincera com as questões globais comuns podem servir como pontos de partida para reconhecer que os verdadeiros fins do desenvolvimento tecnológico são, em última instância e sempre, o planeta e seu povo. Simplificando, o caminho a seguir na Quarta Revolução Industrial constitui um renascimento centrado na humanidade.

No Capítulo 1, definimos a centralidade humana como algo que empodera indivíduos e comunidades, lhes oferecendo significado e a ação para moldar o mundo. Em termos práticos, isso significa cuidar do impacto da tecnologia sobre nossos sistemas ambientais e sociais mais amplos e assegurar que as tecnologias emergentes ofereçam apoio aos objetivos de desenvolvimento sustentável e às instituições e mecanismos que distribuem bem-estar material de forma justa. O foco na humanidade também requer a proteção e o reforço dos direitos dos cidadãos dentro de vários países, e, entre eles, particularmente aqueles com menor quantidade de poder e status. Finalmente, se por um lado as tecnologias digitais estão cada vez mais determinando nossos comportamentos e fragmentando nossas experiências, então, conduzir objetivos centrados na humanidade significa reforçar a capacidade que os indivíduos possuem para construir significados diários em sua vida. Para serem centradas na humanidade, as tecnologias emergentes devem contribuir ativamente para interações mais harmoniosas e significativas entre os indivíduos.

A liderança em valores não é reativa, mas, sim, ativa – os valores não devem ser considerados como um *bug* ou mera reflexão tardia, mas como uma característica positiva dos sistemas tecnológicos.

Não há nenhuma razão para que as sociedades sejam puramente reativas às mudanças dos recursos tecnológicos. As sociedades têm o poder de decidir que tipo de futuro elas querem e quais tecnologias servirão aos seus propósitos. A formulação de uma abordagem tecnológica baseada em valores significa reconhecer a natureza política das tecnologias, colocando os valores sociais à frente como prioridades, e pensar profundamente sobre como uma organização pode contribuir com os valores que se tornam parte das tecnologias que nós produzimos e usamos para intermediar a troca social e econômica. Ao tomarmos importantes decisões relacionadas à tecnologia, é necessário pensar de que modo os nossos próprios valores e perspectivas como indivíduos são formados e afetados pelas tecnologias. Por fim, uma abordagem baseada em valores fundamenta-se na contribuição dos outros – mesmo aqueles que normalmente não têm voz, mas que são afetados por elas – para determinar a forma como queremos influenciar o desenvolvimento tecnológico.

A maior oportunidade de mudar a forma como as empresas e as comunidades se envolvem com as tecnologias pertence aos líderes. No longo prazo, é importante ter a capacidade de se afastar das pressões econômicas que incentivam uma grande quantidade de desenvolvimentos tecnológicos e considerar o impacto sistêmico das tecnologias e para que tipo de futuro elas nos levam. A cultura das *startups* e, de fato, as culturas das grandes corporações se espelham em seus líderes para saber como agir em momentos de decisões difíceis, especialmente nas decisões baseada em valores. O forte compromisso com os valores sociais pode se espalhar por toda uma organização, oferecer um propósito para os funcionários que querem contribuir positivamente com a sociedade por meio de seu trabalho e, ainda, pode impactar a reputação da organização tanto interna quanto externamente.

5. Estratégias para as partes interessadas: o que os governos devem fazer?

Todo mundo tem a responsabilidade de contribuir para a liderança de sistemas. Mas os vários papéis desempenhados pelas partes interessadas criam diferentes oportunidades para que governos, empresas e indivíduos invistam em estratégias específicas.

Estratégia 1:
Adote abordagens de governança ágil

A tarefa mais urgente dos governos é abrir espaço para novas abordagens de governança em tecnologia. Conforme descrito pelo artigo técnico do Fórum *"Agile governance: reimagining policy-making in the Fourth Industrial Revolution"* (Governança ágil: reimaginando a formulação de políticas na Quarta Revolução Industrial),[214] o ritmo do desenvolvimento tecnológico e diversas características das tecnologias tornam inadequados os ciclos e processos anteriores de formulação de políticas; entre essas características, podemos citar a sua velocidade de difusão, a maneira com que cruzam as fronteiras jurisdicionais, regulamentares e disciplinares e sua natureza cada vez mais política em termos de como elas incorporam e mostram os valores e preconceitos humanos. A ideia de reformar os modelos de governança para lidar com as novas tecnologias não é nova, mas a urgência de fazê-lo é, hoje, muito maior por causa do poder das atuais tecnologias emergentes.

A governança ágil é uma estratégia essencial para adaptar a forma como as políticas são geradas, deliberadas, promulgadas e aplicadas para criar melhores resultados de governança na Quarta Revolução Industrial. Inspirado pelo Agile Manifesto[215] e um relatório do Conselho da Agenda Global do Fórum Econômico Mundial sobre o Futuro do Software e da Sociedade,[216] o conceito de governança ágil busca combinar a agilidade, fluidez, flexibilidade e adaptabilidade das próprias tecnologias e sua adoção pelos atores privados.

Ao buscarem agilidade, os governos devem trabalhar muito para superar uma série de riscos ou mesmo contradições. Afinal de contas, a elaboração de políticas públicas é, muitas vezes, intencionalmente deliberativa e inclusiva, atributos que parecem trabalhar contra o desejo de processos e de resultados mais rápidos. Na verdade, existem muitas situações em que a ação mais apropriada é ter bastante tempo, fazer pausas e deliberar de forma ampla para produzir o melhor resultado possível. Conforme afirma o

---

214. Fórum Econômico Mundial, 2018.
215. Fevereiro de 2001, "Manifesto for Agile Software Development". Disponível em: <http://agilemanifesto.org/>.
216. O Conselho da Agenda Global do Fórum Econômico Mundial sobre o Futuro do Software e da Sociedade publicou *"A call for agile governance principles"*, elaborado a partir dos princípios codificados no Agile Manifesto e reformulou suas aplicações na esfera política. Disponível em: <http://www3.weforum.org/docs/ IP/2016/ICT/Agile_Governance_Summary.pdf>.

artigo técnico, as responsabilidades peculiares dos governos sugerem que essa governança ágil não deve sacrificar o rigor, a eficácia e a representatividade somente para obter maior velocidade.[217]

No entanto, uma razão importante para que os governos adotem urgentemente abordagens ágeis de governança é o fato de a agilidade permitir a criação de novos processos que são *mais* inclusivos e centrados na humanidade, envolvendo maior número e diversidade de partes interessadas e permitindo iterações rápidas que satisfazem as necessidades dos governados de forma mais eficaz.

A governança ágil também pode oferecer apoio a políticas mais sustentáveis no longo prazo, permitindo o monitoramento constante e a "atualização" (*upgrade*) mais frequente das políticas, bem como o apoio ao cumprimento das políticas e o compartilhamento da carga de trabalho com o setor privado e a sociedade civil para a manutenção de pesos e contrapesos relevantes.

Mas quais são hoje os aspectos da governança ágil? Os modelos de governança adaptados para a Quarta Revolução Industrial que os governos devem explorar, catalisar ou experimentar incluem:[218]

– A criação de laboratórios de política – espaços protegidos dentro do governo com um mandato explícito para experimentar novos métodos de desenvolvimento de política, usando princípios ágeis, por exemplo, o Laboratório de Políticas do Executivo (Reino Unido);[219]

– O incentivo de colaborações entre os governos e as empresas para que possam criar "áreas isoladas de desenvolvimento" e "bancos de ensaio experimentais" para desenvolver regulamentos usando abordagens iterativas, intersetoriais-setoriais e flexíveis, conforme discutido por Geoff Mulgan;[220]

– O apoio às políticas e regras feitas com *crowdsourcing* para criar processos legislativos mais inclusivos e participativos, como no exemplo da CrowdLaw, uma plataforma projetada para permitir que o público proponha legislações, projete leis, monitore a implemen-

---

217. Fórum Econômico Mundial, 2018.
218. Agradecemos à Maynard (2016) por esta lista.
219. Ver UK Government Policy Lab. Disponível em: <https://openpolicy.blog.gov.uk/category/policy-lab/>.
220. Mulgan, 2017.

tação e forneça dados para oferecer apoio a novas leis ou alterar as já existentes;[221]
- A promoção do desenvolvimento de ecossistemas de reguladores privados, competindo nos mercados para entregar uma governança de qualidade em harmonia com os objetivos sociais mais abrangentes, conforme proposto por Gillian Hadfield em *Rules for a flat world* (Regras para um mundo plano);[222]
- O desenvolvimento, a popularização e a exigência da adoção de princípios de inovação para orientar os pesquisadores, empresários e organizações comerciais que recebem financiamento público, desde a ideia de inovação responsável[223], desenvolvida por Richard Owen e outros, até os princípios de inovação sustentável, propostos por Hilary Sutcliffe;[224]
- A promoção da integração do engajamento público, das abordagens baseadas em cenários prospectivos, e o uso dos estudos acadêmicos em ciências sociais e humanas para informar as iniciativas científicas e de pesquisas, conforme proposto pelo modelo de governança antecipada de David H. Guston;[225]
- O apoio à atuação de organismos de coordenação global para fornecer supervisão, estimular o debate público e avaliar os impactos éticos, legais, sociais e econômicos das tecnologias emergentes, conforme proposto por Gary Marchant e Wendell Wallach na forma de Comissões de Coordenação de Governança,[226] ou uma possível Convenção Internacional para a Avaliação das Novas Tecnologias, conforme proposto por Jim Thomas;[227]
- O fomento de novas abordagens para a avaliação das tecnologias que combinem as deliberações e participações públicas muito maiores e com o reconhecimento e a reflexão sobre os valores, incentivos e políticas que influenciam a tomada de decisões na pesquisa e no comércio, conforme proposto por Rodemeyer, Sarewitz e Wilsdon;[228]

---

221. Ver CrowdLaw. Disponível em: <http://www.thegovlab.org/project-crowdlaw.html>.
222. Hadfield, 2016.
223. Owen, Macnaghten e Stilgoe, 2012.
224. Sutcliffe, 2015.
225. Guston, 2008.
226. Marchant e Wallach, 2015.
227. Thomas, 2009.
228. Rodemeyer, Sarewitz e Wilsdon, 2005.

— A incorporação dos princípios defendidos pelo Conselho da Agenda Global do Fórum Econômico Mundial sobre o Futuro do Software e da Sociedade (2014-2016) no texto "*A call for agile governance principles*" tem como objetivo "aprimorar a eficiência, os serviços e o bem-estar públicos, melhor equipando as agências do governo para responder às mudanças".[229]

Estratégia 2:
Trabalhe atravessando fronteiras

A segunda estratégia que os governos devem perseguir urgentemente é um complemento essencial para a busca da governança ágil — investir em novas formas de trabalho que atravessem os tradicionais limites setorial, institucional e geográfico.

Nem a implantação, nem o impacto das tecnologias descritas na Seção II está limitado a um único domínio ou jurisdição. Conforme discutido extensivamente no livro *A Quarta Revolução Industrial*, isso significa que a existência de limites disciplinares e institucionais — seja entre áreas de pesquisa, ministérios ou departamentos organizacionais — pode reduzir, em vez de melhorar, a eficiência e a eficácia da resposta governamental.

As ilhas podem ser desfeitas. Tomemos, por exemplo, a Escola do Servidor Público de Singapura, que oferece oportunidades de aprendizagem às agências governamentais e aos funcionários e colabora com todo o serviço público, sendo regida por um conselho que inclui os secretários permanentes de quatro ministérios, o escritório do primeiro-ministro e os parceiros acadêmicos locais.[230]

O desmantelamento de ilhas não é o mesmo que criar uma atmosfera de competição livre, particularmente quando se trata do compartilhamento de dados. Há boas razões para proteger as fontes de dados e considerar cuidadosamente o nível adequado de conectividade, especialmente onde existe a possibilidade de minar direitos humanos. A oportunidade está, portanto, em encontrar novos modelos para equilibrar o possível uso não autorizado ou antiético de uma nova tecnologia e os benefícios que não podem existir sem uma colaboração multilateral. Nesse ponto, os dados médicos são um bom exemplo — oportunidades significativas que podem

---

229. World Economic Forum Global Agenda Council on the Future of Software and Society, 2016.
230. Ver Civil Service College. Disponível em: <https://www.cscollege.gov.sg>.

salvar vidas estão disponíveis pelo compartilhamento de grandes conjuntos de dados do genoma entre diferentes profissionais de saúde e organizações de pesquisa. Ainda assim, a potencial violação das informações genéticas também é alta, o que faz com que, na maioria das jurisdições, ainda existam rigorosos controles relacionados ao consentimento do paciente e ao compartilhamento de dados médicos.

Um novo modelo de colaboração intersetorial visa a superar esses limites no espaço humanitário ao propor acordos público-privados de partilha de dados que venham codificados com uma política de "quebre o vidro em caso de emergência". Esse fator só entraria em jogo em circunstâncias de emergência pré-acordadas (como uma pandemia) e poderia ajudar a reduzir os atrasos e a melhorar a coordenação dos socorristas, permitindo temporariamente o compartilhamento de dados, algo que seria ilegal em circunstâncias normais.[231]

6. Estratégias para as partes interessadas: o que as empresas devem fazer?

Estratégia 1:
Aprenda fazendo e invista em pessoas

Experimentar é a estratégia mais importante para os líderes empresariais. A Quarta Revolução Industrial ainda está em seus estágios iniciais, e o potencial das novas tecnologias está longe de ser totalmente compreendido. No entanto, conforme discutido no Capítulo 2, podemos antecipar algumas dinâmicas da revolução, incluindo o fato de que a disrupção mais frequentemente emana da periferia das indústrias e organizações. As empresas precisam de mínimo entendimento possível sobre as novas tecnologias para poder enxergar o quadro mais amplo e as oportunidades existentes na periferia. As empresas devem se curvar e ser curiosas, ter tempo para aprender sobre o progresso de diferentes campos e estar dispostas a experimentar novas tecnologias. Somente pela experimentação direta das tecnologias, as organizações poderão ver por si mesmas o que podem fazer.

---

231. Fórum Econômico Mundial, 2017.

As empresas não devem se intimidar com as tecnologias como a IA, os novos materiais, a biotecnologia e as aplicações da IoT: experimentar pode ser mais fácil do que parece, mesmo para uma empresa pequena ou em seus estágios iniciais. Em um exemplo de uso criativo de novas tecnologias para uma nova situação, o agricultor japonês Makoto Koike utilizou um aplicativo de aprendizagem automática, o TensorFlow, para poder escolher pepinos em sua empresa familiar.[232]

A experimentação traz novas perspectivas, revelando não apenas o que as tecnologias podem fazer, mas também o que elas não podem: algumas soluções tecnológicas são muito faladas, mas talvez não valham o grande investimento. Experimentar poderá oferecer alguma ideia de quando e em que escala a tecnologia é apropriada.

Para tirarem o máximo de sua experiência com novas tecnologias, as empresas devem valorizar aqueles que detêm conhecimento institucional e que os podem aproveitar para novos empreendimentos, investindo no desenvolvimento das competências de seus atuais empregados. Isso não só inclui as suas competências tecnológicas, mas também garante que a cultura da empresa seja colaborativa, disposta a assumir riscos e tolerante aos fracassos. As empresas que abraçam uma mentalidade empresarial podem gerar bens valiosos, enquanto, ao mesmo tempo, seus funcionários constroem conhecimentos de domínio que estão na vanguarda do espaço de inovações e identificam oportunidades para que as empresas derivadas (*spin-out*) gerem o crescimento.

Estratégia 2:
Adote novas abordagens de governança e se engaje nelas

As empresas devem examinar de perto as formas como sua liderança interna e colaboração externa se vinculam ao uso de novas tecnologias e dão forma a como elas são concebidas, buscadas, desenvolvidas, implantadas, integradas e mantidas. A partir da criação de novas estruturas organizacionais para abraçar novas políticas ou práticas de negócio inovadoras, as abordagens de governança adotadas por empresas individuais podem

---
232. *The New Yorker*, 2017.

moldar as normas e influenciar a cultura e o comportamento corporativo em setores inteiros e em todos os elos da cadeia de valor.

Além das próprias estruturas organizacionais, as empresas devem estar dispostas a participar de ações internacionais conjuntas para cultivar novas normas de gestão e desenvolvimento de tecnologias, de maneira semelhante aos tipos de esforços de governança multilateral descritos anteriormente.

Trabalhar dentro de uma organização para desenvolver um forte senso de propósito, códigos de conduta ética e uma apreciação mais ampla do impacto das tecnologias pode ser algo poderoso e transformador. A alteração das estruturas internas, a colaboração com outras partes interessadas e a modelagem de mentalidades e comportamentos são formas eficazes para alinhar motivações e incentivos a grupos mais amplos de objetivos.

Como parte desse processo, as empresas devem adotar estratégias adequadas para responder aos novos riscos, incorporando-os em seus repertórios de governança.

Em particular, muitas empresas não estão bem equipadas para lidar com os riscos cibernéticos que estão emergindo a partir do rápido crescimento da IA, da IoT, do *blockchain* e de outras novas tecnologias digitais e da computação. A recorrência de histórias sobre violações de dados, furto de *bitcoins* e vulnerabilidades da IoT demonstra que as tecnologias digitais interconectadas proliferaram, e o mesmo acontecerá com as formas como elas podem ser exploradas. As empresas devem montar estratégias robustas contra os riscos cibernéticos para proteger seus ativos, desenvolver competências e construir confiança entre seus clientes e as partes interessadas.

Estratégia 3:
Desenvolva e implemente tecnologias com oportunidades em mente

Finalmente e fundamentalmente, as empresas devem reformular a forma como pensam no desenvolvimento tecnológico. Indo muito além de R&D (*"research & development"* ou pesquisa e desenvolvimento) e do desenvolvimento de produtos, elas devem tentar vislumbrar um futuro em que essas tecnologias, como recursos ou produtos, desempenhem um papel de destaque – e pensar criticamente em como suas culturas organizacionais poderiam afetar os outros pelos processos de desenvolvimento, aquisição ou implantação dessas tecnologias.

Como este livro tem demonstrado repetidamente, muitas tecnologias da Quarta Revolução Industrial terão impactos que são abrangentes e que ainda podem ser moldados. O impacto da automação, por exemplo, depende fortemente de como e para qual finalidade os sistemas robóticos serão desenvolvidos. Os impactos ambientais de muitas tecnologias dependerão de quais participantes estão incluídos em seu projeto, da origem de seus materiais e dos tipos de acordos voluntários estabelecidos sobre como manter, reciclar ou descartar resíduos.

As empresas devem implementar processos de deliberação sobre esses impactos mais amplos e não lineares. Elas devem fazer esforços para compreender como os processos e incentivos organizacionais valorizam certas oportunidades e não outras, podendo, assim, abrir perspectivas que ajudarão as empresas a empoderar e aumentar sua equipe de funcionários, clientes e comunidades locais. Para tanto, elas precisam se afastar (*zoom out*) e fazer uma varredura do horizonte em busca de possíveis conflitos e consequências negativas, além de ser realistas em relação à perspectiva dos impactos que as novas tecnologias podem trazer à empresa, aos consumidores e à sociedade em geral. Por exemplo, uma empresa de IoT poderia considerar os cenários em que a disponibilidade dos dados dos sensores de uma cidade pode trazer impactos negativos a várias comunidades.

Adotar essa estratégia permitirá que as empresas percorram um longo caminho em direção à construção da confiança com consumidores e reguladores. De fato, construir relacionamentos com os reguladores já em uma fase inicial, com o escopo mais amplo de compreender como as tecnologias emergentes podem perturbar o *status quo*, poderia ajudar a moldar o ambiente regulatório. Buscar soluções entre grupos de partes interessadas assim que as consequências negativas são identificadas pode ajudar a criar o futuro inclusivo e sustentável que todos desejamos.

7. Estratégias para as partes interessadas: o que os indivíduos devem fazer?

Estratégia 1:
Explore, experimente e vislumbre

Os indivíduos, assim como as empresas, precisam estar dispostos a se familiarizar com as novas tecnologias. Às vezes isso é necessário para evitar consequências negativas para eles mesmos e para os outros: muitos riscos cibernéticos, por exemplo, resumem-se a indivíduos que optaram por não usar as medidas de segurança, como senhas de alta segurança ou uma autenticação de duas camadas. Em outros casos, a "democratização" das tecnologias emergentes – como discutido no Capítulo 2 – apresenta oportunidades para que os indivíduos desempenhem um papel na modelagem do desenvolvimento dessas tecnologias, mesmo que eles não sejam executivos ou engenheiros. Hoje, existem inúmeras oportunidades para que os indivíduos aprendam, pela experiência direta com as novas tecnologias, desde passar um tempo em um *fablab*[233] local e imprimir o design 3D de um projeto feito por ele mesmo até a participação em uma oficina de *biohacking* da comunidade.[234]

É importante aprender o que está acontecendo por trás da interface e aspectos de entrega de serviços das tecnologias digitais; assim, os indivíduos poderão construir e compartilhar experiências que podem ser retroalimentadas para as empresas e autoridades políticas que representam as perspectivas, desejos e valores das partes interessadas da comunidade. A construção das competências necessárias para usar muitas das tecnologias emergentes discutidas na Seção II é mais fácil do que muitos imaginam. Por exemplo, o site sem fins lucrativos fast.ai oferece um curso de sete semanas sobre aprendizagem profunda, que é acessível a qualquer pessoa com experiência em programação básica, permitindo o uso das ferramentas mais recentes de aprendizagem automática a não especialistas em seu aplicativo favorito.

Explorar e experimentar as tecnologias também significa pensar sobre o tipo de futuro que queremos criar, e todos devemos lembrar que o futuro pertence às gerações futuras. Prever como tecnologias e comunidades se encaixarão no futuro é extremamente importante; e uma forma de entender os potenciais efeitos e usos das novas tecnologias é ouvir os jovens e ser orientado por eles. Qualquer futuro que valha a pena ser construído deve incluir as ideias daqueles que serão mais afetados e viverão de forma mais íntima com as tecnologias emergentes de hoje.

---

233. Ver Fab Foundation. Disponível em: <http://www.fabfoundation.org/>.
234. Ver Genspace. Disponível em: <https://www.genspace.org/classes-alt/>.

Estratégia 2:
Seja político

Os indivíduos são, em última análise, as pessoas que viverão em um futuro que as tecnologias ajudarão a criar. Quando os indivíduos desenvolvem sua própria visão aspiracional do futuro, eles podem oferecer respostas políticas sobre como as tecnologias estão sendo desenvolvidas e adotadas – decidindo tomar uma posição e dar voz aos seus sentimentos.

É importante compartilhar perspectivas sobre como as tecnologias impactam as comunidades e a vida de cada um, pois as tecnologias são produtos dos interesses de grupos seletos de pessoas, os quais podem não estar familiarizados com todas as perspectivas sociais relevantes ou que podem não estar cientes dos efeitos mais gerais da tecnologia. Esse *feedback* é fundamental para que a sociedade coletivamente force os usos mais desejáveis das tecnologias da Quarta Revolução Industrial e para que as empresas e os reguladores saibam quais questões são mais preocupantes.

Os indivíduos podem fazer ouvir a sua voz não apenas como consumidores e eleitores, mas também por meio de organizações da sociedade civil e movimentos sociais, que também estão sendo transformados pela Quarta Revolução Industrial Esses são canais importantes para expressar os desejos e aspirações sociais, protegendo os direitos dos indivíduos e oferecendo apoio às áreas socialmente necessitadas onde os planos de negócios não podem ajudar e onde os interesses sociais e interesses governamentais exigem mediação. As organizações da sociedade civil ajudam a garantir que as pessoas cujas vozes seriam ignoradas ou marginalizadas sejam ouvidas por aqueles que têm poder mais direto de decisão – ajudando os empreendedores, empresas, investidores e engenheiros a melhor compreender como as tecnologias que eles estão desenvolvendo afetarão a sociedade como um todo.

8. Conclusão

Durante os últimos cinquenta anos, nós nos tornamos cada vez mais conscientes da relação mutuamente transformadora entre nossa sociedade e as tecnologias que ela produz. As duas primeiras revoluções industriais e as duas guerras mundiais nos mostraram que as tecnologias são muito mais do que apenas um conjunto de máquinas, ferramentas ou sistemas ligados à produção e ao consumo. As tecnologias são atores poderosos que moldam os nossos valores e perspectivas sociais. Elas exigem a nossa atenção precisamente porque construímos nossa economia, sociedade e visões de mundo por meio delas. Elas dão forma à nossa interpretação do mundo, a como vemos os outros ao nosso redor e às possibilidades que enxergamos para o nosso futuro.

Os problemas que enfrentamos no início da Quarta Revolução Industrial, como o impacto da automação, as implicações éticas da IA e as implicações sociais da engenharia genética, têm feito parte da consciência social desde pelo menos a década de 1960, quando as tecnologias nuclear, genética e espacial deixaram sua infância para trás e os computadores começavam a substituir suas contrapartes humanas. As expectativas de curto prazo superavam as capacidades da época, mas, graças à maturidade atingida pelos recursos digitais durante a Terceira Revolução Industrial, elas emergiram recentemente como realidades que estão rapidamente se tornando parte da vida diária de porcentagens crescentes da população mundial.

Felizmente, as pesquisas acadêmicas e as práticas de previsões conseguiram desenvolver ferramentas analíticas e perspectivas sociológicas úteis nos últimos cinquenta anos para melhor entendermos como tecnologias e sociedades moldam e influenciam umas às outras. Com efeito, a sensibilidade sobre como as tecnologias instigam a transformação social generalizada e como os valores são incorporados nas tecnologias que criamos tem nos ajudado a discernir os sinais de disrupção que se aproximam, e deu forma a muitos assuntos discutidos neste livro.

Para agirmos adequadamente nesse espaço complexo, precisamos de uma nova perspectiva das tecnologias que valorize as muitas facetas da mudança tecnológica e precisamos aplicar os conhecimentos adquiridos com essa perspectiva em níveis pessoais e organizacionais.

Isso será impossível de alcançar se continuarmos a ver as tecnologias emergentes como "meras ferramentas" que estão simplesmente à mão para os seres humanos usarem com consequências previsíveis e controláveis. Nós também não poderemos nos empoderar totalmente ou aos outros se cedermos à complexidade da tecnologia e as tratarmos como forças exógenas e determinísticas que estão fora de nosso controle.

Pelo contrário, todas as partes interessadas devem internalizar o fato de que os resultados do avanço tecnológico estão ligados às nossas escolhas em cada nível de desenvolvimento e implementação – seja como um cidadão individual, um executivo de negócios, um ativista social, um grande investidor ou um estrategista político poderoso. Assim como nossas escolhas de consumo impactam o futuro das empresas e os produtos disponíveis para nós, o mesmo vale para nossas escolhas tecnológicas coletivas, que também causam impactos à estrutura da economia e da sociedade.

As tecnologias inevitavelmente desempenharão um papel de destaque na procura de soluções para muitos dos desafios que enfrentamos hoje, mas elas também são contribuintes e fontes de novos desafios. Da mesma forma que nenhum grupo solitário conseguirá enfrentar os desafios sozinho, nós também não conseguiremos superar essas questões unicamente pelo uso das tecnologias. Em vez disso, temos de ter uma visão mais ampla das nossas prioridades coletivas e trabalhar no fortalecimento das áreas em que concordamos e criar mudanças positivas por meio da colaboração, da construção de confiança e pela oferta de boa vontade. Os desafios da Quarta Revolução Industrial só poderão ser combatidos por meio da cooperação e da transparência.

Se conseguirmos reunir nossa coragem e agir a serviço do bem comum, então haverá a esperança de que continuaremos em trajetória ascendente de bem-estar humano e de desenvolvimento. As revoluções industriais passadas foram fontes de progresso e enriquecimento significativos, mas cabe a nós resolver o problema das externalidades negativas, como os danos ambientais e as crescentes desigualdades. Envolver todos os grupos de partes interessadas relevantes nos ajudará a superar os principais desafios – a justa distribuição dos benefícios das disrupções tecnológicas, a contenção das inevitáveis externalidades e a garantia de que as tecnologias emergentes empoderem a todos nós como seres humanos, em vez de nos governar.

Encontrar soluções para os desafios de governança da Quarta Revolução Industrial exigirá que governos, empresas e indivíduos tomem as decisões estratégicas corretas sobre como desenvolver e implantar as novas tecnologias. Mas isso também exigirá tomar uma posição sobre os valores sociais e a melhoria da criação de mecanismos de ação colaborativa. Os indivíduos e as organizações precisarão se conectar e levar em conta as perspectivas das várias partes interessadas; as corporações multinacionais e os Estados precisarão se tornar mais eficazes na construção formal e informal de acordos internacionais. Essas não são obrigações de fácil cumprimento e, assim, certamente ocorrerão contratempos e dificuldades. Mas nós não podemos dar as costas à responsabilidade. O tamanho, a complexidade e a urgência dos desafios que o mundo enfrenta hoje pedem lideranças e ações ágeis e responsáveis. Com a experimentação correta dentro do espírito de liderança sistêmica, realizada por indivíduos orientados por valores em todos os setores, teremos a oportunidade de moldar um futuro no qual as mais poderosas tecnologias contribuirão para a existência de comunidades mais inclusivas, justas e prósperas.

Referências

INTRODUÇÃO

SCHWAB, K. *The Fourth Industrial Revolution*. Genebra: Fórum Econômico Mundial, 2016.

CAPÍTULO 1
Moldando a Quarta Revolução Industrial

CENTROS de Controle e Prevenção de Doenças. "Mortality in the United States, 2015". National Center for Health Statistics Data Brief n. 267, 2016.

CRAFTS, N. F. R. "Long-term unemployment in Britain in the 1930s". *The Economic History Review*, 40: 418-432, 1987.

GORDON, R. *The Rise and Fall of American Growth*. Princeton: Princeton University Press, 2016.

McCLOSKEY, D. *Bourgeois Equality*. Chicago: University of Chicago Press, 2016.

SMIL, V. *Creating the Twentieth Century: Technical Innovations of 1867-1914 and Their Lasting Impact*. Nova York: Oxford University Press, 2005.

THE WORLD DATA BANK. 2017. "Poverty headcount ratio at $1.90 a day (2011 PPP) (% of population)". Disponível em: <http://data.worldbank.org/indicator/SI.POV.DDAY>. Acesso em: 1 jun. 2017.

UNDP. *Sobre Desenvolvimento Humano*, 2017. Disponível em: <http://hdr.undp.org/en/humandev>. Acesso em: 1 maio 2017.

CAPÍTULO 2
Ligando os pontos

AUTOR, D.; LEVY, F.; Murnane, R. "The Skill Content of Recent Technological Change: An Empirical Exploration". *The Quarterly Journal of Economics* 118(4): 1279-1334, 2003.

BERGER, T.; C. B. Frey. "Industrial Renewal in the 21st Century: Evidence from US Cities", Regional Studies, 2015. Disponível em: <http://www.oxfordmartin.ox.ac.uk/downloads/academic/regional_studies_industrial_renewal.pdf>.

BLACKROCK Investment Institute. "Interpreting Innovation: Impact on Productivity, Inflation & Investing", 2014. Disponível em: <https://www.blackrock.com/corporate/en-us/literature/whitepaper/bii-interpreting-innovation-us-version.pdf.>.

CB INSIGHTS. "The Race For AI: Google, Twitter, Intel, Apple In A Rush To-Grab Artificial Intelligence Startups", Research Briefs, 2017. Disponível em: <https://www.cbinsights.com/blog/top-acquirers-ai-startups-ma-timeline/>.

FÓRUM ECONÔMICO MUNDIAL. *Realizing Human Potential in the Fourth Industrial Revolution: An Agenda for Leaders to Shape the Future of Education, Gender and Work*. White Paper. Genebra: Fórum Econômico Mundial, 2017a. Disponível em: <http://www3.weforum.org/docs/WEF_EGW_Whitepaper.pdf>.

_____. *The Inclusive Growth and Development Report 2017*. Insight Report. Genebra: Fórum Econômico Mundial, 2017b. Disponível em: <http://www3.weforum.org/docs/WEF_Forum_IncGrwth_2017.pdf>.

KATZ, L.; KRUEGER, A. "The Rise and Nature of Alternative Work Arrangements in the United States, 1995-2015". *Princeton University and NBER Working Paper 603*. Princeton University, 2016. Disponível em: <http://dataspace.princeton.edu/jspui/bitstream/88435/dsp01zs25xb933/3/603.pdf>.

LAVARS, N. "Amazon to begin testing new delivery drones in the US". *New Atlas*, 13 abr. 2015. Disponível em: <http://newatlas.com/amazon-new-delivery-drones-us-faa-approval/36957/>.

OECD (Organisation for Economic Co-operation and Development). "Big Data: Bringing Competition Policy to the Digital Era", *Background note*, 29-30 nov. 2016. Disponível em: <https://one.oecd.org/document/DAF/COMP(2016)14/en/pdf>.

SABATINI, J. "San Francisco talks robot tax". *San Francisco Examiner*, 14 mar. 2017. Disponível em: <http://www.sfexaminer.com/san-francisco-talks-robot-tax/>.

TAPLIN, J. "Is it time to break up Google?" *The New York Times*, 22 abr. 2017. Disponível em: <https://www.nytimes.com/2017/04/22/opinion/sunday/is-it-time-to-break-up-google.html?mcubz=1&_r=0>.

CAPÍTULO 3
A incorporação de valores em tecnologias

AMBROSINO, B. "The gig economy is coming. You probably won't like it.", *The Boston Globe*, 20 abr. 2016. Disponível em: <https://www.bostonglobe.com/

magazine/2016/04/20/the-gig-economy-coming-you-probably-won-like/i2F6Yicao9OQVL4dbX6QGI/Story.html>.

BRYNJOLFSSON, E.; McAFEE, A. *The Second Machine Age*. Nova York e Londres: W.W. Norton & Company, 2014.

CATH, C.; FLORIDI, L. "The Design of the Internet's Architecture by the Internet Engineering Task Force (IETF) and Human Rights". *Science and Engineering, Ethics*, 23(2): 449-468, 2017.

DEVARAJ, S.; HICKS, M. J. *The Myth and the Reality of Manufacturing in America*. Ball State University, jun. 2015 / abr. 2017. Disponível em: <http://conexus.cberdata.org/files/MfgReality.pdf>.

EPSRC (Engineering and Physical Sciences Research Council). "Principles of robotics". The Engineering and Physical Sciences Research Council, 2017. Disponível em: <https://www.epsrc.ac.uk/research/ourportfolio/themes/engineering/activities/principlesofrobotics/>. Acesso em: 1 maio 2017.

EU General Data Protection Regulation. *An overview of the main changes under GDPR and how they differ from the previous directive*. 2017. Disponível em: <http://www.eugdpr.org/key-changes.html>. Acesso em: 1 jun. 2017.

FLORIDA Ice and Farm Company (FIFCO). *Living Our Purpose*. Integrated Report, 2015. Disponível em: <https://www.fifco.com/files/documents/1715515fb6ab1e74f29d3da4aefa30c7b36a05.pdf>.

FÓRUM ECONÔMICO MUNDIAL. "A New Social Covenant". *Global Agenda Council on Values*. Genebra: Fórum Econômico Mundial, 2013. Disponível em: <http://www3.weforum.org/docs/WEF_GAC_Values_2013.pdf>.

_____. *The Global Risks Report 2017*. Insight Report. Genebra: Fórum Econômico Mundial, 2017.

IEEE (Institute of Electrical and Electronics Engineers). The IEEE Global Initiative for Ethical Considerations in Artificial Intelligence and Autonomous Systems. *Executive Summary*. 2017. Disponível em: <https://standards.ieee.org/develop/indconn/ec/ead_executive_summary.pdf>.

KEELEY, B. *Income Inequality: The Gap between Rich and Poor*. OECD Publishing. Paris: OECD Publishing, 2015.

LATOUR, B.; WOOLGAR, S. *Laboratory Life: The Construction of Scientific Facts*. Princeton: Princeton University Press, 1979.

MITCHAM, C. "Engineering design research and social responsibility". In: SHRADER-Frechette, K. S. (Ed.) *Ethics of Scientific Research*. Lanham: Rowman & Littlefield, 1994.

NUFFIELD COUNCIL ON BIOETHICS. "Emerging biotechnologies, Introduction: A guide for the reader". 2014. Disponível em: <http://nuffieldbioethics.org/wp-content/uploads/2014/07/Emerging_biotechnologies_Introduction.pdf>.

OPPENHEIMER, J. R. "Speech to the Association of Los Alamos Scientists". Los Alamos, New Mexico, 2 nov. 1945. 2017. Disponível em: <http://www.atomicarchive.com/Docs/ManhattanProject/OppyFarewell.shtml>. Acesso em: 1 jun. 2017.

PRETZ, K. "What's Being Done to Improve Ethics Education at Engineering Schools". The Institute, 18 maio 2017. Disponível em: <http://theinstitute.ieee.org/members/students/whats-being-done-to-improve-ethics-education-at-engineering-schools>.

RANKIN, J. "Germany's planned nuclear switch-off drives energy innovation". The Guardian, 2 nov. 2015. Disponível em: <https://www.theguardian.com/environment/2015/nov/02/germanys-planned-nuclear-switch-off-drives-energy-innovation>.

SCHWAB, K. The Fourth Industrial Revolution. Genebra: Fórum Econômico Mundial, 2016.

CAPÍTULO 4
Empoderamento de todas as partes interessadas (*stakeholders*)

BYRNES, N. "As Goldman Embraces Automation, Even the Masters of the Universe Are Threatened". MIT Technology Review, 7 fev. 2017. Disponível em: <https://www.technologyreview.com/s/603431/as-goldman-embraces-automation-even-the-masters-of-the-universe-are-threatened/>.

CATALYST. "Women in Science, Technology, Engineering, and Mathematics (STEM)". Disponível em: <http://www.catalyst.org/knowledge/women-science-technology-engineering-and-mathematics-stem>. Acesso em: 9 dez. 2016.

CEBALLOS, G. et al. "Accelerated modern human-induced species losses: Entering the sixth mass extinction". Science Advances 1(5), e1400253, 2015. Disponível em: <http://advances.sciencemag.org/content/1/5/e1400253>.

CORE WRITING TEAM; PACHAURI, R. K.; MEYER, L. A. (Eds.). Intergovernmental Panel on Climate Change (IPCC). Climate Change 2014: Synthesis Report. Contribution of Working Groups I, II and III to the Fifth Assessment Report of the Intergovernmental Panel on Climate Change. Genebra: IPCC, 2014.

DELOITTE. "Women in IT jobs: it is about education, but also about more than just education". Technology, Media & Telecommunications Predictions, 2016. Disponível em: <https://www2.deloitte.com/global/en/pages/technology-

media-and-telecommunications/articles/tmt-pred16-tech-women-in-it-jobs.html>.

DIETZ, S. et al. "'Climate value at risk' of global financial assets". *Nature Climate Change* 6: 676-679, 2016. Disponível em: <http://www.nature.com/nclimate/journal/vaop/ncurrent/full/nclimate2972.html>.

ENBAKOM, H. W.; FEYSSA, D. H.; TAKELE, S. "Impacts of deforestation on the livelihood of smallholder farmers in Arba Minch Zuria Woreda, Southern Ethiopia", *African Journal of Agricultural Research* 12(15): 1293-1305, 13 abr. 2017.

FÓRUM ECONÔMICO MUNDIAL. *The Global Gender Gap Report 2016*. Insight Report. Genebra: Fórum Econômico Mundial, 2016a.

_____. *The New Plastics Economy: Rethinking the future of plastics*. Industry Agenda. Genebra: Fórum Econômico Mundial, 2016b. Disponível em: <http://www3.weforum.org/docs/WEF_The_New_Plastics_Economy.pdf>.

FRIEDRICH, J.; DAMASSA, T. "The History of Carbon Dioxide Emissions". *World Resources Institute*, 21 maio 2014. Disponível em: <http://www.wri.org/blog/2014/05/history-carbon-dioxide-emissions#fn:1>.

GLOBAL CHALLENGES FOUNDATION. "Earthstatement: The result of the Global Challenges Foundation and Earth League joining forces". 2017. Disponível em: <https://www.globalchallenges.org/en/our-work/earth-statement-2015>.

GRAHAM, M.; HALE, S. A.; STEPHENS, M. "The Distribution of all Wikipedia Articles". *Geographies of the World's Knowledge*. Oxford Internet Institute. London: Convoco! Edition, 2011. Disponível em: <http://geography.oii.ox.ac.uk/?page=the-distribution-of-all-wikipedia-articles>.

_____. Oxford Internet Institute. "The Location of Academic Knowledge". *Geographies of the World's Knowledge*. Oxford Internet Institute. London: Convoco! Edition, 2017. Disponível em: <http://geography.oii.ox.ac.uk/?page=the-location-of-academic-knowledge>.

HAUSMANN, R. et al. 2011. *The Atlas of Economic Complexity: Mapping Paths to Prosperity*. Disponível em: <http://atlas.cid.harvard.edu/media/atlas/pdf/HarvardMIT_AtlasOfEconomicComplexity_Part_I.pdf>.

HOWE, S. "How drones are helping combat deforestation". *Newshub*, 22 set. 2016. Disponível em: <http://www.newshub.co.nz/home/world/2016/09/how-drones-are-helping-combat-deforestation.html>.

JUMA, C. "Leapfrogging Progress: The Misplaced Promise of Africa's Mobile Revolution". *The Breakthrough* 7. Verão 2017. Disponível em: <https://thebreakthrough.org/index.php/journal/issue-7/leapfrogging-progress>.

MILANOVIC, B. *Global Inequality: A New Approach for the Age of Globalization*. Cambridge: Harvard University Press, 2016.

PHILBECK, Imme. "Connecting the Unconnected: Working together to achieve Connect 2020 Agenda Targets". *International Telecommunication Union (ITU)*. A background paper to the special session of the Broadband Commission and the World Economic Forum at Davos Annual Meeting 2017. Disponível em: <http://broadbandcommission.org/Documents/ITU_discussion-paper_Davos2017.pdf>.

POPULATION REFERENCE BUREAU. "Human Population: Urbanization: Largest Urban Agglomerations, 1975, 2000, 2025", 2017. Disponível em: <http://www.prb.org/Publications/Lesson-Plans/HumanPopulation/Urbanization.aspx>.

RANDALL, T. "Wind and Solar Are Crushing Fossil Fuels". *Bloomberg*, 6 abr. 2016. Disponível em: <https://www.bloomberg.com/news/articles/2016-04-06/wind-and-solar-are-crushing-fossil-fuels>.

ROCKSTRÖM, J. et al. "Planetary Boundaries: Exploring the Safe Operating Space for Humanity". *Ecology and Society* 14(2) art. 32, 2009. Disponível em: <https://www.ecologyandsociety.org/vol14/iss2/art32/>.

SCHWAB, K. *The Fourth Industrial Revolution*. Genebra: Fórum Econômico Mundial, 2016.

SHEN, L. "Robots Are Replacing Humans at All These Wall Street Firms". *Fortune*, 30 mar. 2017. Disponível em: <http://fortune.com/2017/03/30/blackrock-robots-layoffs-artificial-intelligence-ai-hedge-fund/>.

STEFFEN et al. "Sustainability. Planetary Boundaries: guiding human development on a changing planet". *Science* 347(6223), 1259855, 2015. Disponível em: <https://www.ncbi.nlm.nih.gov/pubmed/25592418>.

SUSSEX ENERGY GROUP. *Technology Leapfrogging: A Review of the Evidence, A report for DFID*. Sussex: Springer, Berlin, Heidelberg, University of Sussex, 2008. Disponível em: <https://www.sussex.ac.uk/webteam/gateway/file.php?name=dfid-leapfrogging-reportweb.pdf&site=264>.

TAY, B. T. C. et al. 2013. "When Stereotypes Meet Robots: The Effect of Gender Stereotypes on People's Acceptance of a Security Robot". In: HARRIS, D. (Ed.). *Engineering Psychology and Cognitive Ergonomics. Understanding Human Cognition*. EPCE, 2013. [Lecture Notes in Computer Science, v. 8.019.]

THE BOSTON CONSULTING GROUP. *Self-Driving Vehicles, Robo-Taxis, and the Urban Mobility Revolution*. Boston: BCG, 2016. Disponível em: <http://www.automotivebusiness.com.br/abinteligencia/pdf/BCG_SelfDriving.pdf>.

THE WORLD BANK DATA BANK. "Poverty headcount ratio at $1.90 a day (2011 PPP) (% of population)", 2017. Disponível em: <http://data.worldbank.org/indicator/SI.POV.DDAY>. Acesso em: 1 jun. 2017.

UNESCO (United Nations Educational, Scientific and Cultural Organization). 2015. "Women in Science: The gender gap in science". Fact Sheet n. 34. Unesco Institute for Statistics. Disponível em: <http://uis.unesco.org/sites/default/files/documents/fs34-women-in-science-2015-en.pdf>.

_____. "Leaving no one behind: How far on the way to universal primary and secondary education?" Policy paper 27/Fact Sheet n. 37, 2016. Unesco Institute for Statistics. Disponível em: <http://unesdoc.unesco.org/images/0024/002452/245238E.pdf>.

_____. "Global Investments in R&D". Fact Sheet n. 42, FS/2017/SCI/42, 2017. Unesco Institute for Statistics. Disponível em: <http://unesdoc.unesco.org/images/0024/002477/247772e.pdf>.

UNITED NATIONS, Department of Economic and Social Affairs, Population Division. "World Population Prospects: The 2015 Revision, Key findings & advance tables". Working Paper n. ESA/P/WP.241, 2015. Disponível em: <https://esa.un.org/unpd/wpp/publications/files/key_findings_wpp_2015.pdf>.

WIPO (World Intellectual Property Organization). Wipo IP Statistics Data Center, 2017. Disponível em: <https://www3.wipo.int/ipstats/index.htm>. Acesso em: 1 jun. 2017.

WORLD BANK and Institute for Health Metrics and Evaluation. *The Cost of Air Pollution: Strengthening the Economic Case for Action.* Washington, DC: World Bank, 2016. [License: Creative Commons Attribution CC BY 3.0 IGO.] Disponível em: <http://documents.worldbank.org/curated/en/781521473177013155/pdf/108141-REVISED-Cost-of-PollutionWebCORRECTEDfile.pdf>.

YALE ENVIRONMENT 360. "How Satellites and Big Data Can Help to Save the Oceans". Yale School of Forestry & Environmental Studies, 2016. Disponível em: <http://e360.yale.edu/features/how_satellites_and_big_data_can_help_to_save_the_oceans>.

CAPÍTULO 5
Novas tecnologias da computação

CAMERON, D.; T. MOWATT. "Writing the Book in DNA". *Wyss Institute*, 16 ago. 2012. Disponível em: <https://wyss.harvard.edu/writing-the-book-in-dna/>.

COCKSHOTT, P.; MACKENZIE, L.; MICHAELSON, G. "Non-classical computing: feasible versus infeasible". Paper presented at ACM-BCS Visions of Computer Science 2010: International Academic Research Conference, University of Edinburgh, 14-16 abr. 2010.

CORTADA, J. W. *The Computer in the United States: From laboratory to market, 1930- 1960*. M. E.: Sharpe, 1993.

DENNING, P. J.; LEWIS, T. G. "Exponential Laws of Computing Growth". *Communications of the ACM* 60(1): 54-65, 2016. Disponível em: <http://dl.acm.org/citation.fm?doid=3028256.2976758>.

EZRACHI, A.; STUCKE, M. "Law Profs to Antitrust Enforcers: To Rein in Super-Platforms, Look Upstream". *The Authors Guild*, 12 abr. 2017. Disponível em: <https://www.authorsguild.org/industry-advocacy/law-profs-antitrust-enforcers-rein-super-platforms-look-upstream/>.

FÓRUM ECONÔMICO MUNDIAL; INSEAD. *The Global Information Technology Report 2015: ICTs for Inclusive Growth*. Insight Report, 2015. Genebra: Fórum Econômico Mundial, 2015. Disponível em: <http://www3.weforum.org/docs/WEF_Global_IT_Report_2015.pdf>.

FROST GORDER, P. 2016. "Computers in your clothes? A milestone for wearable electronics". *The Ohio State University*, 13 abr. 2016. Disponível em: <https://news.osu.edu/news/2016/04/13/computers-in-your-clothes-a-milestone-for-wearable-electronics/>.

IEEE (Institute of Electrical and Electronics Engineers). "International Roadmap for Devices and Systems". 2016. Disponível em: <http://irds.ieee.org/images/files/pdf/2016_MM.pdf>.

ITRS (International Technology Roadmap for Semiconductors) 2.0. *International Technology Roadmap for Semiconductors 2.0*, 2015. Disponível em: <https://www.semiconductors.org/clientuploads/esearch_Technology/ITRS/2015/0_2015%20ITRS%202.0%20Executive%20Report%20(1).pdf>.

KNIGHT, H. "Researchers develop basic computing elements for bacteria". *MIT News*, 9 jul. 2015. Disponível em: <http://news.mit.edu/2015/basic-computing-for-bacteria-0709>.

LAPEDUS, M. "10nm Versus 7nm". *Semiconductor Engineering*, 25 abr. 2016. Disponível em: <http://semiengineering.com/10nm-versus-7nm/>.

POUSHTER, J. "2. Smartphone ownership rates skyrocket in many emerging economies, but digital divide remains". *Pew Research Center. Global Attitudes & Trends*, 22 fev. 2016. Disponível em: <http://www.pewglobal.org/2016/02/22/smartphone-ownership-rates-skyrocket-in-many-emerging-economies-but-digital-divide-remains/>.

RASPBERRY PI FOUNDATION. *Annual Review 2016*. Disponível em: <https://www.raspberrypi.org/files/about/RaspberryPiFoundationReview2016.pdf>.

SCHWAB, K. *The Fourth Industrial Revolution*. Genebra: Fórum Econômico Mundial, 2016.

SOLON, O. "Facebook has 60 people working on how to read your mind." *The Guardian*, 19 abr. 2017. Disponível em: <https://www.theguardian.com/technology/2017/apr/19/facebook-mind-reading-technology-f8>.

WEISER, M. "The Computer for the 21st Century". *Scientific American* 265(3): 94-104, 1991. Disponível em: <https://www.ics.uci.edu/~corps/phaseii/Weiser-Computer21stCentury-SciAm.pdf>.

YANG, S. "Smallest. Transistor. Ever." *Berkeley Lab*, 6 out. 2016; atualizado em 17 out. 2016. Disponível em: <http://newscenter.lbl.gov/2016/10/06/smallest-transistor-1-nm-gate/>.

CAPÍTULO 6
Blockchain e tecnologias de registros distribuídos

BITCOIN FEES. "Predicting Bitcoin Fees For Transactions", 2017. Disponível em: <https://bitcoinfees.21.co/>. Acesso em: 2 nov. 2017.

FÓRUM ECONÔMICO MUNDIAL. "The Internet of Things and connected devices: making the world smarter". Genebra: Fórum Econômico Mundial, 2016. Disponível em: <http://reports.weforum.org/digital-transformation/the-internet-of-things-and-connected-devices-making-the-world-smarter/>.

GREENBERG, A. "Silk Road Prosecutors Argue Ross Ulbricht Doesn't Deserve A New Trial". *Wired*, 18 jun. 2016. Disponível em: <https://www.wired.com/2016/06/silk-road-prosecutors-argue-ross-ulbricht-doesnt-deserve-new-trial/>.

OECD (Organisation for Economic Co-operation and Development) and EUIPO (European Union Intellectual Property Office). *Trade in Counterfeit and Pirated Goods: Mapping the Economic Impact*. Paris: OECD Publishing, 2016. Disponível em: <http://dx.doi.org/10.1787/9789264252653-en>.

RUPPERT, A. "Mapping the decentralized world of tomorrow". *Medium.com*, 1 jun. 2016. Disponível em: <https://medium.com/birds-view/mapping-the-decentralized-world-of-tomorrow-5bf36b973203>.

TAPSCOTT, D.; A. TAPSCOTT. *Blockchain Revolution*. Nova York: Portfolio Penguin, 2016.

CAPÍTULO 7
A internet das coisas

BROWN, J. "The 5 biggest hacks of 2016 and the organizations they crippled". *Industry Dive*, 8 dez. 2016. Disponível em: <http://www.ciodive.com/

news/the-5-biggest-hacks-of-2016-and-the-organizations-they-crippled/431916/>.

COLUMBUS, L. "Roundup Of Internet Of Things Forecasts And Market Estimates, 2016". *Forbes*, 27 nov. 2016. Disponível em: <https://www.forbes.com/sites/louiscolumbus/2016/11/27/roundup-of-internet-of-things-forecasts-and-market- estimates-2016/#290b6abb292d>.

FÓRUM ECONÔMICO MUNDIAL. *Industrial Internet of Things: Unleashing the Potential of Connected Products and Services*. Industry Agenda. Genebra: Fórum Econômico Mundial, 2015.

_____; ACCENTURE. "The Internet of Things and connected devices: making the world smarter". Genebra: Fórum Econômico Mundial, 2016. Disponível em: <http://reports.weforum.org/digital-transformation/the-internet-of-things-and-connected-devices-making-the-world-smarter/>.

McKINSEY GLOBAL INSTITUTE. "The Internet of Things: Mapping the value beyond the hype". McKinsey & Company, 2015a. Disponível em: <file:///C:/Users/admin/Downloads/The-Internet-of-things-Mapping-the-value-beyond-the-hype.pdf>.

_____. "Unlocking the potential of the Internet of Things". McKinsey & Company, 2015b. Disponível em: <http://www.mckinsey.com/business-functions/digital-mckinsey/our-insights/the-internet-of-things-the-value-of-digitizing-the-physical-world>.

PERROW, C. *Normal Accidents: Living with High-Risk Technologies*. [S.l.]: Basic Books, 1984.

SUPLEMENTO ESPECIAL
Riscos cibernéticos

eMARKETER. "Internet Users and Penetration Worldwide", 2017. Disponível em: <http://www.emarketer.com/Chart/Internet-Users-Penetration-Worldwide-2016-2021-billions-of-population-change/206259>.

FÓRUM ECONÔMICO MUNDIAL. *Advancing Cyber Resilience*: Principles and Tools for Boards. Genebra: Fórum Econômico Mundial, 2017. Disponível em: <http://www3.eforum.org/docs/IP/2017/Adv_Cyber_Resilience_Principles-Tools.pdf>.

_____. *Partnering for Cyber Resilience*. Genebra: Fórum Econômico Mundial, 2012. Disponível em: <http://www3.weforum.org/docs/WEF_IT_Partnering-CyberResilience_Guidelines_2012.pdf>.

GREENBERG, Andy. "Hackers Remotely Kill a Jeep on the Highway – With Me in It". *Wired*, jul. 2015. Disponível em: <https://www.wired.com/2015/07/hackers-remotely-kill-jeep-highway/>.

KREBSONSECURITY. "Target Hackers Broke in Via HVAC Company", 2014. Disponível em: <https://krebsonsecurity.com/2014/02/target-hackers-broke-in-via-hvac-company/>.

MINIWATTS MARKETING. "Internet World Stats", 2017. Disponível em: <http://www.internetworldstats.com/stats.htm>.

NUIX. "Most Hackers Can Access Systems and Steal Valuable Data Within 24 Hours: Nuix Black Report", 2017. Disponível em: <https://www.nuix.com/media-releases/most-hackers-can-access-systems-and-steal-valuable-data-within-24-hours-nuix-black>. Acesso em: 23 nov. 2017.

NYSE GOVERNANCE SERVICES. Cybersecurity in the Boardroom. Nova York: NYSE: 2015. Disponível em: <https://www.nyse.com/publicdocs/VERACODE_Survey_Report.pdf>.

OECD. *Cybersecurity Policy Making at a Turning Point*. Paris: OECD, 2012. Disponível em: <https://www.oecd.org/sti/ieconomy/cybersecurity%20policy%20making.pdf>.

REINSEL, D.; GANTZ, J.; RYDNING, J. Data Age 2025, IDC, 2017. Disponível em: <https://www.seagate.com/files/www-content/our-story/trends/files/Seagate-WP-DataAge2025-March-2017.pdf>.

WESTBY, J. R.; POWER, R. *Governance of Enterprise Security Survey*: CyLab 2008 Report. Pttisburgh: Carnegie Mellon CyLab, 2008. Disponível em: <https://portal.cylab.cmu.edu/portal/files/pdfs/governance-survey2008.pdf>.

CAPÍTULO 8
Inteligência artificial e robótica

AGENCE FRANCE-PRESSE. "Convoy of self-driving trucks completes first European cross-border trip". *The Guardian*, 7 abr. 2016. Disponível em: <https://www.theguardian.com/technology/2016/apr/07/convoy-self-driving-trucks-completes-first-european-cross-border-trip>.

AI INTERNATIONAL. "Universities with AI Programs", 2017. Disponível em: <http://www.aiinternational.org/universities.html>.

BARANIUK, C. "The cyborg chess players that can't be beaten". *BBC*, 4 dez. 2015. Disponível em: <http://www.bbc.com/future/story/20151201-the-cyborg-chess-players-that-cant-be-beaten>.

CB INSIGHTS. "The Race For AI: Google, Twitter, Intel, Apple In A Rush To Grab Artificial Intelligence Startups", 21 jul. 2017. Disponível em: <https://www.cbinsights.com/blog/top-acquirers-ai-startups-ma-timeline/>.

COHEN, M. et al. *Off-, On- or Reshoring: Benchmarking of Current Manufacturing Location Decisions: Insights from the Global Supply Chain Benchmark Study 2015*. The Global Supply Chain Benchmark Consortium, 2016. Disponível em: <http://pulsar.wharton.upenn.edu/fd/resources/20160321GSCBSFinal Report.pdf>.

CONNER-SIMONS, A. "Robot helps nurses schedule tasks on labor floor". *MIT News*, 13 jul. 2016. Disponível em: <http://news.mit.edu/2016/robot-helps-nurses-schedule-tasks-on-labor-floor-0713>.

DEEPMIND ETHICS & SOCIETY HOMEPAGE. 2017. Disponível em: <https://deepmind.com/applied/deepmind-ethics-society/>.

EPSRC (Engineering and Physical Sciences Research Council). "Principles of Robotics: Regulating robots in the real world", 2017. Disponível em: <https://www.epsrc.ac.uk/research/ourportfolio/themes/engineering/activities/principlesofrobotics/>.

FÓRUM ECONÔMICO MUNDIAL. *The Future of Jobs: Employment, Skills and Workforce Strategy for the Fourth Industrial Revolution*. Global Challenge Insight Report. Genebra: Fórum Econômico Mundial, 2016.

FREY, C.; OSBORNE, M. "The Future of Employment: How Susceptible Are Jobs to Computerisation?" Oxford Martin School Working Paper, 17 set. 2013. Disponível em: <http://www.oxfordmartin.ox.ac.uk/downloads/academic/The_Future_of_Employment.pdf>.

HADFIELD-MENELL, D. et al. "Cooperative Inverse Reinforcement Learning". *Advances in Neural Information Processing Systems* 25. MIT Press, 2017.

HARDESTY, L. "Surprisingly simple scheme for self-assembling robots". *MIT News*, 4 out. 2013. Disponível em: <http://news.mit.edu/2013/simple-scheme-for-self-assembling-robots-1004>.

LAGRANDEUR, K.; HUGHES, J. (Eds). *Surviving the Machine Age: Intelligent Technology and the Transformation of Human Work*. Palgrave Macmillan, 2017. Disponível em: <http://www.springer.com/la/book/9783319511641>.

McKINSEY & COMPANY. *A future that works: Automation, employment, and productivity*. McKINSEY GLOBAL INSTITUTE, 2017. Disponível em: <file:///C:/Users/admin/Downloads/MGI-A-future-that-works-Full-report%20(1).pdf>.

METZ, C. "The Rise of the Artificially Intelligent Hedge Fund". Wired, 25 jan. 2016. Disponível em: <https://www.wired.com/2016/01/the-rise-of-the-artificially-intelligent-hedge-fund/>.

MURPHY, M. "Prepping a robot for its journey to Mars". *MIT News*, 18 out. 2016. Disponível em: <http://news.mit.edu/2016/sarah-hensley-valkyrie-humanoid-robot-1018>.

OECD (Organisation for Economic Co-operation and Development). "Automation and Independent Work in a Digital Economy". *Policy Brief on the Future of Work*, 2016. Disponível em: <http://www.oecd.org/employment/Policy%20brief%20-%20Automation%20and%20Independent%20Work%20in%20a%20Digital%20Economy.pdf>.

PARTNERSHIP on AI. "Partnership on AI to benefit people and society", 2017. Disponível em: <https://www.partnershiponai.org/#s-partners>.

PETERSEN, R. 2016. "The driverless truck is coming, and it's going to automate millions of jobs". *TechCrunch*, 25 abr. 2016. Disponível em: <https://techcrunch.com/2016/04/25/the-driverless-truck-is-coming-and-its-going-to-automate-millions-of-jobs/>.

PITTMAN, K. "The Automotive Sector Buys Half of All Industrial Robots". Engineering.com, 24 mar. 2016. Disponível em: <http://www.engineering.com/AdvancedManufacturing/ArticleID/11761/The-Automotive-Sector-Buys-Half-of-All- -Industrial-Robots.aspx>.

SAMPLE, I.; HERN, A. "Scientists dispute whether computer 'Eugene Goostman' passed Turing test". *The Guardian*, 9 jun. 2014. Disponível em: <https://www.theguardian.com/technology/2014/jun/09/scientists-disagree-over-whether-turing-test-has-been-passed>.

THIELMAN, S. "Use of police robot to kill Dallas shooting suspect believed to be first in US history", *The Guardian*, 8 jul. 2016. Disponível em: <https://www.theguardian.com/technology/2016/jul/08/police-bomb-robot-explosive-killed-suspect-dallas>.

TURING, A. M. "Can Digital Computers Think?" Conferência transmitida pelo Third Programme da BBC, 15 maio 1951. O *script* datilografado está disponível em: <turingarchive.org>.

VANIAN, J. "The Multi-Billion Dollar Robotics Market Is About to Boom". *Fortune*, 24 fev. 2016. Disponível em: <http://fortune.com/2016/02/24/robotics-market-multi-billion-boom/>.

WAKEFIELD, J. "Foxconn replaces '60,000 factory workers with robots'". *BBC*, 25 maio 2016a. Disponível em: <http://www.bbc.com/news/technology-36376966>.

_____. "Self-drive delivery van can be 'built in four hours'". *BBC*, 4 nov. 2016b. Disponível em: <http://www.bbc.com/news/technology-37871391>.

CAPÍTULO 9
Materiais modernos

FÓRUM ECONÔMICO MUNDIAL. "Chemistry and Advanced Materials: at the heart of the Fourth Industrial Revolution". Agenda. Genebra: Fórum Econômico Mundial, 2017a.

_____. "Digital Transformation Initiative: Chemistry and Advanced Materials Industry". Genebra: Fórum Econômico Mundial/Accenture, 2017b. Disponível em: <http://reports.weforum.org/digital-transformation/wp-content/blogs.dir/94/mp/files/pages/files/dti-chemistry-and-advanced-materials-industry-white-paper.pdf>.

UNITED STATES NATIONAL NANOTECHNOLOGY INITIATIVE. "NNI Supplement to the President's 2016 Budget", 2017. Disponível em: <http://www.nano.gov/node/1326>.

CAPÍTULO 10
Fabricação de aditivos e impressão multidimensional

DE WARGNY, M. "Top 10 Future 3D Printing Materials (that exist in the present!)". Sculpteo, 28 set. 2016. Disponível em: <https://www.sculpteo.com/blog/2016/09/28/top-10-future-3d-printing-materials-that-exist-in-the-present/>.

DICKENS, P.; MINSHALL. T. *UK National Strategy for Additive Manufacturing: Comparison of international approaches to public support for additive manufacturing/3D printing*. Technical Report, 2016.

GARTNER. "Gartner Says Worldwide Shipments of 3D Printers to Grow 108 Percent in 2016". *Gartner Press Release*, 13 out. 2016. Disponível em: <http://www.gartner.com/newsroom/id/3476317>.

_____. "Gartner Survey Reveals That High Acquisition and Start-Up Costs Are Delaying Investment in 3D Printers". *Gartner Press Release*, 9 dez. 2014. Disponível em: <http://www.gartner.com/newsroom/id/2940117>.

PARKER, C. "3-D printing creates murky product liability issues, Stanford scholar says". *Stanford Report*, 12 dez. 2013. Disponível em: <http://news.stanford.edu/news/2013/december/3d-legal-issues-121213.html>.

PwC. 2016. *3D Printing comes of age in US industrial manufacturing*. Disponível em: <https://www.pwc.com/us/en/industrial-products/publications/assets/pwc-next-manufacturing-3d-printing-comes-of-age.pdf>.

REHNBERG, M.; PONTE, S. "3D Printing and Global Value Chains: How a new technology may restructure global production". Global Production Networks Centre Faculty of Arts & Social Sciences. *GPN Working Paper Series*, GPN2016-010, 2016. Disponível em: <http://gpn.nus.edu.sg/file/Stefano%20Ponte_GPN2016_010.pdf>.

WOHLERS ASSOCIATES. *Wohlers Report 2014. 3D Printing and Additive Manufacturing State of the Industry*. Annual Worldwide Progress Report. Wohlers Associates, 2014.

_____. *Wohlers Report 2016. 3D Printing and Additive Manufacturing State of the Industry*. Annual Worldwide Progress Report. Wohlers Associates, 2016.

SUPLEMENTO ESPECIAL
As vantagens e desvantagens dos *drones*

AMAZON PRIME AIR. "Determining Safe Access with a Best-Equipped, Best-Served Model for Small Unmanned Aircraft Systems". *NASA Unmanned Aircraft System Traffic Management* (UTM), 2015. Disponível em: <https://utm.arc.nasa.gov/docs/Amazon_Determining%20Safe%20Access%20with%20a%20Best-Equipped,%20Best-Served%20Model%20for%20sUAS[2].pdf>.

KOPARDEKAR, P. et al. "Unmanned Aircraft System Traffic Management (UTM) Concept of Operations". Presented at the 16th AIAA Aviation Technology, Integration, and Operations Conference, 13-17 jun. 2016, Washington DC. Disponível em: <https://utm.arc.nasa.gov/docs/Kopardekar_2016-3292_ATIO.pdf>.

NASA Traffic Unmanned Management. "Google UAS Airspace System Overview". NASA Traffic Unmanned Management, 2015. Disponível em: <https://utm.arc.nasa.gov/docs/GoogleUASAirspaceSystemOverview5pager[1].pdf>.

OVERLY, S. "Watch this 'gun' take down a flying drone". *The Washington Post*, 29 nov. 2016. Disponível em: <https://www.washingtonpost.com/news/innovations/wp/2016/11/29/watch-this-gun-can-take-down-a-flying-drone/?utm_term=.c27bfe46b456>.

THOMPSON, M. "Costly Flight Hours". *Time* Magazine, 2 abr. 2013. Disponível em: <http://nation.time.com/2013/04/02/costly-flight-hours/>.

CAPÍTULO 11
Biotecnologias

CYRANOSKI, D. "CRISPR gene-editing tested in a person for the first time". *Nature*, 15 nov. 2016. Disponível em: <http://www.nature.com/news/crispr-gene-editing-tested-in-a-person-for-the-first-time-1.20988>.

DAS, R. "Drug Industry Bets Big On Precision Medicine: Five Trends Shaping Care Delivery". *Forbes*, 8 mar. 2017. Disponível em: <https://www.forbes.com/sites/reenitadas/2017/03/08/drug-development-industry-bets-big-on-precision-medicine-5-top-trends-shaping-future-care-delivery/2/#62c2746a7b33>.

EY. *Beyond borders 2016: Biotech financing*, 2016. Disponível em: <http://www.ey.com/Publication/vwLUAssets/ey-beyond-borders-2016-biotech-financing/$FILE/ey-beyond-borders-2016-biotech-financing.pdf>.

LEE, S. Y.; KIM, H. U. "Systems strategies for developing industrial microbial strains". *Nature Biotechnology* 33(10): 1061-1072, 2015.

PEPLOW, M. "Industrial biotechs turn greenhouse gas into feedstock opportunity". *Nature Biotechnology* 33: 1123-1125, 2015.

REILLY, M. "In Africa, Scientists Are Preparing to Use Gene Drives to End Malaria." *MIT Technology Review*, 14 mar. 2017. Disponível em: <https://www.technologyreview.com/s/603858/in-africa-scientists-are-preparing-to-use-gene-drives-to-end-malaria/>.

CAPÍTULO 12
Neurotecnologias

CONSTINE, J. "Facebook is building brain-computer interfaces for typing and skin-hearing". *TechCrunch*, 19 abr. 2017. Disponível em: <https://techcrunch.com/2017/04/19/facebook-brain-interface/>.

EMMERICH, N. "The ethical implications of neuroscience". World Economic Forum, Agenda, 20 maio 2015. Disponível em: <https://www.weforum.org/agenda/2015/05/the-ethical-implications-of-neuroscience/>.

EUROPEAN COMMISSION. "Understanding the human brain, a global challenge ahead", 1 dez. 2016. Disponível em: <https://ec.europa.eu/digital-single-market/en/news/understanding-human-brain-global-challenge-ahead>.

FÓRUM ECONÔMICO MUNDIAL. "The Digital Future of Brain Health". Global Agenda White Paper: Global Agenda Council on Brain Research. Genebra: Fórum Econômico Mundial, 2016. Disponível em: <https://www.weforum.org/whitepapers/the-digital-future-of-brain-health>.

GHOSH, K. "SpaceX for the Brain: Neuroscience Needs Business to Lead (Editorial)". *Live Science*, 9 set. 2015. Disponível em: <http://www.livescience.com/52129-neuroscience-needs-business-to-take-the-lead.html>.

GRILLNER, S. et al. "Worldwide initiatives to advance brain research". *Nature Neuroscience* 19(9): 1118-1122, 2016. Disponível em: <https://www.nature.com/neuro/journal/v19/n9/full/nn.4371.html>.

IMPERIAL COLLEGE LONDON. "Brain & Behaviour Lab", 2017. Disponível em: <http://www.faisallab.com/>.

JONES, R. "The future of brain and machine is intertwined, and it's already here". *The Conversation*, 3 out. 2016. Disponível em: <https://theconversation.

com/the-future-of-brain-and-machine-is-intertwined-and-its-already-here-65280>.

JUMA, C. *Innovation and Its Enemies: Why People Resist New Technologies.* Nova York: Oxford University Press, 2016.

NAGER, A. B.; ATKINSON, R. D. "A Trillion-Dollar Opportunity: How Brain Research Can Drive Health and Prosperity". ITIF, jul. 2016. Disponível em: <http://www2.itif.org/2016-trillion-dollar-opportunity.pdf>.

NEUROTECH. *The Market for Neurotechnology: 2016-2020. A Market Research Report from Neurotech Reports,* 2016 Disponível em: <http://www.neurotechreports.com/pages/execsum.html>.

OULLIER, O. "Clear up this fuzzy thinking on brain scans". *Nature* 483(7387), 29 fev. 2012. Disponível em: <http://www.nature.com/news/clear-up-this-fuzzy-thinking-on-brain-scans-1.10127>.

STATT, N. "Elon Musk launches Neuralink, a venture to merge the human brain with AI". *The Verge,* 27 mar. 2017. Disponível em: <http://www.theverge.com/2017/3/27/15077864/elon-musk-neuralink-brain-computer-interface-ai-cyborgs>.

CAPÍTULO 13
Realidades virtual e aumentada

CHAFKIN, M. "Why Facebook's $2 Billion Bet on Oculus Rift Might One Day Connect Everyone on Earth", *Vanity Fair,* out. 2015. Disponível em: <http://www.vanityfair.com/news/2015/09/oculus-rift-mark-zuckerberg-cover-story-palmer-luckey>.

GOLDMAN SACHS. *Profiles in Innovation: Virtual & Augmented Reality.* The Goldman Sachs Group, 13 jan. 2016. Disponível em: <http://www.goldmansachs.com/our-thinking/pages/technology-driving-innovation-folder/virtual-and-augmented-reality/report.pdf>.

SEBTI, B. "Virtual reality can 'transport' audiences to poor countries. But can it persuade them to give more aid?" World Economic Forum, Agenda, 31 ago. 2016. Disponível em: <https://www.weforum.org/agenda/2016/08/virtual-reality-can-transport-audiences-to-poor-countries-but-can-it-persuade-them-to-give-more-aid>.

ZUCKERBERG, M. "Mark Zuckerberg and Oculus's Michael Abrash on Why Virtual Reality Is the Next Big Thing". Zuckerberg *Vanity Fair* interview, YouTube, 8 out. 2015. Disponível em: <https://www.youtube.com/watch?v=VQaCv52DSnY>.

CAPÍTULO 14
Captura, armazenamento e transmissão de energia

EUROPEAN COMMISSION. "Renewables: Europe on track to reach its 20% target by 2020". Fact Sheet, 1 fev. 2017. Disponível em: <http://europa.eu/rapid/press-release_MEMO-17-163_en.htm>.

FRANKFURT SCHOOL OF FINANCE & MANAGEMENT. *Global Trends in Renewable Energy Investment 2017*. Frankfurt School-UNEP Collaborating Centre/Bloomberg New Energy Finance, 2017. Disponível em: <http://fs-unep-centre.org/sites/default/files/publications/globaltrendsinrenewableenergyinvestment2017.pdf>.

IEA (International Energy Agency). *World Energy Outlook 2016*. Capítulo 1: Introdução e escopo. Paris: OECD/IEA, 2016. Disponível em: <https://www.iea.org/media/publications/weo/WEO2016Chapter1.pdf>.

KANELLOS, M. "Energy's Next Big Market: Transmission Technology". *Forbes*, 30 ago. 2013. Disponível em: <https://www.forbes.com/sites/michaelkanellos/2013/08/30/energys-next-big-market-transmission-technology/#71d13b9e31c4>.

PARRY, D. "NRL Space-Based Solar Power Concept Wins Secretary of Defense Innovative Challenge," U.S. Naval Research Laboratory, 11 mar. 2016. Disponível em: <https://www.nrl.navy.mil/media/news-releases/2016/NRL-Space-Based-Solar-Power-Concept-Wins-Secretary-of-Defense-Innovative-Challenge>.

RANDALL, T. "Wind and Solar Are Crushing Fossil Fuels". *Bloomberg*, 6 abr. 2016. Disponível em: <https://www.bloomberg.com/news/articles/2016-04-06/wind-and-solar-are-crushing-fossil-fuels>.

TUCKER, E. "Researchers Developing Supercomputer to Tackle Grid Challenges". *Renewable Energy World*, 7 jul. 2014. Disponível em: <http://www.renewableenergyworld.com/articles/2014/07/researchers-developing-supercomputer-to-tackle-grid-challenges.html>.

UNITED NATIONS, Department of Economic and Social Affairs, Population Division. "World Population Prospects: The 2015 Revision, Key findings & advance tables". Working Paper n. ESA/P/WP.241, 2015. Disponível em: <https://esa.un.org/unpd/wpp/publications/files/key_findings_wpp_2015.pdf>.

UNIVERSITY OF TEXAS AT AUSTIN. "Lithium-Ion Battery Inventor Introduces New Technology for Fast-Charging, Noncombustible Batteries".

UT News Press Release, 28 fev. 2017. Disponível em: <https://news.utexas. edu/2017/02/28/goodenough-introduces-new-battery-technology>.

WOOLFORD, J. "Artificial Photosynthesis for Energy Takes a Step Forward". *Scientific American*, Chemistry World, 6 fev. 2015. Disponível em: <https://www.scientificamerican.com/article/artificial-photosynthesis-for-energy-takes-a-step-forward/>.

WORLD BANK. "Electric power consumption (kWh per capita), 1960-2014", 2017. Disponível em: <http://data.worldbank.org/indicator/EG.USE.ELEC.KH.PC>.

CAPÍTULO 15
Geoengenharia

CONDLIFFE, J. "Geoengineering Gets Green Light from Federal Scientists". *MIT Technology Review*, Sustainable Energy, 11 jan. 2017. Disponível em: <https://www.technologyreview.com/s/603349/geoengineering-gets-green-light-from-federal-scientists/>.

KEITH, D. "Geoengineering the Climate: History and Prospect". R. G. WATTS (Ed.) *Innovative Energy Strategies for CO_2 Stabilization*. Cambridge: Cambridge University Press, 2002. Disponível em: <https://www.yumpu.com/en/document/view/50122050/geoengineering-the-climate-history-and-prospect pdf-david-keith>.

NESLEN, A. "US scientists launch world's biggest solar geoengineering study". *The Guardian*, 24 mar. 2017. Disponível em: <https://www.theguardian.com/environment/2017/mar/24/us-scientists-launch-worlds-biggest-solar-geoengineering-study>.

PASZTOR, J. "Toward governance frameworks for climate geoengineering." Global Challenges Foundation, 2017. Disponível em: <https://globalchallenges.org/en/our-work/quarterly-reports/global-cooperation-in-dangerous-times/toward-governance-frameworks-for-climate-geoengineering>.

STILGOE, J. "Geoengineering as Collective Experimentation". *Science and Engineering Ethics* 22(3): 851-869, 2016. Disponível em: <https://link.springer.com/article/10.1007/s11948-015-9646-0>.

STOCKER, T. F. et al. (Eds.). 2013. *Climate Change 2013: The Physical Science Basis. Contribution of Working Group I to the Fifth Assessment Report of the Intergovernmental Panel on Climate Change*. IPCC (Intergovernmental Panel on Climate Change). Cambridge e New York: Cambridge University Press, 2013.

CAPÍTULO 16
Tecnologias espaciais

BAE SYSTEMS. "BAE Systems and Reaction Engines to develop a ground breaking new aerospace engine". *BAE Newsroom*, 2 nov. 2015. Disponível em: <http://www.baesystems.com/en/bae-systems-and-reaction-engines-to-develop-a-ground-breaking-new-aerospace-engine>.

DE SELDING, P. B. "BAE Takes Stake in British Air-breathing Rocket Venture". *SpaceNews*, 2 nov. 2015. Disponível em: <http://spacenews.com/bae-takes-stake-in-british-air-breathing-rocket-venture/>.

DILLOW, C. "VCs Invested More in Space Startups Last Year Than in the Previous 15 Years Combined". *Fortune*, 22 fev. 2016. Disponível em: <http://fortune.com/2016/02/22/vcs-invested-more-in-space-startups-last-year/>.

NASA (National Aeronautics and Space Administration). *Emerging Space: The Evolving Landscape of 21st Century American Spaceflight*. NASA Office of the Chief Technologist, 2014. Disponível em: <https://www.nasa.gov/sites/default/files/files/Emerging_Space_Report.pdf>.

SICELOFF, S. "New Spacesuit Unveiled for Starliner Astronauts". NASA, 25 jan. 2017. Disponível em: <https://www.nasa.gov/feature/new-spacesuit-unveiled-for-starliner-astronauts>.

THIBEAULT, S. et al. "Nanomaterials for radiation shielding". *MRS Bulletin* 40(10): 836-841, 2015.

CONCLUSÃO

ALPHABETA. *The Automation Advantage*. AlphaBeta news, 8 ago. 2017. Disponível em: <http://www.alphabeta.com/the-automation-advantage/>.

CARBON 3D. "The Perfect Fit: Carbon + adidas Collaborate to Upend Athletic Footwear", 7 abr. 2017. Disponível em: <http://www.carbon3d.com/stories/adidas/>. Acesso em: 1 jun. 2017.

FÓRUM ECONÔMICO MUNDIAL. "Agile Governance: Reimagining Policy-making in the Fourth Industrial Revolution". Genebra: Fórum Econômico Mundial, 2018.

_____. "How the Fourth Industrial Revolution can help us prepare for the next natural disaster". Agenda. Genebra: Fórum Econômico Mundial, 2017.

_____. Global Agenda Council on the Future of Software and Society. "A Call for Agile Governance Principles". Genebra: Fórum Econômico Mundial, 2016. Disponível em: <http://www3.weforum.org/docs/IP/2016/ICT/Agile_Governance_Summary.pdf>.

_____. *The Future of Jobs: Employment, Skills and Workforce Strategy for the Fourth Industrial Revolution*. Global Challenge Insight Report. Genebra: Fórum Econômico Mundial, 2016.

GUSTON, D. "Innovation policy: not just a jumbo shrimp". *Nature* 454(7207): 940-941, 2008.

HADFIELD, G. *Rules for a Flat World*. Nova York: Oxford University Press, 2016.

INTERNATIONAL ORGANIZATION FOR STANDARDIZATION. "ISO/TC 20/SC 16, Unmanned aircraft systems", 2017a. Disponível em: <https://www.iso.org/committee/5336224/x/catalogue/p/0/u/1/w/0/d/0>. Acesso em: 3 nov. 2017.

_____. "ISO/TS 15066:2016, Robots and robotic devices – Collaborative robots", 2017b. Disponível em: <https://www.iso.org/standard/62996.html>. Acesso em: 3 nov. 2017.

MARCHANT, G.; WALLACH, W. 2015. "Coordinating Technology Governance". *Issues in Science and Technology* XXXI(4).

MAYNARD, A. "A further reading list on the Fourth Industrial Revolution". *World Economic Forum*, Agenda, 22 jan. 2016. Disponível em: <https://www.weforum.org/agenda/2016/01/mastering-the-social-side-of-the-fourth-industrial-revolution-an-essential-reading-list/>.

McKINSEY GLOBAL INSTITUTE. *Harnessing Automation for a Future that Works*, 2017. Disponível em: <http://www.mckinsey.com/global-themes/digital-disruption/harnessing-automation-for-a-future-that-works>.

MULGAN, G. "Anticipatory Regulation: 10 ways governments can better keep up with fast-changing industries", 11 set. 2017. Disponível em: <http://www.nesta.org.uk/blog/anticipatory-regulation-how-can-regulators-keep-fast-changing-industries#sthash.N9LV5jdB.dpuf>.

OWEN, R.; MACNAGHTEN, P.; STILGOE, J. "Responsible Research and Innovation: From Science in Society to Science for Society, with Society". *Science and Public Policy* 39(6): 751-760, 2012.

RODEMEYER, M.; SAREWITZ, D.; WILSDON, J. *The Future of Technology Assessment*. Woodrow Wilson International Center for Scholars, Science and Technology Innovation Program, 2005. Disponível em: <https://www.wilsoncenter.org/sites/default/files/techassessment.pdf>.

SUTCLIFFE, H. "Why I've ditched the 'Responsible Innovation' moniker to form 'Principles for Sustainable Innovation'." *Matterforall blog*, 13 fev. 2015. Disponível em: <http://societyinside.com/why-ive-ditched-responsible-innovation-moniker-form-principles-sustainable-innovation>.

THOMAS, J. "21st Century Tech Governance? What would Ned Ludd do?" *2020 Science*, 18 dez. 2009. Disponível em: <https://2020science.org/category/technology-innovation-in-the-21st-century/>.

VANIAN, J. "Why Data Is The New Oil". *Fortune*, 11 jul. 2016. Disponível em: <http://fortune.com/2016/07/11/data-oil-brainstorm-tech/>.

ZEEBERG, A. "D.I.Y. Artificial Intelligence Comes to a Japanese Family Farm". *The New Yorker*, 10 ago. 2017. Disponível em: <https://www.newyorker.com/tech/elements/diy-artificial-intelligence-comes-to-a-japanese-family-farm>.

Este livro foi impresso pela Paym
em fonte Garamond sobre papel Holmen Vintage 70 g/m²
para a Edipro no outono de 2019.